Inhalt

Einleitung

Hallo,

Du hast Dich also bei der Wahl zwischen drei angebotenen Fächern für das Fach Hauswirtschaft/Textiles Werken entschieden und bist sicher gespannt, was da alles gemacht wird.

Zuerst denkst Du natürlich an die Nahrungszubereitung. Alle Schüler, die das Fach gewählt haben, würden am liebsten gleich mit dem „Kochen" beginnen. Aber genauso wenig wie ein Lehrling gleich am ersten Tag ein schwieriges Werkstück an der Drehbank anfertigen darf, kannst Du schon am ersten Tag ein umfangreiches Menü zubereiten. Die Arbeitsverfahren in der „Werkstatt" Küche mußt Du zuerst kennenlernen, damit Du hier sinnvoll arbeiten kannst. Ebenso wichtig ist, daß Du die Nahrungsmittel und ihre Eigenschaften kennst, damit Du sie bei der Zubereitung richtig verwendest. Es geht aber nicht nur um die Zubereitung wohlschmeckender Mahlzeiten; die Nahrung sollte darüber hinaus auch richtig zusammengesetzt sein. Wenn auch Kochen und Backen ein wesentlicher Teil des Unterrichts in Klasse 7 und 8 sind, so gehören doch weitere Bereiche dazu wie Vorratshaltung und Haltbarmachung von Lebensmitteln.

Du wirst auch etwas über den richtigen Umgang mit Textilien erfahren, denn Kleidung begleitet Dich durchs ganze Leben. Bei der Untersuchung von Materialien und Stoffen wirst Du erkennen, daß es viele interessante Sachen aus Vergangenheit und Gegenwart zu entdecken gibt.

Das Nähen eines Werkstücks mit der Nähmaschine und die Herstellung einer schönen Gestaltungsarbeit werden Dir vielleicht so viel Freude machen, daß Du daheim gerne selbst etwas herstellst, für Dich oder andere.

All diese Bereiche lernst Du nicht auf einmal. Sie werden auf die Unterrichtsstunden in den beiden Schuljahren verteilt. Dadurch wirst Du langsam mit den vielfältigen und verantwortungsvollen Aufgaben des Haushalts vertraut gemacht.

Hauswirtschaft

1. Die Küche als Funktions- und Arbeitsbereich

Jede Wohnung, ob klein oder groß, hat eine Küche. Wenn du dir überlegst, welche Einrichtungsgegenstände sich in einer Küche befinden, so werden dir Herd, Spüle oder Arbeitsfläche einfallen. Diese wichtigsten Grundelemente findet man in einer Kochnische genauso wieder, wie in einer Arbeitsküche oder einer Wohnküche.

Täglich wird in der Küche das Essen vorbereitet und zubereitet. Nach der Mahlzeit spült man das Geschirr und räumt auf. Auch in der Schulküche werden wie zu Hause Mahlzeiten zubereitet. Hier arbeitet man nicht allein, sondern mehrere Schüler arbeiten in einer „Koje" zusammen. Sie bereiten miteinander die Mahlzeit zu. Nach dem gemeinsamen Essen wird gespült und aufgeräumt.
Bei der Nahrungszubereitung in der Schulküche wirst du lernen, rationell, d. h. planmäßig, sachgerecht und sparsam zu arbeiten. Außerdem übst du hygienisch einwandfreies und sicheres Arbeiten ein. Du lernst auch den richtigen Umgang mit technischen Geräten, wie z. B. mit dem Dampfdrucktopf.
Vor dem gemeinsamen Kochen in der Schulküche werden die Arbeitsschritte, die bei der Zubereitung einer Mahlzeit anfallen, in die richtige Reihenfolge gebracht.

Aufgabe:
Zeige Gemeinsamkeiten und Unterschiede der abgebildeten Küchen.

1.1 Arbeitsbereiche in der Küche

In jeder Küche findet man die gleichen Arbeitsbereiche wieder. Die an einer bestimmten Stelle der Küche ausgeführten Arbeiten geben diesen Arbeitsbereichen ihren Namen.

Bereich	Beispiele für auszuführende Arbeiten	Einrichtungsgegenstände
Vorbereitungsbereich	Lebensmittel schneiden, reiben, anrühren	Arbeitsplatte, evtl. mit Sitzgelegenheit Schrankraum mit wichtigsten Arbeitsgeräten
Koch- und Back-Bereich	Lebensmittel durch Hitze garen	Herd, Backofen, Grill, Dunstabzug Schrankraum für Töpfe, Pfannen, Backbleche
Reinigungsbereich	Gemüse und Obst reinigen Geschirr und Geräte spülen	Spüle mit Abtropffläche Spülmaschine Schrankraum für Reinigungsgeräte
Vorratsbereich	Lebensmittel bevorraten	Kühlschrank, Gefrierschrank Vorratsschränke
Aufbewahrungsbereich	Geschirr und Geräte aufbewahren	Schränke, Schubladen

Aufgabe:
Stelle fest, wo sich die einzelnen Arbeitsbereiche in der Koje befinden.

Anordnung der Arbeitsbereiche

Die einzelnen Arbeitsbereiche müssen so angeordnet sein, daß rationelles Arbeiten möglich ist. Daraus ergibt sich folgende Anordnung der Grundelemente:

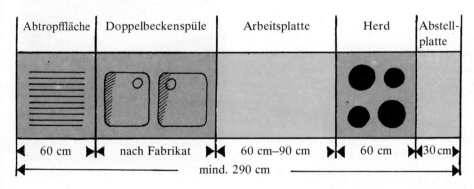

| Abtropffläche | Doppelbeckenspüle | Arbeitsplatte | Herd | Abstellplatte |

◀ 60 cm ▶◀ nach Fabrikat ▶◀ 60 cm–90 cm ▶◀ 60 cm ▶◀30 cm▶
◀———— mind. 290 cm ————▶

Rechtshänder arbeiten immer von rechts nach links. Linkshänder arbeiten von links nach rechts. Für Linkshänder ist die Anordnung der Grundelemente spiegelbildlich.

1.2 Worauf ist bei der Küchenplanung zu achten?

Küchenformen

Bei der Einrichtung einer Küche muß neben der Anordnung der Arbeitsbereiche auch der Küchengrundriß berücksichtigt werden. Aus den unterschiedlichen Grundrissen ergeben sich verschiedene Küchenformen.

Symbole der Einrichtungsgegenstände

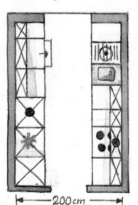
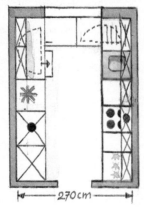
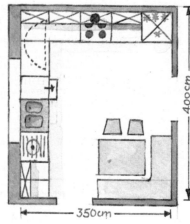

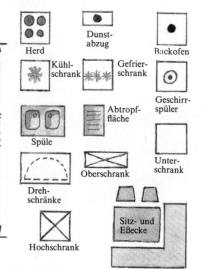

Neben der Form des Grundrisses spielen auch die vorhandenen Anschlüsse für Strom bzw. Gas und Wasser sowie die Beleuchtung und Belüftung eine wichtige Rolle.

Beleuchtung

Der Hauptarbeitsplatz sollte möglichst am Fenster oder in Fensternähe sein, damit das Tageslicht für die Arbeit genutzt werden kann. Als künstliche Beleuchtung eignen sich Stableuchten unter den Hängeschränken (blendfrei) und eine allgemeine Raumbeleuchtung.

Lüftung

Wünschenswert ist ein Fenster mit Kippflügel zur Dauerbelüftung ca. 30 cm über einem Arbeitsplatz. Ein Dunstabzug ist dann sinnvoll, wenn die Küchendünste nach außen abgeführt werden können. Dunstabzüge ohne Verbindung nach außen sind weniger wirkungsvoll.

Installationen

Beim Neu- oder Umbau einer Küche sind Elektro-, Gas- und Wasseranschlüsse so zu planen, daß zwischen Herd und Spüle ein mindestens 60 cm breiter Arbeitsplatz bleibt. Die Küche sollte acht bis zehn Schutzkontakt-Steckdosen haben.

Aufgaben:
1. Überprüfe die Anordnung der Arbeitsbereiche bei den abgebildeten Küchenformen.
2. Überlege, welche Küchenform für gemeinsames Arbeiten besonders geeignet ist. Begründe deine Aussage.

Schematische Darstellung der Arbeitsplätze in der Küche

Aufgaben:

1. Warum ist in der Küche ein Abstand von etwa 120 cm zwischen den Küchenzeilen notwendig?

2. Überprüfe die Maße der Küchenmöbel zu Hause und vergleiche sie mit den Maßen der abgebildeten Küche.

3. Überlege, ob so viele elektrische Anschlüsse in einer Küche notwendig sind.

4. Überlege, wo in nebenstehender Abbildung eine Arbeitsplatzbeleuchtung erforderlich ist.

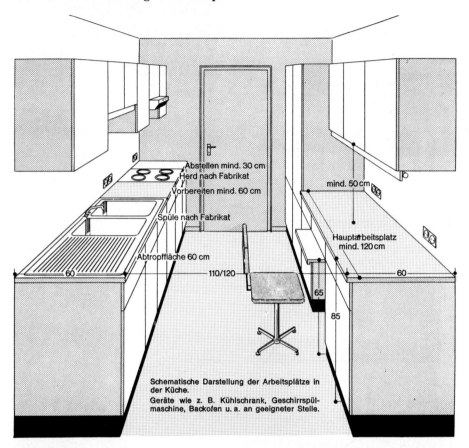

Abstellen mind. 30 cm
Herd nach Fabrikat
Vorbereiten mind. 60 cm

mind. 50 cm

Spüle nach Fabrikat

Hauptarbeitsplatz mind. 120 cm

Abtropffläche 60 cm

60   110/120   60

65

85

Schematische Darstellung der Arbeitsplätze in der Küche. Geräte wie z. B. Kühlschrank, Geschirrspülmaschine, Backofen u. a. an geeigneter Stelle.

Normgrößen

Küchenmöbel und -geräte werden von den Herstellern meist in den von der DIN-Norm 18022 festgelegten Abmessungen angeboten. Arbeitsplatten, Herd und Spüle sind einheitlich 85 cm hoch. Eine Erhöhung auf 90 bis 95 cm durch einen Sockel ist möglich. Die Tiefe der Küchenmöbel beträgt 60 cm. Herd, Geschirrspülmaschine, Kühlschrank, Gefrierschrank und viele Anbauelemente sind 60 cm breit. Damit man gegebene Stellflächen günstig nutzen kann, werden aber auch Schränke von 50, 90, 100 und 120 cm Breite angeboten. Für zwei Spülbecken rechnet man eine Länge von 90 cm, für die Abtropffläche 60 cm.

DIN ist ein eingetragenes Warenzeichen des Deutschen Normenausschusses. Alle Hersteller können dieses Zeichen verwenden, wenn ihr Erzeugnis den DIN-Normen entspricht.

Material: Holz oder Kunststoff

Küchenmöbel werden aus vielen Materialien angeboten. Die wichtigsten Materialien sind kunststoffbeschichtete Spanplatten, furnierte Spanplatten oder Massivholz. Bei Kunststoffausführung sollte wegen der Schmutzempfindlichkeit keine glatte, hochglänzende Oberfläche gewählt werden. Ebenso empfiehlt sich eine strukturierte Arbeitsplatte. Auf gute Scharniere sollte geachtet werden.

1.3 Kein Schritt zuviel bei der Küchenarbeit!

Rationelles Arbeiten ist nur in einer Küche möglich, in der die Arbeitsbereiche einander richtig zugeordnet sind. Die folgenden Beispiele (sogenannte Wegestudien) zeigen zwei modern eingerichtete Küchen mit gleichem Grundriß. In beiden Küchen wurde dieselbe Mahlzeit zubereitet. Die Linien veranschaulichen die Wege, die während der Zubereitung der Mahlzeit zurückgelegt wurden.

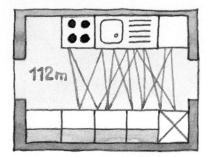 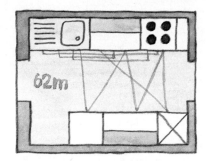

Eine richtig eingerichtete Küche erspart Arbeitskraft, Weg und Zeit.

Küche für Rechtshänder

Küche für Linkshänder

Gütezeichen Kunststoff-Hausrat

Das Gütezeichen für Kunststoff-Hausrat umfaßt mit bisher 17 Warengruppen eine Vielzahl von Gegenständen des täglichen Gebrauchs im Haushalt, wie z. B. Tisch- und Küchengeräte, Kannen, Wannen, Wäschekörbe oder sonstige Behälter zu Arbeits- oder Vorratszwecken. Soweit sie mit Lebensmitteln in Berührung kommen, müssen sie den Bestimmungen des Lebensmittelgesetzes entsprechen. Der Anwendungsbereich wird im Zuge des technischen Fortschritts laufend erweitert.

Aufgabe:

Suche Gründe dafür, warum bei der Zubereitung der selben Mahlzeit in der einen Küche 112 m, und in der anderen nur 62 m zurückgelegt werden müssen.

Aufgabe:

Beurteile die beiden Küchen nach folgenden Gesichtspunkten:
– Anordnung der Arbeitsbereiche
– Arbeitsablauf

1.4 Technische Geräte – unentbehrlich in Küche und Haushalt

Elektroherd und Gasherd

Viele Gerichte, die wir täglich essen, werden mit Hilfe des Elektro- oder Gasherdes zubereitet.

Alle **Elektroherde** sind mit verschiedenen Typen von Kochplatten oder Kochfeldern ausgestattet. Diese kann man unterscheiden in Normalkochplatte, Blitzkochplatte und Automatikplatte. Die Platten sind in der Regel unterschiedlich gekennzeichnet und werden auch verschieden bedient.

Normalkochplatte	Blitzkochplatte	Automatikplatte
7 Schaltstufen oder stufenlos. Ankochen auf höchster Stufe, dann zurückschalten.	Meist stufenlos einstellbar, aber auch mit Stufenschaltung. In der höchsten Einstellung hat sie eine höhere elektrische Leistung als eine Normalkochplatte. Ankochen auf höchster Stufe, dann zurückschalten.	Stufenlos einstellbar. Kochplatte auf gewünschte Stufe einstellen. Platte heizt mit voller Leistung auf und hält die eingestellte Temperatur automatisch. Kein Zurückschalten.

Die Schaltung der Kochplatten muß den Bedürfnissen des jeweiligen Kochvorgangs angepaßt werden. Folgende Beispiele verdeutlichen dies:

Ausquellen Schmelzen	Fortkochen Dünsten Dämpfen Schmoren	Braten	Erhitzen Ankochen

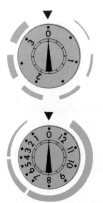

Aufgaben:

1. Für Tee soll 1 Liter Wasser zum Kochen gebracht werden auf einer
– Normalkochplatte,
– Blitzkochplatte,
– Automatikplatte.
Ermittle die Zeitunterschiede.
Um die Ergebnisse vergleichen zu können, müssen das Material des Topfes, Topfgröße und Anfangstemperatur des Wassers sowie der Herdtyp übereinstimmen.
2. Zeige an Beispielen aus der Nahrungszubereitung, wie die Nachwärme der Kochplatten genutzt werden kann.

Gasherde sind heute Allgasgeräte; d. h. sie können auf alle Brenngasarten wie Flüssiggas, Stadtgas oder Erdgas eingestellt werden.

Gasherde gibt es mit offenen Flammen und Kochfeldern mit Kochzonen. Eine Zündsicherung verhindert, daß Gas ungehindert ausströmen kann.

Die Brenner am Gasherd haben meist drei verschiedene Größen, so daß große, mittlere und kleine Töpfe benutzt werden können. Topfgröße und Flammengröße müssen übereinstimmen. Die Heizleistung der einzelnen Flammen kann stufenlos geregelt werden. Die Gasflamme gibt sofort die eingestellte Heizleistung ab. Nach dem Ausdrehen der Flamme hört die Wärmezufuhr sofort auf.

Backofen

Im Backofen werden Nahrungsmittel in heißer Luft gegart und dabei auch gebräunt. Elektro- und Gasbacköfen gibt es in unterschiedlicher Ausstattung.

Beim **Backofen mit Ober- und Unterhitze** liegen die Heizquellen unter dem Backofenboden und über der Backofendecke. In diesen Backofen kann nur ein einziges Blech eingeschoben werden. Vorheizen ist im allgemeinen erforderlich.

Einige Backöfen bieten eine kombinierte Ausstattung an. Hier kann man zwischen Ober- und Unterhitze bzw. Umluft umschalten. Wird nur ein Blech eingeschoben, so wählt man Ober- und Unterhitze. Werden mehrere Bleche gleichzeitig gebacken, so gart man die Nahrungsmittel bei Umluft.

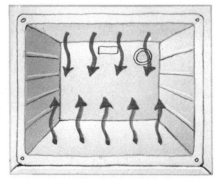 

Backofen mit Ober- und Unterhitze   *Umluftbackofen*

Manche Backöfen sind zusätzlich mit einem Grill ausgestattet. Eine Weiterentwicklung ist der Universalbackofen mit eingebauter Ober- und Unterhitze, Umluft, Grill und Mikrowelle. Das Mikrowellengerät eignet sich besonders zum Auftauen von Tiefkühlkost, Erwärmen von Speisen und Garen von kleinen Nahrungsmittelmengen.

Beim Umluftbackofen liegt die Heizquelle an der Backofenrückseite. Die Wärme wird durch einen Ventilator im Backofen verteilt. Deshalb können mehrere Bleche auf einmal eingeschoben und gebacken werden. Das Vorheizen entfällt.

Aufgabe:
Backe das gleiche Gebäck
– im Umluftbackofen
– im Backofen mit Ober- und Unterhitze
und vergleiche die Backergebnisse.

Geschirr spülen – hygienisch und sparsam

Vergleich der Spülarten

Geschirrspülmaschine

- selbsttätiges Programm
- Programmauswahl:
  mehrere Auswahlmöglichkeiten
  von fein bis intensiv
- Arbeit
  - Maschine beschicken
  - Programm wählen
  - Reiniger zugeben
  - einschalten
  - Maschine ausräumen
  - in größeren Zeitabständen ent-
    härten, Zusatzmittel ergänzen
  - Filtersieb reinigen

Spülen von Hand

- Geschirrspüllösung vorbereiten (besonders auf richtige Dosierung des
  Geschirrspülmittels achten)
- Spültemperatur richtig wählen und
  auf gleicher Temperatur halten
  (durch Nachgießen von Heißwasser)
- vor- und nachspülen
- abtropfen lassen oder trocknen
- evtl. polieren
- Tücher pflegen, Spülbecken und
  Auflage säubern

Übersicht über die Eignung von Geschirr für die Geschirrspülmaschine

Geschirr	geeignet	Bemerkungen
Porzellan		
ohne Farben	ja	–
mit Farben unter der Glasur	ja	–
mit Farben in der Glasur	ja	–
mit Farben auf der Glasur	nein	
Gold-Dekor	nein	
Steingut		
ohne Farben	ja	altersbedingt können Glasurtrübungen oder Haarrisse auftreten siehe Porzellan
mit Farben	ja	
Glas		
einfaches Wirtschafts-glas	ja	–
Kristallglas und Blei-kristall	ja	bedingt geeignet
Gläser mit Gold- und Malereidekor	nein	
	nein	

Geschirr	geeignet	Bemerkungen
Töpfe und Pfannen		
Edelstahl, Email	ja	
feuerfeste Materialien	ja	Griffe müssen geeignet sein
kunststoffbeschichtete Töpfe und Pfannen	ja	
Aluminium	ja	Verfärbungen möglich
Besteck		
Edelstahl „rostfrei"	ja	–
Edelmetalle (Gold, Sil-ber)	ja	–
Edelmetallauflage	ja	–
Kunststoff		
Geschirr aus Kunststoff	ja	nur hitzebeständige Erzeugnisse

Wie funktioniert das Gerät?

Geschirrspülen im Geschirrspülautomaten

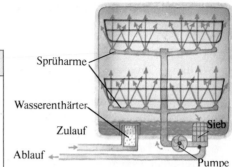

Wasser	Mechanik	Temperatur	Chemie	Zeit
reichlich = 50 l pro Waschvorgang zum Lösen der Speisereste Vergleich Hand = 25 l	Wasser durch Sprüharme gesprüht übernimmt die Funktion der bewegten, unter Druck geführten Bürste von Hand	über 50 °C, unterstützt die Chemie. Durch langsames Erhitzen wird Reiniger wirksamer als beim Handspülen, bei dem die Temperatur absinkt	Reiniger und Klarspüler werden dosiert zugesetzt. Klarspüler bewirkt fleckenfreies, trockenes Geschirr	etwas länger als beim Handspülen durch Ab- und Zulauf von Frischwasser

Sprüharme · Wasserenthärter · Zulauf · Sieb · Ablauf · Pumpe

Arbeitszeitvergleich
(4-Personen-Haushalt)
3 × Spülen von
Hand pro Tag

20 Min. · 20 Min. · 20 Min.

$1^1/_2$ Maschinenfüllungen
pro Tag (beschicken
und ausräumen)

15 Min.

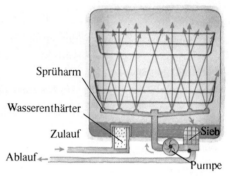

Sprüharm · Wasserenthärter · Zulauf · Sieb · Ablauf · Pumpe

Betriebskostenvergleich

	Wasser	Strom	Spülmittel	pro Spülgang	pro Tag
Spülen von Hand DM	25 l 0,02	1,5 kWh 0,20	3 cm³ 0,01	0,23	0,69
Spülen mit DM	50 l 0,04	2,2 kWh 0,30	Reiniger Klarspüler Salz 0,22	0,56	0,84

Aufgabe:
Überlege, warum manche Leute das Spülen von Hand bevorzugen.

Spülen mit der Geschirrspülmaschine kostet am Tag 0,15 DM mehr

Zusammenfassung der Überlegungen zum Geschirrspülen mit der Maschine

- Zeitersparnis: pro Tag 45 Min.
- Entlastung
  durch Selbsttätigkeit, kaum
  Anstrengung
- Stets aufgeräumter Arbeitsplatz
- Größere Hygiene durch höhere
  Temperaturen, bessere Desinfektion
  durch Reiniger und Wegfallen der
  Spül- und Trockentücher (vielfach
  Bakterienherde)

dem steht gegenüber
- Hohe Anschaffungskosten
- Wasser- und Elektroanschluß
  müssen vorhanden sein
- Etwas höhere Betriebskosten
- Nur für geschirrspülfestes Geschirr
  geeignet

Eine Geschirrspülmaschine ist sicher sinnvoll:

- für Haushalte mit großem Geschirr-
  anfall

  – große Familie
  – Gesamtverpflegung zu Hause
  – Diätfall

- bei Berufstätigkeit der Hausfrau
- bei Unverträglichkeit der Spülmittel an den Händen (Allergie)
- bei dem Wunsch, mehr Zeit für gemeinsame Erholung zu verwenden

Das Fassungsvermögen der Standmodelle liegt zwischen 8 – 10 – 12 Maßgedecken.

Volle Ladung für die Spülmaschine

Mit voller Ladung arbeitet die Spülmaschine preiswerter: Sie verbraucht mit halber Geschirrfüllung genausoviel Strom wie für prall gefüllte Geschirrkörbe. Wer das schmutzige Geschirr vorher noch mit heißem Wasser aus dem Boiler „vorspült", übertreibt – und verschwendet Energie. Gläser und Teller strahlen auch ohne Vorbehandlung.

Ein Maßgedeck...

... und das dazugehörige Serviergeschirr – für bis zu 6 Maßgedecke

Vielseitiges Handrührgerät

In den meisten Haushalten gibt es ein Handrührgerät. Es ist so weit verbreitet, weil es häufig benutzt werden kann und kraft- und zeitaufwendige Arbeiten wesentlich erleichtert. Von Vorteil ist auch, daß es schnell betriebsbereit ist und keinen zu hohen Anschaffungspreis hat.

Der Einsatz des Handrührgeräts ist immer dann sinnvoll, wenn keine zu großen Mengen verarbeitet werden.

Das Handrührgerät eignet sich zum:

Aufgabe:

Schlage je 2 Eiklar zu Eischnee:
– mit dem Handrührgerät
– mit dem Schneebesen.
Ermittle die Zeitunterschiede. Du kannst den Eischnee zum Lockern einer Nachspeise verwenden.

Schlagen
z. B. Eischnee,
    Sahne

Rühren
z. B. Pfannkuchenteig,
    Waffelteig

Kneten
z. B. Hefeteig,
    Fleischteig

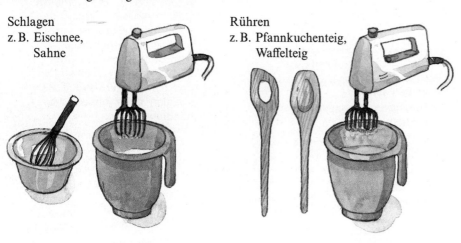

Zu den meisten Handrührgeräten können Zusatzteile gekauft werden wie Mixer, Passierstab oder Reibe.

Bedienungsanleitung

– Gerät erst einschalten, wenn Einsteckteile wie Schneebesen oder Knethaken eingesetzt sind.
– Die angegebene Betriebszeit (KB) einhalten.
– Schneebesen oder Knethaken erst nach dem Abschalten aus der Speise nehmen.
– Nach Beendigung der Arbeit Netzstecker herausziehen, dann Einsteckteile herausnehmen.

Reinigung:
Das Handrührgerät und die Einsteckteile gesondert reinigen. Die Einsteckteile werden gespült. Das Handrührgerät **nicht** spülen, sondern nur mit einem feuchten Tuch abwischen.

Beachte das Typenschild

Das Handrührgerät trägt ein Typenschild wie alle elektrischen Geräte. Vor Inbetriebnahme eines neuen Geräts muß man die Bedienungsanleitung und das Typenschild genau lesen.

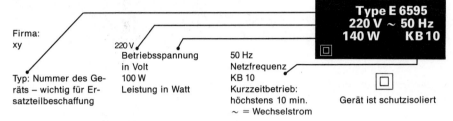

Firma:
xy

Typ: Nummer des Geräts – wichtig für Ersatzteilbeschaffung

220 V
Betriebsspannung
in Volt
100 W
Leistung in Watt

50 Hz
Netzfrequenz
KB 10
Kurzzeitbetrieb:
höchstens 10 min.
~ = Wechselstrom

Gerät ist schutzisoliert

Sicherheitszeichen:

KB 10 min. Das Gerät ist für Kurzzeitbetrieb geeignet. Nur 10 Minuten sollte das Gerät im Dauerbetrieb genutzt werden, dann muß man es abschalten, damit der Motor wieder abkühlen kann. Es besteht sonst die Gefahr, daß der Motor überhitzt und dadurch geschädigt wird.

Abkürzung für Verband Deutscher Elektrotechniker. Von diesem Verband werden die Elektrogeräte auf ihre Sicherheit überprüft. Das VDE-Zeichen ist also ein Sicherheitszeichen.

Zeichen für „geprüfte Sicherheit". Geräte, die dieses Zeichen tragen, sind nach allen Regeln der Technik geprüft entsprechend den gültigen Arbeitsschutz- und Unfallverhütungs-Vorschriften, den DIN-Normen und den Bestimmungen des VDE.
Das Gesetz über technische Arbeitsmittel zwingt keinen Hersteller, neu auf den Markt gebrachte Geräte prüfen zu lassen, deshalb sollte man beim Kauf unbedingt darauf achten, daß das Gerät das GS-Zeichen besitzt. Es ist eine Versicherung dafür, daß alle gesetzlichen Vorschriften eingehalten wurden.

Radio und Fernsehsendungen werden durch das Einschalten dieses Gerätes nicht gestört.

Das Gerät ist doppelt isoliert. Die Gefahr von Unfällen durch elektrischen Strom ist dadurch stark vermindert.

Schneller garen mit dem Dampfdrucktopf

Der Dampfdrucktopf wird heute in vielen Haushalten täglich benützt, z. B. zum Kochen von Kartoffeln. Beim Kochen in einem herkömmlichen Kochtopf entsteht Wasserdampf, der den Deckel leicht anhebt; so kann der Dampf entströmen. Die Gartemperatur im herkömmlichen Kochtopf beträgt ca. 100°C.

Im Dampfdrucktopf dagegen entweicht der Dampf auf Grund des gut schließenden Deckels nicht. Dadurch entsteht im Inneren des Topfs ein Überdruck, der die Garzeit verkürzt (z. B. bei Pellkartoffeln um beinahe die Hälfte der Zeit). Die Verkürzung der Garzeit wird durch eine Temperatur von 108°–116°C erreicht.

Das Ventil des Dampfdrucktopfs dient der Sicherheit. Wird die Kochplatte nicht rechtzeitig zurückgeschaltet, so öffnet sich das Ventil automatisch und Dampf entweicht. Man sagt, der Dampfdrucktopf „pfeift".

Am Ventil kann man ablesen, wie hoch der Überdruck im Topf ist. Die Garzeit beginnt, sobald der zweite Ring des Kochanzeigestifts sichtbar wird. Die Kochplatte muß dann auf eine niedrigere Stufe zurückgeschaltet werden.

Die Verkürzung der Garzeit ist bei den verschiedenen Lebensmitteln unterschiedlich. Nachfolgende Tabelle zeigt einen Überblick:

Kurzkochgerichte	Kochen Garzeit bei 100 Grad C	Dampfdruck- kochen Garzeit bei 116 Grad C	Ersparnis Min.	%
Blumenkohl	20	5	15	75
Bohnen	22	5	17	77
Erbsen	18	3	15	83
Rosenkohl	24	5	19	79
Kartoffeln mit Schale	27	15	12	44
Kartoffeln ohne Schale	25	7	18	72
Reis	25	8	17	68
Langkochgerichte				
Rindfleisch	120	40	80	67
Schweinebraten	90	25	65	72
Suppenhuhn	120	35	85	71
Hülsenfrüchte	75	15	60	80
Sellerie	60	25	35	58
Rote Bete	60	25	35	58
Rotkraut	45	6	39	87
Paprika	40	8	32	80

Aufgaben:

1. Worin unterscheiden sich die abgebildeten Töpfe?

2. Zeige anhand der Tabelle die Vorteile des Dampfdrucktopfs.

Sicherheit im Umgang mit dem Dampfdrucktopf

So werden die meisten Dampfdrucktöpfe bedient:

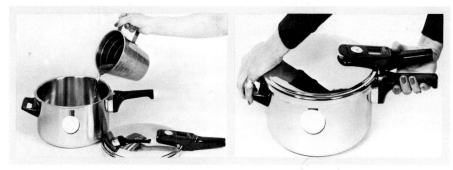

1. Gummiring und Ventil überprüfen.
2. Mindestmenge an Flüssigkeit (¼ l) zugeben.
3. Einsätze ggf. in den Topf stellen.
4. Topf schließen, so daß beide Griffe übereinander liegen.
5. Bei hoher Wärmezufuhr ankochen.

6. Tritt Dampf aus der Ventilöffnung, Kochregler auf gewünschte Kochstellung bringen.
7. Die Garzeit beginnt, wenn der zweite Ring auf dem Kochanzeigestift sichtbar wird (Kurzzeitmesser einstellen!).
8. Kochplatte zurückschalten, damit der Kochanzeigestift nicht weiter steigt.
9. Dampfdrucktopf öffnen.
   Zwei Arten sind möglich: – Abkühlen lassen, z. B. unter fließendem Wasser,
                       – den Kochregler langsam zurückziehen.
10. Erst wenn der Kochanzeigestift nicht mehr sichtbar ist, darf der Dampfdrucktopf geöffnet werden.

Aufgabe:
Nenne die Regeln, die die Sicherheit im Umgang mit dem Dampfdrucktopf betreffen und begründe sie.

1.5 Energiesparen bei der Hausarbeit

Es ist für uns selbstverständlich, daß wir einen elektrischen Schalter drücken und dann das Licht angeht. Wenn wir Wasser für Kaffee oder Tee kochen wollen, schalten wir die Kochplatten am Herd ein und in kurzer Zeit haben wir kochendes Wasser. Täglich stellen uns die Energieversorgungs-Unternehmen die gewünschte Energieform, z.B. Strom oder Gas, in ausreichender Menge zur Verfügung.

Allerdings sind unsere Energiequellen nicht unerschöpflich. Wir können heute schon abschätzen, wie lange z.B. der in tiefen Erdschichten gelagerte Ölvorrat noch reichen wird. Zudem entstehen bei der Energiegewinnung Abfallprodukte, die die Umwelt belasten, z.B. Rauch oder radioaktiver Müll. Deshalb müssen wir so sparsam wie möglich mit unseren Energiequellen umgehen.

Energiesparen heißt deshalb noch nicht, daß wir auf elektrische Geräte, die uns die Arbeit erleichtern, verzichten müßten. Wichtig ist, daß wir diese Geräte überlegt einsetzen und dadurch keine Energie verschwenden; z.B. sollten Waschmaschine und Spülmaschine ganz gefüllt sein, wenn wir sie einschalten. Bei Beachtung dieser Hinweise sparen wir nicht nur Energie und Wasser, sondern natürlich auch Geld.

Auch bei der Arbeit in der Küche kann Energie eingespart werden. Hinweise dazu findest du im Kapitel über technische Geräte. Hier noch weitere Beispiele:

● **Strom sparen beim Kochen**

- Kochgeschirr muß glatt auf der Kochplatte aufliegen.
- Der Durchmesser des Topfbodens muß mit der Plattengröße übereinstimmen.
- Kochtopf aufsetzen, dann erst Gerät einschalten.
- Kochstelle rechtzeitig zurückschalten.
- Nachwärme der Kochplatten ausnützen.

● **Wahl des Kochgeschirrs:**

Umwelttip der Woche

Den Kühlschrank energiebewußt nutzen

In den meisten Haushaltungen gibt es einen Kühlschrank. Doch vielen Kühlschrankbesitzern ist nicht bekannt, daß bei richtiger Handhabung Energie eingespart werden kann. Energiebewußte Nutzung von Elektrogeräten spart nicht nur Kosten, sondern hilft auch mit, die Umwelt zu schonen. Deshalb sollten folgende Punkte beachtet werden:

- Den Kühlschrank nicht neben einer Heizung oder einem Herd aufstellen
- Warme Speisen erst nach dem Abkühlen auf Zimmertemperatur in den Kühlschrank stellen
- Häufiges und langes Öffnen des Kühlschranks vermeiden
- Den Verdampfer rechtzeitig abtauen, denn bereits zwei Millimeter Reifansatz können den Energieverbrauch um zirka 15 Prozent erhöhen
- Rohrschlangen an der Rückwand des Kühlschranks sauber halten und Luftschlitze nicht abdecken.

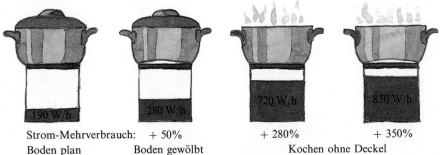

Strom-Mehrverbrauch: + 50% + 280% + 350%
Boden plan   Boden gewölbt   Kochen ohne Deckel

Erforderlicher Stromverbrauch, um 1,5 Liter Wasser kochend zu halten

190 W/h   280 W/h   720 W/h   850 W/h

Aufgaben:

1. Wie beeinflussen Topfboden und Deckel den Energieverbrauch?
2. Wie beeinflußt der Durchmesser des Topfs den Energieverbrauch?
3. Überprüfe zu Hause, ob der Kühlschrank energiebewußt genutzt wird.

1.6 Ein Arbeitsplan erleichtert die Nahrungszubereitung

Wenn wir in der Schulküche eine Mahlzeit zubereiten, müssen wir uns nach den zur Verfügung stehenden Schulstunden richten. Die Mahlzeit muß rechtzeitig fertig sein, so daß noch Zeit zum Essen und Aufräumen bleibt. Auch zu Hause ist der Zeitpunkt für das Essen oft festgelegt.

Für kleinere Mahlzeiten lassen sich die Arbeitsabfolge und der Zeitbedarf leicht überblicken. Bei umfangreicheren Menüs ist es eine Hilfe, nach einem Plan zu arbeiten. Das Erstellen eines Arbeitsplans soll am Beispiel einer einfachen, als Abendessen geeigneten Mahlzeit gezeigt werden: Pellkartoffeln, Kräuterquark, Rettichsalat und Tee. Wir gehen dabei so vor:

● **Aufgabe in Arbeitsschritte zergliedern und Zeit abschätzen**

Der Arbeitsgang eines jeden Gerichts wird in Teilschritte zerlegt. Dazu notieren wir die erforderliche Arbeitszeit. Für die Pellkartoffeln und den Rettichsalat sind es folgende Arbeitsschritte:

Pellkartoffeln	
Zutaten und Geräte richten	3 Min.
Dampfdrucktopf aufsetzen	1
Kartoffeln waschen, zugeben	5
Kartoffeln schälen	8
anrichten	2
aufräumen	1
	20 Min.

Rettichsalat	
Zutaten und Geräte richten	2 Min.
Marinade zubereiten	3
Rettiche säubern, raspeln, mischen, abschmecken	6
anrichten	2
aufräumen	2
	15 Min.

Wenn wir zuerst alle Geräte und Zutaten herrichten, können wir bei der Zubereitung des Gerichts zügig und ohne Unterbrechung arbeiten. Ist ein Zubereitungsgang fertig, so wird aufgeräumt, ehe die Vorbereitungen für das nächste Gericht beginnen. Zeiten für Vorbereitungs- und Aufräumarbeiten werden „Rüstzeit" genannt, Zeiten für Zubereitung und Anrichten „Ausführungszeit". Der Garvorgang muß zwar überwacht werden, aber es können in dieser „Wartezeit" auch andere Tätigkeiten ausgeführt werden. Deshalb erscheinen Garzeiten nicht im Arbeitsplan.

Gesamtarbeitszeit =

Rüstzeit Zeit für Vorbereitungsarbeiten	+	**Ausführungszeit** Zeit für Zubereitungs- und Anrichtearbeiten	+	**Rüstzeit** Zeit für Aufräumarbeiten

Aufgaben:

1. Wann würdest du mit der Zubereitung des vorgeschlagenen Abendessens beginnen, wenn um 19 Uhr gegessen werden soll?

In welcher Reihenfolge würdest du die Gerichte zubereiten?

Wie ändern sich die Arbeitszeit und die Arbeitsabfolge, wenn jemand mithilft?

2. Schreibe auch für den Kräuterquark und den Tee die Arbeitsschritte auf und kennzeichne Rüstzeiten und Ausführungszeiten.

● **Arbeitsgänge kombinieren**

Oft ist es nicht geschickt, die Gerichte einer Mahlzeit getrennt nacheinander zuzubereiten. In unserem Beispiel kann die Zeit, in der die Kartoffeln garen, für die Zubereitung des Rettichsalats genutzt werden. Dann überlegen wir, wie Kräuterquark und Tee am günstigsten in den Plan eingefügt werden können. Der Tee sollte erst kurz vor dem Essen angebrüht werden, der Quark kann dagegen auch früher fertig sein.

Auf diese Weise kombinieren wir die Arbeitsschritte der einzelnen Gerichte, das heißt, wir bringen sie in eine sinnvolle Reihenfolge. Ergeben sich Wartezeiten, die nicht für andere Zubereitungsarbeiten genutzt werden können, so planen wir das Vorspülen des Geschirrs oder Reinigungsarbeiten ein.

● **Gesamtarbeitszeit berechnen**

Die Zeiten unseres kombinierten Arbeitsplans zeigen uns, wie lange die Zubereitung der Mahlzeit insgesamt dauern wird. Damit wissen wir, wann wir mit der Arbeit beginnen müssen, um zum gewünschten Zeitpunkt – ohne Hetze und ohne Warmhalten der Speisen – fertig zu sein.

● **Plan für arbeitsteilige Arbeitsweise ändern**

Wird die Mahlzeit von mehreren Personen oder Arbeitsgruppen zubereitet, so verkürzt sich die Gesamtarbeitszeit, da mehrere Arbeitsabläufe gleichzeitig ausgeführt werden können. Beim Aufstellen von arbeitsteiligen Plänen muß das Ausnutzen der Wartezeiten besonders gut überlegt werden.

Für das vorgesehene Abendessen können die Pläne so aussehen (Zeit in Minuten):

Arbeitsplan für 1 Person	
Tisch decken	5
Kräuterquark zubereiten	15
Kartoffeln zusetzen	10
Rettichsalat zubereiten	15
Tee zubereiten	5
Kartoffeln schälen	10
	60

Arbeitsplan für 2 Personen oder für 2 Arbeitsgruppen			
I.		II.	
Kartoffeln zusetzen	10	Kräuterquark zubereiten	15
Rettichsalat zubereiten	15	Tisch decken	5
Kartoffeln schälen	5	Tee zubereiten	5
		Kartoffeln schälen	5
	30		30

Die Nahrungszubereitung in der Schulküche führen wir in arbeitsteiliger Arbeitsweise aus und stellen die Pläne für die Arbeitsgruppen auf. Auch die Ordnungsarbeiten wie Abspülen und Aufräumen werden am besten nach einem „Ämterplan" auf die Schüler einer Kochgruppe verteilt.

Aufgabe:

Du willst in den Ferien die Zubereitung des Mittagessens übernehmen und planst, Bratwurst, Gemüse aus gelben Rüben und Salzkartoffeln zuzubereiten. Außerdem willst du dein Zimmer staubsaugen und abstauben. Stelle einen Arbeitsplan für dieses Vorhaben auf.

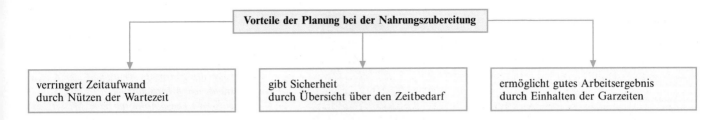

Vorteile der Planung bei der Nahrungszubereitung		
verringert Zeitaufwand durch Nützen der Wartezeit	gibt Sicherheit durch Übersicht über den Zeitbedarf	ermöglicht gutes Arbeitsergebnis durch Einhalten der Garzeiten

Die Nahrungszubereitung nach Arbeitsplänen geschieht in drei Stufen:

Planung ▶	– Aufgabe klären – Plan aufstellen – Gesamtarbeitszeit feststellen – prüfen, ob die Aufgabe in der gegebenen Zeit ausführbar ist
Ausführung ▶	– einhalten der geplanten Arbeitsfolge: Vorbereiten, Zubereiten, Anrichten, Aufräumen.
Kontrolle ▶	– überprüfen von Arbeitsabläufen und Arbeitszeiten – Verbesserungsvorschläge machen – Erfahrungen auf neue Aufgaben anwenden

Arbeitspläne können bei der Bewältigung der Aufgaben im Haushalt eine große Hilfe sein. Sie werden nicht nur für Teilarbeiten wie die Nahrungszubereitung, sondern für alle anfallenden Hausarbeiten aufgestellt. Ist die Arbeitskraft in einem Haushalt knapp, so ist es notwendig, die Haushaltsarbeit gemeinsam zu erledigen. Anstatt nur gelegentlich mitzuhelfen, übernehmen dann die einzelnen Haushaltsmitglieder bestimmte Arbeiten ganz (z. B. Einkaufen oder Waschen). Die Verteilung der Arbeiten muß sich nach dem Alter und nach der Leistungsfähigkeit der Haushaltsmitglieder richten. Solche arbeitsteiligen Pläne werden im Haushalt für einen Tag oder auch für eine ganze Woche aufgestellt.

Fallbeispiel:
In einer Familie arbeiten beide Eltern im eigenen Friseurgeschäft.
Nenne Haushaltsarbeiten, die von den beiden Kindern (10 und 12 Jahre alt) übernommen werden können.

Kraft und Zeit sparen durch überlegte Arbeitsgestaltung

Manche von uns erledigen die Küchenarbeit leicht und rasch, anderen erscheint dieselbe Tätigkeit mühsam. Dieser Unterschied kann verschiedene Ursachen haben. Er kann zum Beispiel an einer geschickten oder umständlichen Arbeitsweise, an einer guten oder ungünstigen Arbeitsgestaltung liegen.
Überlegungen zur Arbeitsgestaltung betreffen die Frage: wie wird gearbeitet? Dabei versuchen wir jeweils die Arbeitsweisen und die Arbeitsbedingungen zu finden, die am wenigsten Zeit und Kraft erfordern.

Bei der Nahrungszubereitung gehören dazu:

Gestaltung des Arbeitsplatzes

– Arbeitsmittel dem Bewegungsablauf entsprechend anordnen
– im inneren Griffbereich arbeiten, im äußeren Griffbereich abstellen
– Überkreuzen der Hände vermeiden

Aufgaben:
Es sollen Äpfel für einen Apfelkuchen geschält werden.
1. Lege Geräte und Geschirr bereit und probiere die günstigste Anordnung der Gegenstände am Arbeitsplatz aus.
2. Schäle einen Apfel mit dem Messer, den nächsten mit dem Schäler. Vergleiche die Arbeitszeit und den Abfall.
3. Überlege, an welcher Stelle der Küche die Arbeit am besten ausgeführt werden kann.

Kraftsparende Körperhaltung

– wenn möglich sitzend arbeiten
– die Höhe der Arbeitsfläche und des Stuhls der Körpergröße anpassen

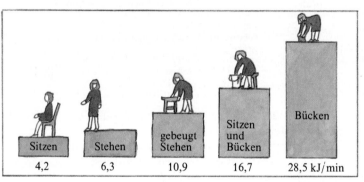

Sitzen	Stehen	gebeugt Stehen	Sitzen und Bücken	Bücken
4,2	6,3	10,9	16,7	28,5 kJ/min

Zweckmäßige Arbeitsmittel

Beispiele:
– Kartoffelschäler zum Schälen von Obst und Gemüse
– Gummischaber zum Ausstreichen einer Teigschüssel
– Handrührgerät zum Schneeschlagen und Teigrühren

Grundlegende Forschung zur Rationalisierung der Arbeit im Haushalt betreibt die Organisation REFA.

REFA = Reichsausschuß für Arbeitszeitermittlung, gegründet 1924,
seit 1946 Verband für Arbeitszeitstudien REFA e. V.,
seit 1954 besteht der REFA-Fachausschuß Hauswirtschaft

Adresse:
Verband für Arbeitszeitstudien REFA e. V., Fachausschuß Hauswirtschaft, Wittichstr. 2, 6100 Darmstadt

1.7 Sicherheit und Wohlbefinden durch Hygiene

Freude am Essen haben wir nur, wenn wir wissen, daß sauber und sorgfältig mit den Lebensmitteln umgegangen wird. Mangelhafte Hygiene hat nicht nur zur Folge, daß uns der Appetit vergeht. Durch verunreinigte Lebensmittel können ansteckende Krankheiten übertragen werden. Verdorbene Lebensmittel können Vergiftungen hervorrufen. Deshalb achten wir bei unserer Arbeit in der Schulküche und zu Hause auf folgende Hygienemaßnahmen.

Persönliche Hygiene 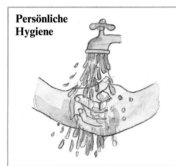	● Vor Arbeitsbeginn Hände waschen ● Fingernägel sauberhalten ● Fingerringe ablegen ● Wunden an Händen wasserdicht abdecken ● saubere Schürze anziehen ● Haare zurückbinden Begründung: Vom Körper und von der Kleidung können Krankheitserreger an die Nahrungsmittel gelangen, die auf andere übertragen werden. Besondere Gefahr besteht bei eiternden Wunden und bei Erkältungen.
Lebensmittel-Hygiene 	● nur sauberes Geschirr verwenden ● Speisen mit 2 Löffeln probieren ● Lebensmittel nicht offen stehen lassen ● verderbliche Lebensmittel kühl aufbewahren ● Auftauwasser von tiefgekühlten Lebensmitteln, besonders von Geflügel, wegschütten Begründung: Lebensmittel sind ein guter Nährboden für Kleinstlebewesen (Mikroorganismen), die sich in der Wärme rasch vermehren. Bei Tiefkühlgeflügel besteht insbesondere die Gefahr der Übertragung von Salmonellen. Siehe dazu S. 96 und 103.
Hygiene am Arbeitsplatz 	● Arbeitsflächen während der Arbeit sauberhalten ● Küchentücher und Lappen häufig wechseln ● Arbeitsplatz nach dem Kochen säubern ● Müll aus der Küche entfernen ● Kühlschrank regelmäßig reinigen Begründung: Auch an kleinen Speiserückständen vermehren sich die Mikroorganismen und werden auf die Lebensmittel, die damit in Berührung kommen, übertragen.

Putz- und Pflegearbeiten

Nach der Nahrungszubereitung findet sich meist fetthaltiger Schmutz auf den Arbeitsflächen. Man reinigt diese mit heißem Wasser, dem ein fettlösendes Spülmittel zugesetzt ist.
Verkrusteter Schmutz läßt sich nur mühsam entfernen. Deshalb sollten alle Geräte gleich nach Gebrauch gereinigt werden. Beispiele: Handrührgerät sofort abwischen; Backofen gleich nach dem Erkalten auswischen.

1.8 Was hat Hauswirtschaft mit Umweltschutz zu tun?

Reinigungsmittel im Haushalt

Zum täglichen Geschirrspülen und zum Reinigen von Küche, Bad und Wohnräumen werden im Haushalt vielerlei Reinigungsmittel benutzt. Man unterscheidet Geschirrspülmittel, Allzweckreiniger, Spezialreiniger, Scheuermittel und Pflegemittel.

Die Werbung empfiehlt uns ständig neue, besonders wirksame Produkte, die im Haushalt für Hygiene und Glanz sorgen sollen.

Aber: Diese Reinigungsmittel gelangen in das Abwasser. Da in den Kläranlagen nicht alle Bestandteile abgebaut werden können, werden sie zu einer Belastung für die Flüsse.

Reinigungsmittel schaden jedoch nicht nur der Natur. Manche Putzmittel enthalten starke Chemikalien, die bei unvorsichtiger Anwendung die Gesundheit gefährden können, z. B. durch Verätzungen an Haut und Augen.

Bei unsachgemäßem Vorgehen können auch Schäden an den Gegenständen, die gereinigt werden, entstehen (z. B. Farbveränderungen).

Aufgaben:

1. Ordne die Reinigungsmittel im Putzschrank der Schulküche nach der Verwendung. Welche Mittel benötigt man häufig?

2. Suche auf den Verpackungen nach Hinweisen über Umweltschonung und gefahrlose Anwendung.

3. Versuche dich bei Reinigungsarbeiten auf die untenstehenden Mittel zu beschränken. Berichte über den Erfolg.

VORSICHT VORSICHT

● <u>NICHT</u> zusammen mit Säuren und sauren Reinigern, z.B. WC-Reinigern und Entkalkern verwenden! Es können gefährliche Dämpfe (Chlor) entstehen.
● Von Kindern fernhalten.

Warnhinweis auf einem Spezialreiniger

Gefahr durch Sauberkeit
Chemische Reinigungsmittel schaden Umwelt

Berlin (ap) – Über zwei Millionen Tonnen Reinigungsmittel belasten jedes Jahr auf gefährliche Weise die Umwelt in der Bundesrepublik, teilte am Donnerstag die Verbraucherzentrale in Berlin mit. Abgesehen davon, daß es praktisch unmöglich zu halten, eine Wohnung keimfrei zu halten, solle man nicht glauben, daß man unbedingt vom Küchenboden essen müsse.

Die Zentrale riet daher, desinfizierende Reinigungsmittel zu meiden und sich nicht von der „Bakterienhysterie" verunsichern zu lassen. Man riet davon ab, Mittel mit aggressiven und gesundheitsschädlichen Stoffen zu kaufen, was für gewöhnlich an den Warnhinweisen und Symbolen auf der Packung zu erkennen sei. „Allzweckreiniger, ein Schuß Spülmittel oder Essig oder Kernseife tun's in der Regel genauso", meinte die Zentrale.

Tabelle für umweltfreundliches Putzen

Waschbecken und Badewanne	Scheuerpulver Schmierseife
Kalkränder in Küche und Bad	Essig
Fliesen	Spülmittel, Schmierseife, Essig
Fenster*	Spülmittel, Schmierseife, Spiritus
Fußboden	Spülmittel, Schmierseife
Kunststoffflächen	Spülmittel, Schmierseife
verstopfte Abflüsse	Saugglocke

* Bei Wohnungen in Industriegebieten mit starker Luftverschmutzung reicht Schmierseife zum Fensterputzen nicht aus.

Beachte bei der Wahl und Anwendung von Reinigungsmitteln:

Schonung der Umwelt	– umweltfreundlichere Reinigungsmittel bevorzugen – knapp dosieren
Schonung der Gesundheit	– gesundheitsgefährdende Mittel meiden – alle Mittel nach Gebrauchsanweisung anwenden – für Kinder unerreichbar aufbewahren
Schonung der Gegenstände	– milde Mittel bevorzugen – regelmäßig reinigen, dann erübrigt sich die Anwendung scharfer Mittel – Reinigungsanweisung der Hersteller beachten

Umweltfreundlichere Produkte sind an dem Umweltzeichen, dem „blauen Engel" zu erkennen. Es wird von der Fachjury Umweltschutz für Produkte verliehen, wenn diese bestimmte Voraussetzungen erfüllen, die jeweils auf dem Zeichen angegeben sind.

Wasser ist wertvoll

Der tägliche Wasserverbrauch in den Haushalten der Bundesrepublik beträgt zur Zeit pro Person 120–160 Liter. Die Wasserreserven sind aber nicht unbegrenzt. In Baden-Württemberg werden viele Städte über die Fernwasserversorgung aus weit entfernten Grundwasservorräten und aus dem Bodensee versorgt.

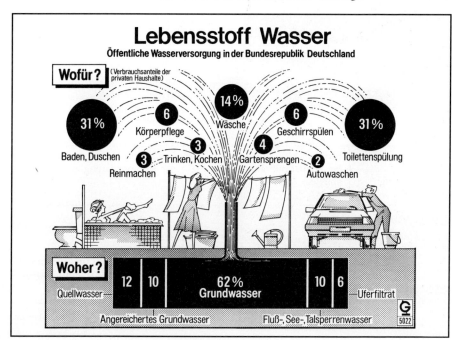

Lebensstoff Wasser
Öffentliche Wasserversorgung in der Bundesrepublik Deutschland

Wofür? (Verbrauchsanteile der privaten Haushalte)

- 31% Baden, Duschen
- 6 Körperpflege
- 3 Reinmachen
- 3 Trinken, Kochen
- 14% Wäsche
- 4 Gartensprengen
- 6 Geschirrspülen
- 2 Autowaschen
- 31% Toilettenspülung

Woher?

- Quellwasser 12
- Angereichertes Grundwasser 10
- 62% Grundwasser
- Fluß-, See-, Talsperrenwasser 10
- 6 Uferfiltrat

Informationen über umweltfreundliche Produkte erhält man bei der Verbraucher-Zentrale Baden-Württemberg e.V., Augustenstraße 6, 7000 Stuttgart 1

Aufgaben:

1. Vergleiche den Wasserverbrauch beim Waschen von 1 kg Kartoffeln unter fließendem Wasser gegenüber dem Waschen in stehendem Wasser in einer Schüssel.

2. Suche in der Betriebsanleitung der Waschmaschine und der Spülmaschine nach Hinweisen, wie beim Gebrauch dieser Maschinen Wasser gespart werden kann.

3. Nenne weitere Beispiele für den sparsamen Umgang mit Wasser im Haushalt.

Wohin mit dem Haushaltsmüll?

Unsere Gesellschaft ist in den letzten Jahrzehnten eine Wegwerfgesellschaft geworden. Statistisch gesehen produziert ein Bundesbürger in einem Jahr die fünffache Menge seines Eigengewichtes an Abfällen.

Die Beseitigung von Müll in möglichst umweltschonenden Einrichtungen ist zu einer schwierigen Aufgabe für die Gemeinden geworden.

Was können die einzelnen Haushalte beitragen, um das Abfallproblem an der Wurzel anzupacken?

Recycling: Schätze im Müll		
Verbrauch in der EG	Mögliche Rückgewinnung	
Mill. t/Jahr	Mill. t/Jahr	Wert in Mio. Dollar/Jahr
Eisen 136,8	10–20	2500
Nichteisen-metalle 9,2	1–2	1000
Papier 30,3	20	2000
Glas 13,7	6	100–500
Plastik 12	3,1	1000
Kautschuk 2,1	1,53	500
Textilien 2,7	2	1000
Chemische Stoffe 35	5–10	1000
Schmierstoffe 4,6	1,2	200
Bergbau und Energieproduktion 300	200	500
Landwirtschaft und Lebensmittelindustrie 1100	40–60	3000

Die Aufbereitung der bei der industriellen und landwirtschaftlichen Produktion sowie in den Haushalten entstehenden Abfälle lohnt sich.

Quelle: EG-Kommission
Quelle: Bundesverband der Deutschen Industrie

Müllmenge verkleinern	Wiederverwertbares Material aussortieren und der Wiederverwertung (Recycling) zuführen	Problem-Müll aufbewahren, bei Sondermüllsammlungen abgeben	Organische Küchenabfälle der Kompostierung zuführen
keine unnötige Verpackung kaufen Mehrwegflaschen und Nachfüllpackungen verwenden weniger Wegwerfartikel (Becher, Teller) benützen	Altpapier Altglas Konservendosen Alu-Verpackungen Textilien	Batterien Medikamente Haushaltschemikalien Pflanzenschutzmittel Alt-Öl	Schalen von Obst und Gemüse ungenießbare Teile von Lebensmitteln (durch Verrottung entsteht daraus Humus, ein wertvolles Bodenverbesserungsmittel)

1.9 Gefahrenquelle Haushalt

Wußtest du, daß sich im häuslichen Bereich in der Bundesrepublik Deutschland täglich 5000 Unfälle ereignen? Dabei werden in einem Jahr ca. 1,8 Millionen Menschen verletzt.

Auch Unfälle im Haushalt können schwerwiegende Folgen haben:
● Etwa ein Drittel der Verletzten muß ärztliche Hilfe in Anspruch nehmen;
● In der Bundesrepublik Deutschland ereignet sich jeder dritte tödliche Unfall im Haushalt. Über 9000 Menschen sterben jährlich an den Folgen eines häuslichen Unfalls, davon allein in Baden-Württemberg ca. 900 Personen.

Die Grafik gibt dir einen Überblick über die häufigsten Unfallursachen.
In der Schulküche arbeiten während der Nahrungszubereitung viele Schüler gleichzeitig. Die Gefahrenquellen sind dadurch höher als im privaten Haushalt. Deshalb ist hier besondere Vorsicht geboten.

**Fett war zu heiß –
Küche brannte**

SCHWÄBISCH GMÜND (pm) – Durch überhitztes Fett in einer Pfanne entstand am Sonntag gegen 19 Uhr in einer Küche der amerikanischen Wohnsiedlung ein Brand. Das Feuer wurde von hinzukommenden Helfern bis zum Eintreffen der Gmünder Feuerwehr gelöscht. Es entstand Schaden in Höhe von 5000 Mark.

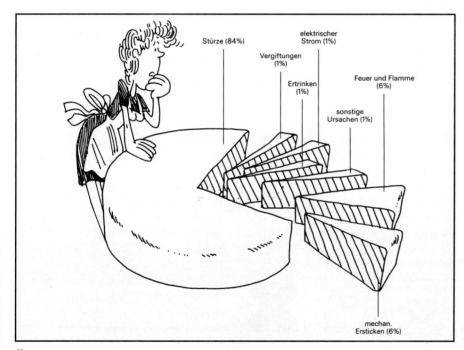

Überblick über die häufigsten Ursachen der tödlichen Unfälle im häuslichen Bereich (langjährige Mittelwerte).

Aufgaben:
1. *Beschreibe zwei gefährliche Situationen in eurer Küche zu Hause.*
2. *Suche Gründe für die Häufigkeit der Unfälle im Haushalt*
3. *Beschreibe zu jeder der in der Grafik genannten Unfallarten ein Beispiel*
4. *Überlege Beispiele für zusätzliche Gefahrenquellen in der Schulküche.*
5. *Bei den auf S. 30 und 31 beschriebenen Unfallarten sind nur einige Ursachen genannt. Suche jeweils weitere Unfallursachen und gib Möglichkeiten der Unfallverhütung an.*

29

Häufige Unfallarten und ihre Vermeidung

Art des Unfalls

Sturz	Vergiftung/Verätzung	Elektrischer Schlag

Hauptsächliche Ursachen

Sturz	Vergiftung/Verätzung	Elektrischer Schlag
Abfälle auf dem Boden Dinge, die im Weg stehen rutschende Teppiche oder Fußmatten glatter Boden wackelige Klettervorrichtungen	Aufbewahrung von Medikamenten, Putzmitteln, Säuren oder Gartenspritzmitteln an falscher Stelle oder in falschen Gefäßen unsachgemäßer Umgang mit diesen Mitteln	Kurzschluß durch Wasser beschädigte Geräte fehlerhafte Reparaturen Kinder spielen mit elektrischen Geräten oder Steckdosen

Möglichkeiten der Vermeidung

Sturz	Vergiftung/Verätzung	Elektrischer Schlag
richtiges Aufstellen von Haushaltsleitern Abfälle auf dem Boden sofort aufheben und nachwischen Wege frei halten haftende Unterlagen unter rutschende Teppiche legen	Medikamente nur in der verschlossenen Hausapotheke aufbewahren gesundheitsschädliche Stoffe nicht in Getränkeflaschen füllen besondere Giftflaschen verwenden und beschriften Putzmittel nicht gemeinsam mit Lebensmitteln aufbewahren, gesundheitsschädliche Stoffe vor Kindern sichern	Während des Badens in der Wanne keine Elektrogeräte (z.B. Fön, Radio am Wannenrand) benutzen elektrische Geräte nicht mit nassen Händen bedienen Elektrogeräte erst nach dem Ziehen des Netzsteckers reinigen Stecker nicht an der Schnur aus der Dose ziehen, am Stecker anfassen bei Brandgeruch Gerät sofort ausschalten; vom Fachmann reparieren lassen Steckdosen durch Einsätze vor Kindern sichern

Reizend · Giftig · Ätzend · Gesundheitsschädlich

Tödlicher Leichtsinn bei Grill-Partys

Art des Unfalls

Verletzung durch Geräte	Verbrennung	Ersticken

Hauptsächliche Ursachen

| beschädigte Geräte, z. B. Dosenöffner oder beschädigtes Geschirr unsachgemäße Handhabung von Messern und Küchenmaschinen | heiße Flüssigkeiten oder Dämpfe spritzendes Fett heiße Gegenstände, z. B. Kuchenform Entzündung von Fett Brände | Erdrosseln durch Schnüre beim Spielen Kinder schließen sich beim Spielen versehentlich in Kühlschränken und Tiefkühltruhen ein und ersticken |

Möglichkeiten der Vermeidung

| beschädigtes Glas und Porzellan wegwerfen unbeschädigte, sichere Geräte verwenden; nach Gebrauch kindersicher aufbewahren mit scharfen Messern auf Brettchen schneiden nicht in laufende Maschinen greifen bei Schneid- und Zerkleinerungsmaschinen den Restehalter benutzen | Griffe und Stiele von Töpfen oder Pfannen auf dem Herd nach innen drehen Töpfe bzw. Backrohr vorsichtig öffnen heiße Flüssigkeiten richtig abgießen Topflappen verwenden heiße Bügeleisen bzw. Tauchsieder sicher abstellen Kochplatten bzw. Bügeleisen bei Unterbrechung der Arbeit ausschalten kein Wasser in heißes Fett bringen in brennendes Fett kein Wasser zum Löschen gießen (würde stark spritzen), sondern die Flamme mit einem Deckel ersticken | Kinder nicht mit Plastiktüten spielen lassen Tiefkühltruhen (auch unbenutzte) verschließen; nur verschlossen zum Sperrmüll geben Spielzeug mit kurzen Schnüren oder Bändern kaufen |

Leicht entzündlich — Explosionsgefährlich — Brandfördernd

1.10 Eßkultur und Tischsitten

Wir essen nicht nur, weil wir hungrig sind und Nahrung brauchen. Essen bedeutet auch Genuß, Entspannung und Geselligkeit. Die Umgebung und Atmosphäre bei Tisch sind genau so wichtig wie eine schön gedeckte Tafel und eine appetitlich angerichtete Mahlzeit. In der Familie oder im Freundeskreis stärkt eine gemeinsame Mahlzeit das Zusammengehörigkeitsgefühl. Das gilt auch für das Essen in der Schulküche.

Tischdecken

Jeder wird sich gern an einen schön gedeckten Tisch setzen. Richtiges Tischdecken aber will gelernt sein.

Folgende Regeln haben sich bei uns für das Tischdecken bewährt:
– der Teller steht etwa 1 cm von der Tischkante entfernt
– das Messer liegt mit der Schneide nach innen rechts neben dem Teller
– die Gabel liegt links neben dem Teller
– der Suppenlöffel liegt rechts neben dem Messer
– der Nachtischlöffel liegt oberhalb des Tellers
– das Trinkglas steht oberhalb von Messer und Löffel
– der Teller für Salat oder Süßspeise steht oberhalb der Gabel
– die Serviette liegt links neben der Gabel oder auf dem Teller

Alltagsgedeck

Festgedeck

Aufgaben:
1. Begründe, warum keiner gerne allein ißt.
2. Warum sind die Regeln für das Tischdecken sinnvoll? Suche nach Begründungen.
3. Decke anhand dieser Regeln einen Tisch für die Mahlzeit, die heute zubereitet wird.
4. Vergleiche die beiden abgebildeten Gedecke.

Für jede Mahlzeit das passende Gedeck

Für das Essen und Servieren von Speisen haben sich bei uns verschiedene Besteckformen eingebürgert. Die Abbildung zeigt dir einen Überblick über das geläufigste Eß- und Vorlegebesteck.

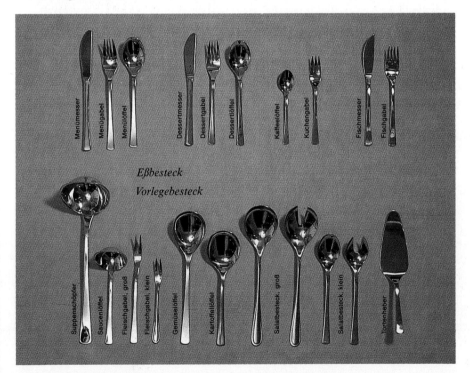

Eßbesteck

Vorlegebesteck

Aufgaben:
1. Betrachte die Grafiken. Für welche Mahlzeiten sind die Tische gedeckt?
2. Lege das Eß- und Vorlegebesteck für folgende Mahlzeit bereit: Suppe, Gulasch, Kartoffelbrei, Salat, Obstsalat.

Verhalten bei den Mahlzeiten

Bei Familie Weber…
Kurz nach Schulschluß telefoniert Karin mit ihrer Mutter.
Karin: Hallo, hier ist Karin. Mama, ich würde heute gerne bei Sandra essen. Wir wollen gleich nach dem Essen ihre neue Tischtennisplatte ausprobieren. Hast du etwas dagegen?
Mutter: Eigentlich nicht. Benimm dich aber anständig! Vergiß nicht, daß deine Augen meistens größer sind als dein Magen. Nimm deshalb nur soviel auf den Teller, wie du essen kannst. Warte auch mit dem Essen, bis alle genommen haben!
Karin: Ist ja klar, adieu!

Hemmen Sie nicht den Ablauf des Essens durch unnötiges Zögern. Nur blitzschnelles Zugreifen sichert Ihnen die besten Stücke und beweist der Hausfrau, daß Sie sich wohl fühlen. Daher oberstes Gesetz für jedes Dinner: Sei lebhaft.

Loriot, in: Moderne Regeln für Tisch und Party von A–Z, essen & trinken

Aufgabe:
Nenne noch weitere Regeln für das Benehmen bei Tisch.

Wo mehrere Menschen zusammen sind, z. B. bei Tisch, ist gegenseitige Rücksichtnahme unerläßlich. Auch wenn die Tischsitten sich in den vergangenen Jahrhunderten ständig veränderten, so sind doch einige feste Verhaltensmuster geblieben, die sich auf das Grundprinzip der gegenseitigen Rücksichtnahme zurückführen lassen.
Der Gelehrte Erasmus von Rotterdam schrieb 1529 über das Benehmen von Kindern bei Tisch. Dabei hat er u. a. folgende Gesichtspunkte aufgeführt:

Beim Mahl soll man heiter sein, nicht ausgelassen. Niemand darf Trübsal blasen und andere verstimmen.
Erst wenn man sich gewaschen hat, setzt man sich zum Essen hin.
Beim Mahle hält man beide Hände auf dem Tisch, aber nicht breit aufgestützt.
Manche sitzen kaum da und schon greifen sie zum Essen.
Es ist unanständig, die Platte so zu drehen, daß man selbst die besseren Stücke vor sich hat.
Bekleckerte Finger abzulecken ist ungehörig, man macht das vielmehr mit der Serviette.
Es ist weder anständig noch ratsam, mit vollem Mund zu trinken oder zu reden.

Aufgaben:
1. Was galt früher als anständig oder unanständig?
Welches Benehmen wird heute bei Tisch erwartet?
2. Die Umgebung und Atmosphäre sind auch beim Essen außer Haus wichtig, z. B. in der Gaststätte.
Versuche dich zu erinnern, wo es dir bisher am besten gefallen hat.
Gib eine kurze Beschreibung und nenne Gründe.

2. Grundlagen der Nahrungszubereitung

In Lebensmittelgeschäften findest du ein reichhaltiges Angebot verschiedenster Produkte. Wenn du als Beispiel die in Süddeutschland beliebten Nudeln nimmst, so kannst du feststellen, daß in einem Supermarkt in der Regel mehr als zehn Sorten Nudeln zum Verkauf angeboten werden, die sich nach Form, Qualität und Preis unterscheiden. Aus diesem Angebot muß eine Wahl getroffen werden, die sich daran orientiert, was man kochen will und welche Vorliebe und Geschmacksrichtung man berücksichtigt.

Der Geschmack der Speisen ist ein wichtiger Gesichtspunkt, es sollte aber nicht der einzige sein, der bei der Zusammenstellung und Zubereitung von Mahlzeiten beachtet wird. Denn es ist eine Tatsache, daß gutes Essen nicht gleichbedeutend sein muß mit richtiger Ernährung.

Durch falsches Ernährungsverhalten entstehen bei uns vielerlei Krankheiten. Ernährungsfehler können vermieden werden, wenn wir über die Anforderungen an eine gesunde Ernährung Bescheid wissen. Deshalb müssen wir
– die Inhaltsstoffe der Nahrungsmittel kennen,
– Mahlzeiten richtig zusammenstellen,
– geeignete Zubereitungsarten anwenden.

> Im Volksmund gibt es sprichwörtliche Redensarten, die sich auf das Essen beziehen:
> „Gut essen und trinken hält Leib und Seele zusammen."
> „Der Appetit kommt beim Essen."
> „Essen macht Spaß – viel essen macht viel Spaß."

2.1 Richtige Ernährung als Beitrag zur Gesunderhaltung

Aufgabe jedes einzelnen ist es, sich gesund zu erhalten, soweit das in seiner Macht steht. Viele Gesichtspunkte müssen dabei berücksichtigt werden. Eine ganz wesentliche Maßnahme zur Gesunderhaltung ist eine Ernährung, die alle Stoffe enthält, die unser Körper täglich braucht. Diese Ernährung nennt man auch **vollwertige Ernährung**.

Die Stoffe, die unser Körper braucht, sind auch die, aus denen er besteht. Wir nehmen sie durch pflanzliche und tierische Lebensmittel auf. Man nennt diese Stoffe **Nährstoffe**.

Unser Körper benötigt die Nährstoffe:

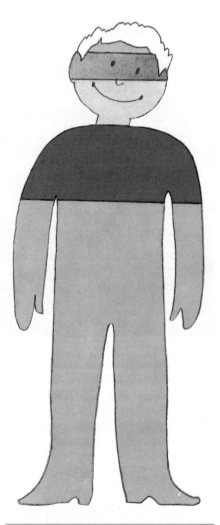

- zur Deckung des Energiebedarfs   z. B. zur Erhaltung der Körpertemperatur und zur Bewegung

- zum Aufbau und zur Erhaltung des Körpers   z. B. zur Bildung neuer Körperzellen beim Wachstum des Kindes und zur ständigen Erneuerung von Zellen wie Haut, Blutkörperchen

- als Schutz- und Reglerstoffe   z. B. zum Schutz vor Krankheiten wie der Kinderkrankheit Rachitis und zur Regulierung von Körpervorgängen wie Verdauung, Atmung.

Die Ernährungsgewohnheiten der einzelnen Menschen sind genauso unterschiedlich wie die der verschiedenen Völker. In anderen Ländern werden andere Lebensmittel bevorzugt. Eskimos z. B. essen viel Fleisch und Fett. In Ostasien ist Reis ein Hauptnahrungsmittel. Einige afrikanische Völker ernähren sich hauptsächlich durch pflanzliche Lebensmittel wie Hirse oder Mais.

Diese verschiedenen Ernährungsweisen sind möglich, weil es nur auf die Inhaltsstoffe der Lebensmittel, die Nährstoffe ankommt. Die Nährstoffe sind:

Eiweiß	Fett	Kohlenhydrate	Mineralstoffe	Vitamine	Wasser

Vitamine und Mineralstoffe werden auch Wirkstoffe genannt.

Alle Lebensmittel, ob tierischer oder pflanzlicher Herkunft, enthalten diese Stoffe in unterschiedlicher Menge.

Die einzelnen Nährstoffe werden durch die abgebildeten Symbolfarben gekennzeichnet. Du findest diese Farben z. B. auf Lebensmittelpackungen wieder.

> Unser Körper besteht aus:
> 65% Wasser
> 20% Eiweiß
> 10% Fett
> 4% Mineralstoffe
>   Vitamine in Spuren
> 1% Kohlenhydrate (Zucker, Stärke)

Inhaltsstoffe der Lebensmittel	Wirkung im menschlichen Körper	Vorkommen in Lebensmitteln – Beispiele
Kohlenhydrate Fett	vorwiegend Energiegewinnung	
Eiweiß Wasser	vorwiegend Aufbau und Erhaltung der Körpersubstanz (Zellen)	
Vitamine Mineralstoffe	Regelung von Körperfunktionen, zum Teil auch Aufbau von Körpersubstanz, z. B. Knochen, Knorpel	
Ballaststoffe wie Zellulose (Rohfaser)	Sättigungsgefühl Anregung der Darmtätigkeit	
Geschmacks-, Duft- und Farbstoffe, z. B. Blattgrün Aromastoffe Röststoffe	Appetitanregung	

2.2 Die Nährwerttabelle

Die meisten Speisen werden aus verschiedenen Nahrungsmitteln zubereitet. Bei der Zusammenstellung einer Mahlzeit müssen wir darauf achten, daß alle Nährstoffe in ausreichender Menge vorhanden sind. Wenn wir dies an einer Mahlzeit z. B. Gulasch, Reis und Salat überprüfen wollen, so müssen wir in der Nährwerttabelle, Seite 187–190, nachschlagen.

Die Nährwerttabelle gibt an, welche Inhaltsstoffe ein bestimmtes Lebensmittel enthält. Die Lebensmittel sind hier in Gruppen unterteilt. Wir finden zum Beispiel alle Lebensmittel, die aus Getreide hergestellt werden, im Abschnitt Getreideerzeugnisse. Die Angaben über die Menge der Inhaltsstoffe beziehen sich immer auf 100 g eines Lebensmittels. Dabei wird nur der Teil des Lebensmittels berücksichtigt, der gegessen werden kann. Anhand der Angaben in der Nährwerttabelle kann man erkennen, daß die meisten Lebensmittel verschiedene Inhaltsstoffe enthalten. Bei einzelnen Lebensmitteln ist es auch so, daß sie einen Inhaltsstoff in großer Menge enthalten.

Aufgaben:
1. Suche in der Nährwerttabelle je drei Beispiele für
- *kohlenhydratreiche*
- *fettreiche*
- *eiweißreiche*
- *vitamin- und mineralstoffreiche Lebensmittel.*

2. Überlege dir, was du heute abend gerne essen würdest.

Notiere die Speisenfolge und schlage den Nährstoffgehalt in der Nährwerttabelle nach.

| Lebensmittel | Eiweiß | Fett | Kohlen-hydrate | Ballast-stoffe | Energie | Energie | Mineralstoffe | | Vitamine | | | |
| | | | | | | | Eisen | Calcium | A | B₁ | B₂ | C |
100 g eßbarer Anteil	g	g	g	g	kJ	kcal	mg	mg	µg	mg	mg	mg
Eierteigwaren Nudeln	13	3	72	0,4	1 580	376	2,1	20	60	0,20	0,10	–
Sonnenblumenöl	0	100	0	0	3 880	923	0	0	4	0	0	0
Möhren (Karotten)	1	+	6	1,0	120	28	0,6	29	1 120	0,1	+	7

2.3 Nahrungsmittel als Nährstoffträger

Täglich essen wir eine Vielzahl von Lebensmitteln.
Die Gruppe der Lebensmittel kann man folgendermaßen unterteilen:

```
                ┌──── Lebensmittel ────┐
                ▼                      ▼
```

Nahrungsmittel

Beispiele:
Milch, Brot, Obst

sie enthalten Nährstoffe
und dienen so der menschlichen
Ernährung

Genußmittel

Beispiele:
Kaffee, Tee, Bier

sie üben eine anregende Wirkung auf den Menschen aus und besitzen fast keinen Nährwert (außer Alkohol)

Mit Nahrungsmitteln, die wir häufig essen, wollen wir uns genauer beschäftigen, um ihren Nährstoffgehalt kennenzulernen, die Qualität beim Einkaufen zu beurteilen und ihre Eigenschaften bei der Zubereitung zu berücksichtigen.

Lebensmittel werden im Lebensmittelrecht folgendermaßen definiert:

§ 1 Lebensmittel

(1) Lebensmittel im Sinne dieses Gesetzes sind Stoffe, die dazu bestimmt sind, in unverändertem, zubereitetem oder verarbeitetem Zustand von Menschen verzehrt zu werden; ausgenommen sind Stoffe, die überwiegend dazu bestimmt sind, zu anderen Zwecken als zur Ernährung oder zum Genuß verzehrt zu werden.

2.4 Milch – ein vollwertiges Nahrungsmittel

Milch ist aus der täglichen Nahrung nicht wegzudenken. Für Säuglinge und Kinder ist sie ein Grundnahrungsmittel. Unter Milch versteht man bei uns Kuhmilch. Durch Beobachtungen während der Nahrungszubereitung oder durch Versuche können wir die Eigenschaften und die Inhaltsstoffe der Milch kennenlernen. Außer den Nährstoffen, die wir in den Versuchen zeigen, enthält Milch noch Vitamine und Mineralstoffe. Sie ist also ein vollwertiges Lebensmittel.

Versuche mit Milch	Auswertung der Beobachtungen
1. Tropfe etwas Süßrahm auf ein Filterpapier, daneben zum Vergleich einige Tropfen Wasser. Lasse das Papier trocknen und halte es gegen das Licht.	Der durchscheinende Fleck auf dem Papier zeigt das Fett der Milch.
Betrachte etwas Milch unter dem Mikroskop.	Man sieht, daß das Fett in feine Tröpfchen verteilt ist, es ist emulgiert*. **100 g Vollmilch enthalten 3,5 g Fett.**
2. Trinke etwas Frischmilch und etwas Sauermilch. Beschreibe den Geschmacksunterschied.	Frische Milch schmeckt süß, Sauermilch nicht. Aus frischer Milch kann man Milchzucker gewinnen. **100 g Vollmilch enthalten 5 g Milchzucker.**
3. Erhitze 1 Tasse Milch in einer feuerfesten Glasschüssel. Halte einen trockenen Glasteller darüber und beobachte.	An dem Glasteller schlägt sich Wasserdampf ab. **100 g Vollmilch enthalten 88 g Wasser.**
4. Bringe die Milch vorsichtig zum Kochen. Beobachte die Oberfläche der Milch und den Boden des Gefäßes.	Die Milch beginnt zu schäumen und kann überlaufen. Es bildet sich eine Haut und ein Bodensatz. Diese bestehen aus Eiweißstoffen der Milch (Albumine und Globuline), die bei Hitze fest werden. Sie bewirken das Überschäumen und Anbrennen der Milch beim Kochen.
5. Filtriere die gekochte Milch in ein Becherglas. Gib tropfenweise Essig zu und beobachte.	Milch enthält einen weiteren Eiweißstoff (Kasein), der durch Säure fest wird. Milch „gerinnt" z.B. bei der Zugabe von Zitronensaft zu Milchshakes. **100 g Vollmilch enthalten 3,5 g Eiweiß.**

* **Emulsion:** tröpfchenförmige Verteilung einer Flüssigkeit in einer anderen Flüssigkeit. Eine Emulsion entsteht z.B. auch bei der Zubereitung von Mayonnaise (vgl. S. 43)

Aufgaben:

1. Gib Ratschläge, wie man vermeiden kann, daß Milch beim Kochen überläuft oder anbrennt.

– *Topf zudecken oder offen lassen?*
– *Rühren oder nicht rühren?*
– *Schalter der Kochplatte auf große Hitze oder auf schwache Hitze stellen?*
– *Andere Arbeit zwischendurch einplanen oder den Kochvorgang überwachen?*

2. Überlege, warum Zitronensaft als Geschmackszutat für einen Milchpudding nicht geeignet ist.

Wir führen unsere Versuche im allgemeinen in der Küche mit unseren Küchengeräten durch. Wo es die Einrichtung erlaubt, ist es wünschenswert, auch Versuche mit reinen Substanzen zum Vergleich heranzuziehen.

Wir kaufen Milch ein

Auf Milchpaketen, Schläuchen und Flaschen finden wir folgende
Kennzeichnungselemente:

Sorte:

Roh- oder Vorzugsmilch, Vollmilch, teilentrahmte
oder fettarme Milch, entrahmte Milch

Fettgehalt:

Vollmilch naturbelassen im Fettgehalt,
aber mindestens 3,5% Fett
Vollmilch mit eingestelltem Fettgehalt von 3,5%
teilentrahmte (fettarme) Milch, Fettgehalt 1,5%
entrahmte Milch (Magermilch) Fettgehalt 0,3%

Mindesthaltbarkeitsdatum:

mindestens haltbar bis..... (gekühlt)

Füllmenge in Liter:
1 l, 0,5 l

Art der Wärmebehandlung

– *pasteurisiert:*
Milch wird schonend erhitzt auf mindestens 71 °C und höchstens 85 °C und sofort
wieder gekühlt. Dadurch werden Krankheitserreger in der Milch unschädlich gemacht.

– *ultrahocherhitzt:*
Milch wird für wenige Sekunden auf Temperaturen von 135–150 °C erhitzt und sofort wieder gekühlt. Die Milch wird besonders verpackt. Dieses Verfahren tötet Kei-
me ab. Die Milch ist dadurch ungeöffnet ca. 6 Wochen bei Zimmertemperatur haltbar.

– *sterilisiert:*
Milch wird auf eine Temperatur von ca. 100 °C erhitzt und in Flaschen fest verschlossen. Diese Milch ist frei von lebenden Keimen. Ungeöffnet hält sie sich bei Zimmertemperatur ca. 1 Jahr.

Bearbeitung des Milchfetts

– homogenisiert: Die Fettkügelchen der Milch werden zerstört. Dadurch verhindert man, daß sich das Milchfett als Rahmschicht absetzt. So bleiben Geschmack und Fettgehalt der Milch gleich.

Bei loser Abgabe von Milch genügt ein Schild mit entsprechenden Angaben. Für Milch die ab Hof verkauft wird, ist ein Schild mit der Aufschrift „Rohmilch vor dem Verzehr abkochen" ausreichend.

Milcherzeugnisse

Zu den Milcherzeugnissen zählen verschiedenartige Produkte. Man kann sie in vier Gruppen unterteilen:
– gesäuerte Milcherzeugnisse
– Sahneerzeugnisse
– Kondensmilch
– Milchmischgetränke

Die meisten gesäuerten Milcherzeugnisse werden durch die Einwirkung von Milchsäurebakterien gewonnen. Beim „Sauerwerden" von Milch wird der Milchzucker durch Milchsäurebakterien zu Milchsäure abgebaut. Das Eiweiß Kasein gerinnt. Bei Joghurt und Kefir werden andere Bakterienkulturen zugesetzt.

Beim Einkauf von Milcherzeugnissen muß man auch auf die Kennzeichnung achten, dabei sind nicht nur das Mindesthaltbarkeitsdatum und die Fettgehaltsstufe wichtig, sondern auch die Liste der Zutaten.

Wie wird Käse gemacht?

Käse ist auch ein Milchprodukt. Zur Käseherstellung verwendet man nicht nur Kuhmilch, sondern auch Schaf- und Ziegenmilch. Käse gibt es, seitdem Milch gewonnen wird. In der Bundesrepublik Deutschland werden ca. 600 Käsesorten hergestellt. Jede Landschaft hat ihre typischen Käsesorten. Die Geschmacksrichtungen reichen von zart-mild bis kräftig.

Käse macht man auf zwei verschiedene Arten:

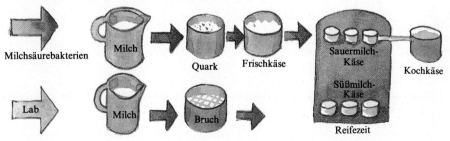

Aufgaben:

1. Erkunde, in welchen Fettgehaltsstufen Joghurt angeboten wird. Überprüfe, welche Auswirkung der Fettgehalt auf Geschmack und Preis hat.

2. Was will der folgende Werbespruch sagen: „Dieses Milcherzeugnis ist so nährstoffreich wie ein kleines Steak"?

Versuch zur Säuerung von Milch

Lasse 1 Glas Frischmilch eine Woche lang im warmen Raum stehen. Wie hat sich die Milch verändert? Die Versuche 2 und 4 von S. 39 helfen dir bei der Erklärung.

Versuche zur Käseherstellung

1. Stelle ein Glas Sauermilch in warmes Wasser. Filtriere nach 30 Minuten.
2. Gib in 1 Glas Frischmilch einen Teelöffel Labessenz und stelle das Glas in warmes Wasser. Filtriere nach ca. 30 Minuten ab. Vergleiche die Rückstände nach Beschaffenheit und Geruch.

Bei manchen Käsesorten verwendet man zur Gerinnung des Milcheiweißes Säure und Lab. Durch unterschiedliche Bearbeitung und Zugabe von Bakterien, Hefen und Schimmelpilzen vor der Reifung entsteht die große Vielfalt des Käseangebots.

Von einer Käsesorte finden wir häufig verschiedene Fettgehaltsstufen. Limburger Käse gibt es z. B. mit 20% Fett i. Tr., 30% Fett i. Tr., 45% Fett i. Tr., und 50% Fett i. Tr. Die Angabe „Fett i. Tr." heißt Fett in der Trockenmasse. Unter Trockenmasse versteht man die wasserfreie Käsemasse.

Als Verbraucher wissen wir bei dieser Angabe allerdings noch nicht, wieviel Fett wirklich im Käse ist, da der Anteil der Trockenmasse nicht angegeben werden muß. Ist der Anteil der Trockenmasse bekannt, so können wir den Fettgehalt berechnen. Ein Beispiel: 100 g Hartkäse enthalten 62 g Trockenmasse. Von diesen 62 g Trockenmasse sind 45% Fett. Es sind also in 100 g Hartkäse insgesamt nur 28 g Fett enthalten.

Aufgaben:
1. Teste den Geschmack verschieden fetter Käse derselben Sorte.
2. Vergleiche in der Nährwerttabelle den Fettgehalt von Käse in 100 g mit der Angabe „Fett i. Tr." bei folgenden Käsesorten:
– Doppelrahmfrischkäse
– Camembert
– Emmentaler
3. Suche im Rezeptteil Gerichte, die mit Käse zubereitet werden.

Fettgehalt ausgewählter Käsesorten
Bestandteile in 100 g Käse

Sorten	Emmentaler	Doppelrahmfrisch-käse	Camembert	Edamer	Speisequark mager
Nährstoffe u. a. Eiweiß	27,4	14,6	18,7	26,4	14,0
Fett i. Tr. %	45%	60%	45%	30%	
Fett g	29,3 g	29,7 g	21,9 g	15,3 g	
Sonstige					
Wasser	34,9 g	50,5 g	51,3 g	49,1 g	73,5 g

2.5 Frische Eier sind Klasse!

Im Durchschnitt ißt jeder von uns 275 Eier im Jahr. Wir verzehren die Eier nicht nur als Frühstücks- oder Spiegeleier, sondern auch in zubereiteten Nahrungsmitteln wie Nudeln oder Kuchen. Wozu wir die Eier bei der Nahrungszubereitung verwenden, können wir aus den Eigenschaften ableiten.

Küchentechnische Eigenschaften von Ei:

Zubereitungsbeispiele	Erklärung der Beobachtung	Eigenschaften
Verrühre 1 Ei mit 2 Eßl. Milch und etwas Salz. Gib die Masse in ein gefettetes Förmchen und stelle sie 20 Min. in kochendes Wasser. Es entsteht „Eierstich", der als Suppeneinlage verwendet werden kann.	Die Eimasse wird fest. Ei gerinnt bei etwa 70° C und kann dabei etwa sein Eigengewicht an Flüssigkeit einschließen.	**Ei bindet**
Schlage Eiklar zu Schnee und mische es unter eine Creme. Bereite einen Biskuitteig (Rezept S. 91).	Beim Schlagen schließt Eiklar Luft ein. Auch beim Schlagen von ganzen Eiern wird Luft eingeschlossen. In der Hitze gerinnt das Eiweiß, die Luft dehnt sich aus und lockert das Gebäck.	**Ei lockert**
Vergleiche eine Vanillesoße aus Stärkemehl ohne Ei mit einer Vanillesoße, die Ei enthält. (Rezepte S. 167).	Ei gibt den Speisen Farbe und appetitliches Aussehen.	**Ei färbt**
Bereite eine Mayonnaise (Rezept S. 177) und beobachte die Zutaten beim Rühren.	Bei starkem Rühren verteilt sich das Öl im Ei in ganz feinen Tröpfchen, es entsteht eine Emulsion	**Ei emulgiert**

Aufgaben:
1. Suche für jede Eigenschaft weitere Zubereitungsbeispiele im Rezeptteil.
2. Schlage den Nährstoffgehalt des Eis in der Nährwerttabelle nach und überlege, ob man das Ei als vollwertiges Nahrungsmittel bezeichnen kann.

Die meisten Eiergerichte schmecken mit frischen Eiern am besten. Deshalb achten wir beim Einkauf von Hühnereiern auf folgende Kennzeichnung:

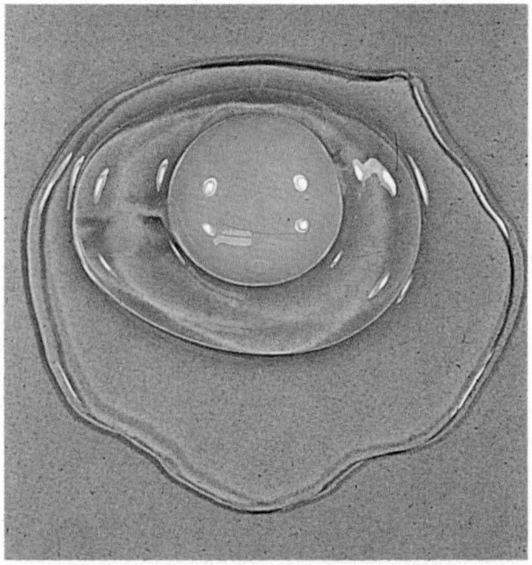

Güteklassen:

Güteklasse A oder „frisch"
Güteklasse B oder
„2. Qualität oder haltbar gemacht"

Gewichtsklassen:

Gewicht des einzelnen Eis in Gramm

Klasse 1	70 und darüber
2	65 bis unter 70
3	60 bis unter 65
4	55 bis unter 60
5	50 bis unter 55
6	45 bis unter 50
7	unter 45

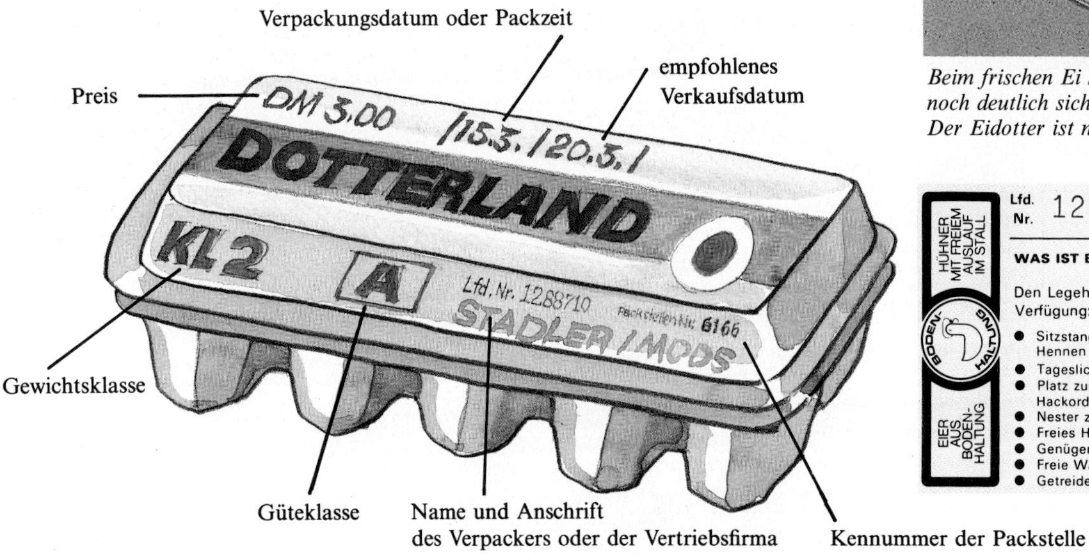

Beim frischen Ei sind die Eiklarschichten noch deutlich sichtbar. Der Eidotter ist noch gewölbt.

Verpackungsdatum oder Packzeit

empfohlenes Verkaufsdatum

Preis

DM 3,00 15.3. / 20.3.

DOTTERLAND

KL 2 A Lfd. Nr. 1288710 Packstellen Nr. 6166

STADLER / MODS

Gewichtsklasse

Güteklasse

Name und Anschrift des Verpackers oder der Vertriebsfirma

Kennummer der Packstelle

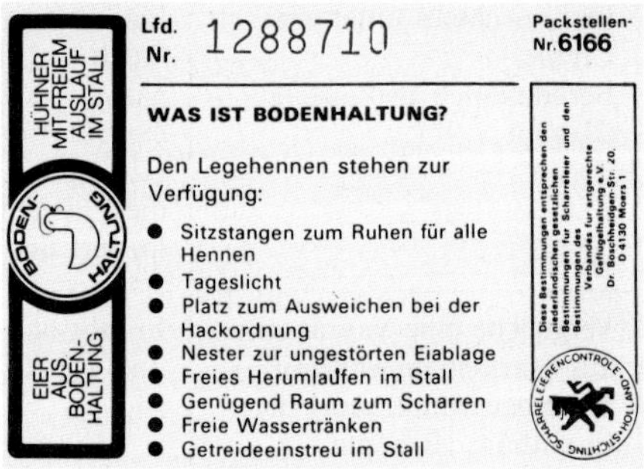

Lfd. Nr. 1288710 Packstellen-Nr. 6166

HÜHNER MIT FREIEM AUSLAUF IM STALL
BODEN HALTUNG
EIER AUS BODEN-HALTUNG

WAS IST BODENHALTUNG?

Den Legehennen stehen zur Verfügung:

- Sitzstangen zum Ruhen für alle Hennen
- Tageslicht
- Platz zum Ausweichen bei der Hackordnung
- Nester zur ungestörten Eiablage
- Freies Herumlaufen im Stall
- Genügend Raum zum Scharren
- Freie Wassertränken
- Getreideeinstreu im Stall

Beim Backen spielt die Größe der Eier eine besondere Rolle, denn die meisten Backrezepte sind auf die Gewichtsklassen 3 und 4 abgestimmt.

Zusätzlich kann bei Eiern der Güteklasse A die Art und Weise der Legehennenhaltung angegeben werden.

Bestimmte Hühnerrassen legen weiße Eier, andere braune Eier. Diese Eier unterscheiden sich weder in der Zusammensetzung, noch im Geschmack, sofern die Hühner gleich gehalten und die Eier gleich alt sind.

2.6 Fleisch – ein wertvoller Eiweißlieferant

Lebensmittel 100 g eßbarer Anteil	Eiweiß g	Fett g	Kohlen- hydrate g	Ballast- stoffe g	Energie kJ	Energie kcal	Mineralstoffe		Vitamine			
							Eisen mg	Calcium mg	A µg	B₁ mg	B₂ mg	C mg
Hochrippe Rindfleisch	19	17	+	0	970	230	2,1	12	15	0,1	0,2	1
Schweineschnitzel	21	8	+	0	680	161	2,3	2	–	0,7	0,2	0
Brathuhn	15	4	0	0	448	106	1,8	12	10	0,1	0,2	3

Der Begriff Fleisch umfaßt alle Teile von geschlachteten Tieren wie Rind, Schwein, Kalb, Schaf oder Geflügel. Durch seinen Gehalt an Eiweiß, Mineralstoffen und Vitaminen ist Fleisch ein wertvolles Nahrungsmittel.

Das Fleisch der Haustiere wird nach der Schlachtung durch Tierärzte oder Fleischbeschauer nach gesetzlichen Vorschriften untersucht. Ist das Fleisch „tauglich", so kommt es in den Handel.

Sicher hast du beim Metzger schon gehört, daß jemand gut abgehangenes Fleisch verlangt hat. Was bedeutet das?

Fleisch kann nicht direkt nach der Schlachtung verkauft werden. Es muß erst noch reifen. Bei der Fleischreifung wird das Bindegewebe gelockert, das Muskeleiweiß gerinnt zum Teil. Das Fleisch wird „mürbe". Schweinefleisch muß im allgemeinen nicht so lange reifen wie Rindfleisch.

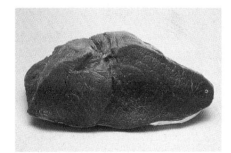

> **Versuche zur Zubereitung von Fleisch:**
> Erkläre die untenstehenden Regeln anhand der folgenden Versuche:
> 1. Lege ein kleines Stück Fleisch in kaltes Wasser und bringe es langsam zum Kochen. Beobachte die Veränderungen des Fleisches und des Wassers. Teste den Geschmack des Wassers.
> 2. Gib auf ein kleines Stück Fleisch etwas Salz und lasse es 5 Minuten stehen.
> 3. Gib ein kleines Stück Fleisch in kaltes Fett, erhitze und brate es. Gib ein kleines Stück Fleisch in heißes Fett und brate es.

Beim Einkauf von Fleisch achten wir auf Fleischfarbe, Fleischfaser, Fettfarbe und Fleischmaserung, damit wir die richtigen Stücke zum Grillen, Braten, Schmoren und Kochen verwenden, denn die Garzeit der Fleischstücke unterscheidet sich sehr deutlich. Beim Grillen und Braten wird das Fleisch nur wenige Minuten erhitzt, beim Schmoren und Kochen je nach Gewicht manchmal mehrere Stunden.

Regeln zur Fleischzubereitung:

● Beim Sieden das Fleisch ins kochende Wasser geben.
● Fleisch erst kurz vor dem Garen salzen.
● Fleisch beim Braten in heißes Fett geben.

Aufgabe:
Erkundige dich, welches Fleisch sich für Siedfleisch, gegrilltes Fleisch und Schnitzel eignet.

Was ist PSE-Fleisch?

Schweinefleisch, das blaß, weich und wäßrig ist, beim Braten viel Saft verliert und trocken schmeckt, nennt man PSE-Fleisch. Diese Veränderungen im Fleisch werden nicht durch Medikamente hervorgerufen, sondern durch Störungen des Stoffwechsels beim Schwein während der Schlachtung. PSE-Fleisch ist für den Verbraucher relativ schwer zu erkennen. Meist zeigt sich die Qualität eines Bratens erst in der Pfanne.

Beim Einkauf sollte man deshalb darauf achten, daß das Fleisch „marmoriert", d. h. von feinen Fettadern durchzogen ist. Der Braten aus diesem Fleisch schmeckt saftiger.

Hackfleisch sollte sofort verwendet werden

Fleisch verdirbt leicht, da es eiweißreich und wasserreich ist. Durch seine vergrößerte Oberfläche ist Hackfleisch besonders leicht verderblich. Der Gesetzgeber hat daher für die Herstellung und den Verkauf von Hackfleisch Vorschriften erlassen. So darf Hackfleisch nur an dem Tag verkauft werden, an dem es hergestellt wurde. Vor dem Verkauf muß es kühl (4–7 °C) gelagert werden. Hackfleisch wird aus sehnenarmem Fleisch hergestellt. Bei zubereitetem Hackfleisch, sogenanntem „Met" oder „Hackepeter" sind als Zugaben Speisesalz, Zwiebeln und Gewürze erlaubt.

Schweinefleisch (Fettgehalt bis 35%)

Rindfleisch (Fettgehalt bis 20%)

Rindfleisch (Tatar), sehr mageres Fleisch

Gemischtes Hackfleisch darf nur einen Fettgehalt bis 30% haben.

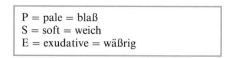

P = pale = blaß
S = soft = weich
E = exudative = wäßrig

Im Jahr 1986 wurden pro Kopf der Bevölkerung 68,0 kg Fleisch verzehrt.

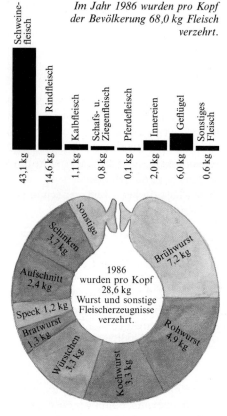

Schweinefleisch	Rindfleisch	Kalbfleisch	Schafs- u. Ziegenfleisch	Pferdefleisch	Innereien	Geflügel	Sonstiges Fleisch
43,1 kg	14,6 kg	1,1 kg	0,8 kg	0,1 kg	2,0 kg	6,0 kg	0,6 kg

1986 wurden pro Kopf 28,6 kg Wurst und sonstige Fleischerzeugnisse verzehrt.

Sonstige
Schinken 3,7 kg
Aufschnitt 2,4 kg
Speck 1,2 kg
Bratwurst 1,3 kg
Würstchen 3,3 kg
Kochwurst 3,3 kg
Rohwurst 4,9 kg
Brühwurst 7,2 kg

Aufgaben:
1. Vergleiche den Nährstoffgehalt verschiedener Fleischarten anhand der Nährwerttabelle.
2. Erkläre, warum Hackfleisch am Tag des Kaufs verwendet oder sofort tiefgefroren werden muß.
Zeige die Vielfalt der Verwendungsmöglichkeiten von Hackfleisch auf. Schlage dazu im Rezeptteil nach.

2.7 Fisch: fangfrisch oder tiefgefroren

Lebensmittel 100 g eßbarer Anteil	Eiweiß g	Fett g	Kohlen-hydrate g	Ballast-stoffe g	Energie kJ	Energie kcal	Mineralstoffe		Vitamine			
							Eisen mg	Calcium mg	A µg	B$_1$ mg	B$_2$ mg	C mg
Kabeljau (Dorsch)	17	+	0	0	300	71	0,5	11	+	+	+	2
Rotbarsch (Goldbarsch)	18	4	0	0	470	111	0,7	22	12	0,1	0,1	+
Forelle	20	3	0	0	450	107	1,0	18	45	+	+	+

Als Frischfisch wird bei uns hauptsächlich Kabeljau (Dorsch), Rotbarsch und Seelachs (Köhler) angeboten.
Fisch enthält etwa gleichviel Eiweiß wie Fleisch, außerdem den Mineralstoff Jod, der für die Schilddrüsenfunktion wichtig ist. Fische sind unterschiedlich im Fettgehalt. Deshalb kann man die Fischarten einteilen in Fettfische und Magerfische.

Zu den Magerfischen gehören:
(Fettgehalt: 1–5%)

zu den Fettfischen gehören:
(Fettgehalt: 15–20%)

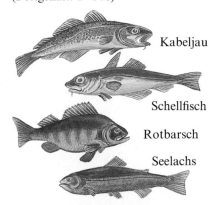

Kabeljau

Schellfisch

Rotbarsch

Seelachs

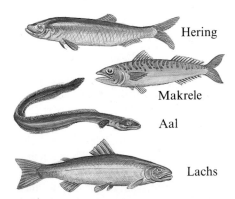

Hering

Makrele

Aal

Lachs

Versuche
Teile ein Stück Fischfilet in 2 kleine Portionen.
1. Probe a unverändert lassen;
   Probe b abwaschen;
   Geruch vergleichen.
2. Probe a unverändert lassen;
   Probe b mit Zitronensaft beträufeln;
   nach 5 Minuten Aussehen und Beschaffenheit vergleichen.
3. Beide Proben salzen, nach 5 Minuten vergleichen.
4. Beide Proben in kochendes Wasser geben und vorsichtig garen. Nach 10 Minuten Geschmack und Aussehen vergleichen.
Begründe die Zubereitungsregel für Fisch „Säubern, Säuern, Salzen" = 3-S-Regel.
Begründe außerdem, warum der Fisch nach dem Salzen gleich weiterverarbeitet werden sollte.

Man unterscheidet außerdem Salzwasser- und Süßwasserfische. Zu den Süßwasserfischen gehören Forelle und Karpfen.
Der Verbrauch an Fisch beträgt bei uns ca. 11 kg pro Kopf und Jahr. In Küstennähe wird sehr viel mehr Fisch gegessen als im Inland, obwohl heute Frischfisch innerhalb von 24 Stunden mit Hilfe von Kühlwagen im ganzen Land verteilt wird.
Frischer Fisch wird hauptsächlich als Fischfilet verkauft. Er sollte am Tag des Kaufs verbraucht werden, da er leicht verderblich ist. Bei tiefgefrorenem Fisch muß man das Mindesthaltbarkeitsdatum beachten.

Aufgaben:
1. Erkunde an deinem Wohnort, wo Frischfisch gekauft werden kann und welche Fischarten angeboten werden.
2. Mache Vorschläge, wie Fisch vielfältig zubereitet werden kann. Schlage dazu auch im Rezeptteil nach.

2.8 Hülsenfrüchte

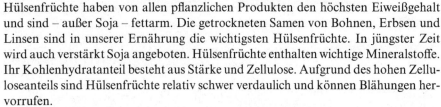

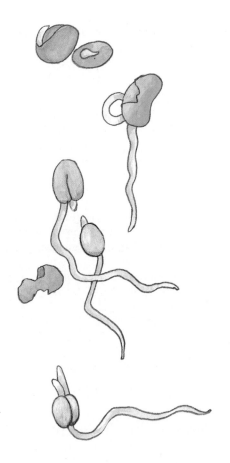

Hülsenfrüchte haben von allen pflanzlichen Produkten den höchsten Eiweißgehalt und sind – außer Soja – fettarm. Die getrockneten Samen von Bohnen, Erbsen und Linsen sind in unserer Ernährung die wichtigsten Hülsenfrüchte. In jüngster Zeit wird auch verstärkt Soja angeboten. Hülsenfrüchte enthalten wichtige Mineralstoffe. Ihr Kohlenhydratanteil besteht aus Stärke und Zellulose. Aufgrund des hohen Zelluloseanteils sind Hülsenfrüchte relativ schwer verdaulich und können Blähungen hervorrufen.

Die bedeutendste Hülsenfrucht der Welt ist die Sojabohne. Man bezeichnet sie auch als Nahrungsmittel der Zukunft. Sojabohnen werden zu vielerlei Produkten verarbeitet, z. B. zu Speiseöl oder Sojamehl, das bei der Broterstellung Verwendung findet. Gekeimte Sojasprossen oder Mungbohnen werden als Gemüse angeboten. Sojaeiweiß ist vergleichbar mit tierischem Eiweiß und wird zu fleischähnlichen Produkten (Tofu) verarbeitet.

Beachte bei der Zubereitung von Hülsenfrüchten:
Die verhältnismäßig lange Garzeit kann durch vorheriges Einweichen verkürzt werden. Noch mehr Zeit spart man durch die Zubereitung im Dampfdrucktopf.

Aufgabe:
Vergleiche bei Rezepten von verschiedenen Hülsenfrucht-Gerichten die Garzeit beim Kochen im Kochtopf und beim Garen im Dampfdrucktopf.

2.9 Speisefette bewußt wählen

Beim Einkauf von Speisefetten stehen wir vor einem großen Angebot an verschiedenen Sorten von Butter und Margarine, Ölen und Plattenfetten. Um für die Nahrungszubereitung geeignete Fette wählen zu können, probieren wir ihre Eigenschaften aus.

Wir unterscheiden:	Erhitzbarkeit	Verwendung
Wasserhaltige Speisefette: Butter, Margarine sie bestehen aus: 80–83% Fett 15–18% Wasser 1% Eiweiß 1% Kohlenhydrate	bis 120° C bei höheren Temperaturen verbrennen die Eiweißbestandteile und das Fett zersetzt sich, es „raucht"; dabei entstehen gesundheitsschädigende Stoffe	als Streichfett zu Gebäck zum Dünsten und Kochen zur geschmacklichen Aufwertung von Speisen
Wasserfreie Speisefette Öle, Schmalz, Plattenfett sie bestehen aus: 100% Fett	bis 180° C bei höheren Temperaturen Zersetzung des Fetts; die richtige Brattemperatur erkennt man an der Schlierenbildung am Boden der Pfanne	als Bratfett zum Fritieren

Die Erhitzbarkeit von Fett zeigen folgende Versuche:
1. 30 g Margarine langsam in einem kleinen, hohen Kochtopf erhitzen (Vorsicht, es könnte spritzen). Temperatur messen bis etwa 130 °C erreicht sind, dann von der Kochplatte nehmen. Einen trockenen Glasteller über das Fett halten.
Wie hat sich das Fett während des Erhitzens verändert?
Was ist an dem Glasteller zu beobachten?
2. In gleicher Weise 30 g Plattenfett bis etwa 180 °C erhitzen. Von der Kochplatte nehmen, wenn das Fett anfängt zu „rauchen". Vergleiche die Beobachtungen mit denen bei der Margarine.

Manche bevorzugen von wasserfreien Speisefetten ganz bestimmte Sorten wie Sonnenblumenöl oder Olivenöl. Alle Ölsorten bestehen aus 100% Fett. Nach dem Pressen wird das Rohöl noch raffiniert. Die raffinierten Öle sind mindestens ein Jahr haltbar. Das Angebot an nicht raffiniertem Öl ist gering, da es nicht lange aufbewahrt werden kann, weil es ranzig wird (verdirbt).

Immer wieder wird die Frage diskutiert, welches Streichfett gesünder sei, Butter oder Margarine. Ein Nachweis, ob das eine oder andere gesünder ist, konnte bis jetzt nicht einwandfrei erbracht werden. Deshalb sollte man es dem einzelnen überlassen, ob er Butter oder Margarine verwenden will (zur Bewertung der Fette s. S. 72).

Die Fettwahl wird bestimmt durch Verwendungszweck, Geschmack und Preis.

Unter Raffination versteht man das Entfernen unerwünschter Bestandteile aus dem rohen Öl. Auch kaltgepreßte Öle werden zum großen Teil raffiniert.

Aufgaben:
1. Teste den Geschmack verschiedener Butter- und Margarinesorten.
2. Beachte beim Einkauf von Butter, Margarine, Öl und Plattenfett das Mindesthaltbarkeitsdatum.

2.10 Getreide – ein Grundnahrungsmittel

Lebensmittel 100 g eßbarer Anteil	Eiweiß g	Fett g	Kohlen-hydrate g	Ballast-stoffe g	Energie kJ	Energie kcal	Mineralstoffe Eisen mg	Calcium mg	Vitamine A µg	B₁ mg	B₂ mg	C mg
Weizenmehl, Type 1600	12	2	69	1,4	1 449	345	3,3	38	60	0,45	0,17	0
Weizenmehl, Type 405	11	1	74	0,1	1 460	347	0,7	15	+	0,06	0,03	0
Reis, ganzes Korn, unpoliert	7	2	75	0,7	1 470	350	2,6	23	0	0,41	0,09	0
Haferflocken	14	7	66	1,4	1 680	400	4,6	54	0	0,59	0,15	0

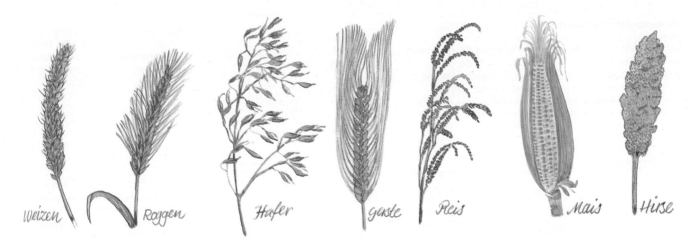

Weizen   Roggen   Hafer   gerste   Reis   Mais   Hirse

Stelle dir einmal vor, du müßtest aus deiner täglichen Ernährung alle Nahrungsmittel weglassen, die aus Getreide hergestellt sind: Zum Frühstück kein Brot und kein Müsli, zum Mittagessen weder Grießklößchensuppe, noch Nudeln, noch Reis. Diese Überlegung zeigt, welch wichtige Stellung Getreide in unserer Ernährung einnimmt. Getreide ist ein Grundnahrungsmittel.

Die abgebildeten Getreidearten können wir als Mehl, Grieß, Grütze, Flocken oder als ganze Körner kaufen und auf ganz verschiedene Weise verwenden: für Gebäck, Spätzle, Suppen, Brei oder Müsli.

Am wichtigsten sind für uns in Deutschland Weizen und Roggen als Brotgetreide. Durchschnittlich verzehren wir täglich 200 g Brot und decken damit einen großen Teil unseres Kohlenhydratbedarfs.

Aufgaben:

1. Nenne Getreideerzeugnisse und ordne sie obenstehenden Getreidearten zu.

2. In welchen Ländern ist
– Reis
– Hirse
– Mais
das wichtigste Nahrungsmittel?

Unser tägliches Brot

Bäckereien und Brotfabriken stellen eine Fülle verschiedener Brotsorten her. Außerdem wird in den Haushalten auch wieder mehr Brot gebacken, um die Brotart zu haben, die den eigenen Wünschen am besten entspricht.

Aufgaben:
1. Schlage im Rezeptteil die Vorschläge für Brot und Kleingebäck aus Brotteig auf.
2. Beschreibe die Brotsorten auf nebenstehendem Bild. Unter welchen Namen werden sie angeboten?
Versuche die wichtigsten Unterschiede zwischen diesen Brotarten zu erklären.

Besuch beim Bäckermeister

Sie bieten ganz verschiedene Brotarten an: Helle, dunkle, weiche, grobkörnige. Woher kommen solche Unterschiede?

Der Geschmack, das Aussehen und die Beschaffenheit des Brotes werden hauptsächlich durch drei Faktoren beeinflußt: durch die Getreideart, das Mahlverfahren und das Backverfahren.

Kann man leicht erkennen, aus welcher Getreideart ein Brot hergestellt ist?

Brote aus Roggenmehl sind dunkel, graubraun. Sie haben einen würzigen Geschmack. Brote aus Weizenmehl sehen hellbraun aus und schmecken mild. Bei vielen Brotsorten werden Weizen- und Roggenmehl gemischt. Spezialbrote können auch Hafer, Gerste, Soja oder Sonnenblumenkerne enthalten.

Sie haben diese beiden Brote als „Weizenbrot" gekennzeichnet. Das eine ist ein Weißbrot, das andere ein hellbraunes Bauernbrot. Ist da verschiedenes Weizenmehl verwendet worden?

Ja, das Mehl hat einen unterschiedlichen **Ausmahlungsgrad**. Die meisten Mahlprodukte enthalten nicht das ganze Getreidekorn. Helles Mehl, wie wir es zu Kuchen und Weißbrot verwenden, enthält vorwiegend den Mehlkörper. Dieses Mehl hat einen **niedrigen Ausmahlungsgrad**, es enthält nur einen Auszug des Korns und wird deshalb auch „Auszugsmehl" genannt. Die Schalen und der Keimling werden entfernt. Diese Bestandteile nennt man Kleie.
Unser Bauernbrot ist aus Mehl mit **hohem Ausmahlungsgrad** gebacken. Es enthält einen großen Teil der Schalen und sieht deshalb dunkel aus.
Wir bieten auch ein Weizenvollkornbrot an. Vollkornbrot enthält das ganze Getreidekorn mit dem Keimling.

Was heißt Schrotbrot?

Unabhängig vom Ausmahlungsgrad unterscheiden sich die Mahlprodukte im **Feinheitsgrad**. Schrot ist grob gemahlen, Grieß etwas feiner, Mehl sehr fein. Schrot ergibt dementsprechend ein grobes, körniges, etwas festes Brot; Mehl – auch wenn es aus dem ganzen Korn hergestellt ist – ein weiches, lockeres Brot.

Jeder Bäcker bietet seine speziellen Brotsorten an.
Worin unterscheiden sich die Rezepte?

Der unterschiedliche Geschmack kommt vor allem von der Art der Teiglockerung. Brote, die mit Sauerteig gebacken werden, schmecken kräftig und säuerlich, Hefeteigbrote schmecken milder.
Dann kommt es auch noch darauf an, wie die Brotlaibe gebacken werden. Kastenbrote, die in einer Backform gebacken werden, haben weniger Kruste als Brote, die auf einem flachen Blech gebacken werden.

Warum wird empfohlen, mehr Vollkornbrot als Weißbrot zu essen?

Für die Beurteilung einer Brotsorte ist es wichtig, ihren Nährstoffgehalt zu kennen. Wenn wir in der Nährwerttabelle Weißbrot mit Weizenvollkornbrot vergleichen, so erkennen wir, daß das Vollkornbrot mehr Vitamine, Mineralstoffe und Ballaststoffe enthält als Weißbrot. Diese Bestandteile sind in den Schalen des Korns und im Keimling enthalten. Die Ballaststoffe bewirken, daß Vollkornbrot besser sättigt als Weißbrot. Sie haben auch die wichtige Aufgabe, die Verdauung anzuregen.

Um die Bedeutung des Begriffs Ausmahlungsgrad zu verstehen, müssen wir den Aufbau des Getreidekorns kennen.

Versuch:
Lasse einige Weizenkörner 6 Stunden in Wasser quellen. Zerschneide sie der Länge nach. Mit einer Lupe erkennst du deutlich die verschiedenen Teile des Korns:

Fruchtschale/Samenschale
enthält: Zellulose, Mineralstoffe, Vitamine

Aleuronschicht
enthält: Eiweiß, Mineralstoffe, Vitamine

Mehlkörper
enthält: Stärke, Eiweiß

Keimling
enthält: Fett, Eiweiß, Mineralstoffe, Vitamine

Der Ausmahlungsgrad ist an der Typenzahl auf der Mehltüte abzulesen. Die Typenzahl gibt an, wieviel mg Mineralstoffe in 100 g des Mehls enthalten sind. Diese Zahl wird durch Verbrennung (Veraschung) des Mehls ermittelt. Dabei verbrennen die Mineralstoffe nicht, sie bleiben als Asche übrig und werden gewogen. Da die Mineralstoffe vorwiegend aus den äußeren Schichten des Korns stammen, bedeutet eine hohe Typenzahl (z.B. 1050) einen hohen Ausmahlungsgrad, eine niedrige Typenzahl (z.B. 405) einen niedrigen Ausmahlungsgrad. Vollkornmehl hat keine Typenbezeichnung.

Teigwaren haben viele Formen

Die Aufschrift auf der Verpackung von Teigwaren wie Nudeln, Spätzle, Hörnchen oder Canneloni gibt Auskunft über die verwendeten Zutaten.
– Art des Getreideprodukts: Die meisten Teigwaren werden aus Weizengrieß oder hellem Weizenmehl hergestellt. Wir finden aber auch Teigwaren aus Vollkornmehl und solche mit einem Zusatz von Hirse.
– Eigehalt: „Eierteigwaren" müssen mindestens 2 1/4 Eier auf 1 kg Grieß oder Mehl enthalten. Bei Teigwaren „mit hohem Eigehalt" müssen 4 Eier auf 1 kg Grieß oder Mehl verarbeitet sein. „Frischei"-Teigwaren müssen mit frischen Hühnereiern hergestellt werden. Es gibt auch eifreie Teigwaren; sie haben eine verhältnismäßig kurze Garzeit.
– Sonstige Zutaten: Manche Teigwaren enthalten Spinat (grüne Nudeln), Tomaten oder Kräuter.

Reis

Nach der Form der Reiskörner unterscheidet man zwei Arten:
Langkornreis (Patna-Reis) kocht körnig und ist geeignet als Beilage. **Rundkornreis** (Milch-Reis) kocht breiig und eignet sich für Süßspeisen.
Beide Arten können verschieden bearbeitet sein.
– Weißer Reis (polierter Reis): Hülse, Silberhäutchen und Keim sind abgeschliffen. Wenn die zerbrochenen Körner abgesiebt werden, heißt er auch „Vollreis".
– Naturreis (Braunreis): Nur die äußere Hülse wird entfernt. Das vitaminreiche Silberhäutchen und der fettreiche Keim bleiben erhalten. Naturreis hat eine geringere Haltbarkeit (Fett verdirbt) und eine längere Garzeit als Weißreis.
– Parboiled Reis: Durch eine besondere Behandlung werden Vitamine aus den Randschichten in das Innere des Reiskorns gepreßt, ehe das Korn geschliffen wird. Der Reis ist vitaminreich, haltbar und sehr kochfest.

Beachte bei der Zubereitung von Teigwaren:
Auf den Verpackungen wird meist die Kochzeit angegeben. Sie ist je nach Form und Zutaten der Teigwaren unterschiedlich.

Aufgaben:
1. Wie kann man vermeiden, daß Teigwaren zusammengeklebt auf den Tisch kommen? Informiere dich dazu im Rezeptteil.
2. Vergleiche in der Nährstofftabelle den Nährstoffgehalt von
Reis unpoliert = Naturreis
Reis poliert = Weißreis.
Was spricht für die Verwendung von Naturreis, was dagegen?

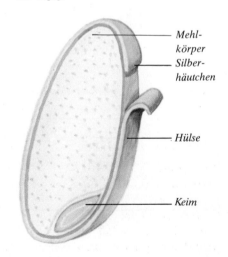

Mehlkörper
Silberhäutchen
Hülse
Keim

2.11 Die vielseitige Kartoffel

Beinahe täglich verzehren wir als kohlenhydrathaltige Beilage oder als Hauptgericht Kartoffeln, die auf verschiedene Arten zubereitet sind. Die einzelnen Kartoffelgerichte gelingen nur dann, wenn man die jeweils geeigneten Kartoffeln dazu verwendet. Im Handel werden unterschiedliche Kartoffelsorten angeboten.

Die meisten Kartoffeln, die wir kaufen, sind abgepackt und gekennzeichnet (s. Grafik).

Die einzelnen Kartoffelsorten werden zu unterschiedlichen Zeiten geerntet. Neue Kartoffeln aus dem Ausland kommen bei uns Ende März auf den Markt. Sie sind meist noch recht teuer. Deutsche Frühkartoffeln gibt es Anfang Juni. Von da an werden laufend Kartoffeln geerntet und auf den Markt gebracht.

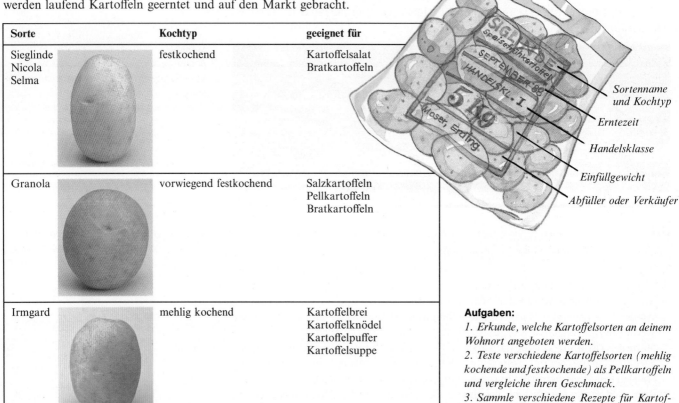

Sorte	Kochtyp	geeignet für
Sieglinde Nicola Selma	festkochend	Kartoffelsalat Bratkartoffeln
Granola	vorwiegend festkochend	Salzkartoffeln Pellkartoffeln Bratkartoffeln
Irmgard	mehlig kochend	Kartoffelbrei Kartoffelknödel Kartoffelpuffer Kartoffelsuppe

Sortenname und Kochtyp

Erntezeit

Handelsklasse

Einfüllgewicht

Abfüller oder Verkäufer

Aufgaben:
1. Erkunde, welche Kartoffelsorten an deinem Wohnort angeboten werden.
2. Teste verschiedene Kartoffelsorten (mehlig kochende und festkochende) als Pellkartoffeln und vergleiche ihren Geschmack.
3. Sammle verschiedene Rezepte für Kartoffelgerichte. Schlage dazu auch im Rezeptteil nach.

2.12 Obst und Gemüse haben immer Saison

Aufgaben:

1. Suche in der Nährwerttabelle weitere vitaminreiche Obst- und Gemüsesorten.

2. Ermittle die Haupterntezeiten von einheimischen Obst- und Gemüsesorten mit Hilfe des Obstkalenders (Anhang, S. 186).

3. Nenne Beispiele für folgende

– Obstarten: – Gemüsearten:

Kernobst	*Wurzelgemüse*
Steinobst	*Blattgemüse*
Beerenobst	*Sproß- und*
Schalenobst	*Stengelgemüse*
Südfrüchte	*Fruchtgemüse*
	Zwiebelgemüse
	Blütengemüse

Lebensmittel 100 g eßbarer Anteil	Eiweiß g	Fett g	Kohlen-hydrate g	Ballast-stoffe g	Energie kJ	Energie kcal	Mineralstoffe Eisen mg	Calcium mg	Vitamine A µg	B₁ mg	B₂ mg	C mg
Obst												
Apfel	+	+	14	1,0	245	58	0,4	7	9	+	+	11
Apfelsine	1	+	11	0,6	210	50	0,4	30	15	0,1	+	50
Johannisbeere, schwarz	1	+	12	3,2	225	53	1,2	53	23	0,1	0,1	180
Kirsche, süß	1	+	16	0,4	290	69	0,4	14	13	0,1	0,1	15
Walnüsse	14	62	14	2,1	2950	702	2,5	87	10	0,3	0,1	3
Gemüse												
Blumenkohl	2	+	4	0,9	105	25	0,6	20	21	0,1	0,1	70
Kopfsalat	1	+	2	0,8	60	14	0,7	23	150	0,1	–	10
Spinat, roh	2	+	2	0,6	75	17	5,2	83	816	0,1	0,2	51
Tomate	1	+	3	0,7	70	16	0,5	14	133	0,1	+	24
Zwiebeln	1	+	9	0,6	176	41	0,5	29	33	+	+	8

Zu einer vollwertigen Kost gehören vitamin- und mineralstoffreiche Nahrungsmittel wie Obst und Gemüse. Sie enthalten auch reichlich Ballaststoffe, die sättigen und eine verdauungsfördernde Wirkung haben. Wir sind das ganze Jahr über gut versorgt mit frischem Obst und Gemüse. Trotzdem freuen wir uns, wenn im Frühjahr die ersten Erdbeeren zu einem erschwinglichen Preis angeboten werden. Es ist ausländische Ware aus südlichen Ländern. Einheimische Erdbeeren kommen erst im Juni auf den Markt.

Manche Obst- und Gemüsesorten wie Bananen und Gurken können wir das ganze Jahr über frisch kaufen. Es gibt aber für alle Obst- und Gemüsesorten eine Haupterntezeit. Das Angebot ist während dieser Zeit recht groß und die Preise entsprechend niedrig. Überschüsse, die während der Haupterntezeit anfallen, werden verarbeitet zu Obst- und Gemüseerzeugnissen wie Konserven, Tiefkühlkost, Trockengemüse, Trockenobst, Säfte, Sauergemüse, Marmelade, Gelee, Mus.

Qualitätsmerkmale und Handelsklassen

Jeder von uns weiß, daß auf einem Apfelbaum große und kleine, schöne und weniger schöne Äpfel wachsen. Nach der Ernte werden die Äpfel sortiert und roh gegessen oder zu unterschiedlichen Gerichten verwendet.

Beim Kauf von Äpfeln orientieren wir uns an der Einteilung in Klassen. Obst und Gemüse aller Klassen muß ganz, gesund, sauber, trocken, frei von fremdem Geruch und Geschmack, reif und ausreichend entwickelt sein. Der Preis richtet sich nach der Handelsklasse und nach der Sorte.

Qualitätsmerkmale am Beispiel Äpfel

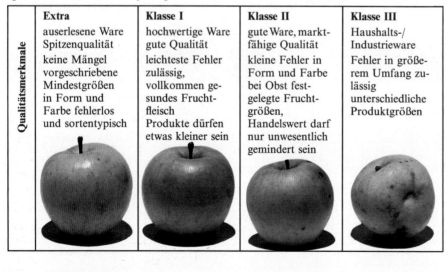

Qualitätsmerkmale	Extra	Klasse I	Klasse II	Klasse III
	auserlesene Ware Spitzenqualität keine Mängel vorgeschriebene Mindestgrößen in Form und Farbe fehlerlos und sortentypisch	hochwertige Ware gute Qualität leichteste Fehler zulässig, vollkommen gesundes Fruchtfleisch Produkte dürfen etwas kleiner sein	gute Ware, marktfähige Qualität kleine Fehler in Form und Farbe bei Obst festgelegte Fruchtgrößen, Handelswert darf nur unwesentlich gemindert sein	Haushalts-/ Industrieware Fehler in größerem Umfang zulässig unterschiedliche Produktgrößen

Die Handelsklassen beziehen sich nur auf äußerliche Qualitätsmerkmale. Andere, für den Verbraucher wichtige Merkmale, wie Geschmack und Vitamingehalt werden davon nicht erfaßt.

Aufgaben:
1. Welche Äpfel verwendest du für Apfelkompott und für Apfelmus? Welche Apfelsorte wählst du für einen Apfelkuchen?
2. Stelle Gerichte zusammen, bei denen Äpfel verwendet werden.
3. Mache Vorschläge für die Verwendung von Weißkraut.
4. Suche Rezepte für die Zubereitung von Paprika.

2.13 Ohne Würze schmeckt es nicht

Vielleicht hast du selbst schon diese Erfahrung gemacht:
Du wolltest einen Salat „anmachen". Bei anderen sieht das so einfach aus. Eine Prise von dem, etwas von jenem, eine Messerspitze davon, ein Schuß Essig und Öl – fertig und lecker! Dir selbst ist eine Salatsoße vielleicht schon einmal fad oder sauer geworden. Du denkst: Wie ist das nur möglich? Ich habe doch genau nach Rezept gemischt. Es gehört zur wirklichen Kochkunst, die Nahrungsmittel so zuzubereiten, daß sich ihre natürlichen Geschmacks- und Aromastoffe entfalten können oder durch andere Zutaten hervorgehoben werden. Kräuter und Gewürze bieten uns hier vielfältige Möglichkeiten. Die Zugabe von Kräutern und Gewürzen soll den Eigengeschmack eines Gerichts erhöhen, ihn aber nicht überdecken.

Frische Kräuter und Gewürze werden aber nicht nur wegen der geschmacklichen Verbesserung der Speisen verwendet. Sie enthalten viele Vitamine und Mineralstoffe und sind somit eine wertvolle Ergänzung und Aufbesserung der Speisen. Viele Kräuter, z. B. Salbei und Kümmel, werden auch wegen ihrer Heilwirkung geschätzt.

Hinweise zum Würzen von Speisen:
Der Eigengeschmack der Speisen sollte erhalten und unterstrichen werden. Deshalb nicht zu viele Gewürze zu einem Gericht verwenden.
Kräuter möglichst frisch und fein geschnitten verwenden, weil sie dadurch besonders aromatisch sind.
Gewürze, die gemahlen verwendet werden, erst kurz vor der Verwendung mahlen, z. B. Pfeffer oder Muskatnuß. Sie schmecken dann intensiver.

Die Kräuter

Schnittlauch · Dill · Thymian · Petersilie · Majoran · Salbei · Rosmarin · Basilikum · Bohnenkraut · Zitronenmelisse · Pimpinelle

Die Gewürze

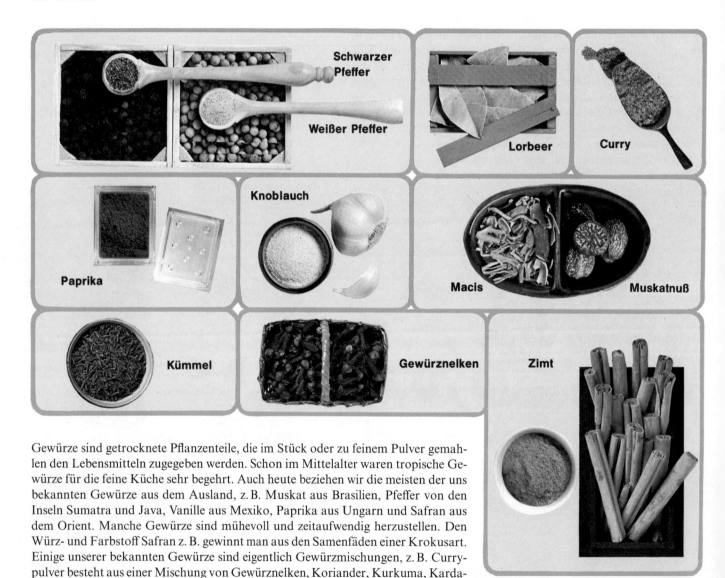

Schwarzer Pfeffer

Weißer Pfeffer

Lorbeer

Curry

Paprika

Knoblauch

Macis

Muskatnuß

Kümmel

Gewürznelken

Zimt

Gewürze sind getrocknete Pflanzenteile, die im Stück oder zu feinem Pulver gemahlen den Lebensmitteln zugegeben werden. Schon im Mittelalter waren tropische Gewürze für die feine Küche sehr begehrt. Auch heute beziehen wir die meisten der uns bekannten Gewürze aus dem Ausland, z.B. Muskat aus Brasilien, Pfeffer von den Inseln Sumatra und Java, Vanille aus Mexiko, Paprika aus Ungarn und Safran aus dem Orient. Manche Gewürze sind mühevoll und zeitaufwendig herzustellen. Den Würz- und Farbstoff Safran z.B. gewinnt man aus den Samenfäden einer Krokusart. Einige unserer bekannten Gewürze sind eigentlich Gewürzmischungen, z.B. Currypulver besteht aus einer Mischung von Gewürznelken, Koriander, Kurkuma, Kardamom, Pfeffer, Ingwer, Paprika, Kümmel, Muskatblüte und Zimt.

2.14 Wir bereiten Speisen und Getränke zu

Wenn wir Nahrungsmittel für ein Mittagessen eingekauft haben, ist uns klar: erst durch die Zubereitung wird daraus eine wohlschmeckende und appetitlich aussehende Mahlzeit. Damit zum Beispiel aus rohen Kartoffeln ein Kartoffelbrei entsteht, sind viele Arbeitsgänge nötig: Kartoffeln waschen, schälen, garen, zerkleinern und schließlich mit Milch und Gewürzen vermischen.

Garen heißt Zubereiten von Lebensmitteln unter Hitzeeinwirkung. Die Hitze bewirkt verschiedene Veränderungen. Die Kartoffeln, die roh nicht genießbar wären, werden durch das Garen weich. Die Rindsrouladen werden durch das Schmoren mürbe und erhalten zugleich appetitanregende Geschmacks- und Duftstoffe.

Bei den Zubereitungsarbeiten können aber auch Nährstoffe verloren gehen: wasserlösliche Stoffe können herausgelöst werden, hitze- und sauerstoffempfindliche Vitamine können geschädigt werden.

Die vielen Arbeiten, die bei der Nahrungszubereitung anfallen, können auf ganz verschiedene Art und Weise ausgeführt werden. Wir wollen solche Arbeitsweisen wählen und einüben, bei denen wir

● **sachgerecht arbeiten**   dazu gehört zum Beispiel:
Nähr- und Wirkstoffe schonen
Farbe, Aroma und Eigengeschmack erhalten
unnötigen Abfall vermeiden

● **rationell arbeiten**   geeignete Arbeitsmittel wählen
Arbeitsfolge planen

● **sicher arbeiten**   Schnittverletzungen beim Zerkleinern vermeiden
Verbrennungen beim Garen vermeiden
Küchenmaschinen und -geräte nach Vorschrift gebrauchen

Wir haben in der Schulküche schon eine ganze Reihe von Gerichten zubereitet und die Arbeit anhand der Rezepte ausgeführt. Nun wollen wir uns einen Überblick verschaffen über die Grundtechniken der Lebensmittelverarbeitung und über die wichtigsten Garverfahren. Dieser Überblick kann uns helfen, bei den verschiedenen Aufgaben der Nahrungszubereitung selbst die geeignetste Arbeitsweise zu finden.

Regeln zum Anrichten von Speisen:

– Anrichtegeschirr nicht zu voll machen. Der Rand von Schüsseln und Platten soll frei bleiben und sauber sein.
– Die aufgelegten Speisen müssen leicht zu nehmen sein.
– Auf gelungene Farbzusammenstellungen achten.
– Möglichst mit Zutaten garnieren, die zu den Speisen passen und mitverzehrt werden.
– Nie heiße und kalte Speisen zusammen auf einer Platte anrichten.
– Für heiße Speisen das Anrichtegeschirr vorwärmen.
– Bei der Reihenfolge die Temperatur der Speisen beachten:
zuerst kalte Speisen anrichten, z. B. Salat,
dann fetthaltige Speisen, die nicht so rasch auskühlen, (z. B. Braten und Soße), zuletzt Kartoffeln, Nudeln und Reis.

Aufgabe:
Du willst Kartoffelsalat zubereiten.
(Rezept S. 176)
Schreibe auf, wie du die einzelnen Arbeitsschritte nacheinander ausführst und begründe die Arbeitsweise angesichts nebenstehender Aussagen.

Garungsart	Kochen	Dämpfen	Druckgaren	Dünsten
	Garen in reichlich siedendem Wasser oder wasserhaltiger Flüssigkeit (z. B. Milch)	Garen in Wasserdampf	Garen in Wasser oder Wasserdampf bei Überdruck (1,3 bis 1,5 bar)	Garen in wenig Fett und wenig Flüssigkeit
Temperatur	100 °C bei empfindlichen Speisen wie Klößen bei 95 °C „garziehen"	100 °C	105–120 °C Der Siedepunkt des Wassers steigt mit dem Druck	120 °C beim Andünsten in Fett 100 °C nach Wasserzugabe
Arbeitsgang	Lebensmittel in die kochende Flüssigkeit geben	Lebensmittel in Dämpfeinsatz über siedendes Wasser geben	mindestens ¼ l Wasser in Drucktopf geben Lebensmittel im Wasser oder im Einsatz garen	Lebensmittel in wasserhaltigem Fett andünsten, nicht bräunen; wasserreiche Lebensmittel im eigenen Saft garen, sonst ablöschen
geeignet für	Lebensmittel, die quellen sollen Teigwaren	Kartoffeln, Gemüse	Lebensmittel mit langer Garzeit Kartoffeln, Gemüse, Hülsenfrüchte, Fleisch	zarte Gemüse, Fleisch, Fisch
Tips	nährstoffhaltiges Kochwasser weiterverwenden	Dämpfen ist schonender als Kochen, es werden weniger Nährstoffe aus den Lebensmitteln herausgelöst	Garzeit ist wesentlich verkürzt Schonung hitzeempfindlicher Vitamine Energieersparnis	beim Andünsten bilden sich Geschmacksstoffe wenig Nährstoffverlust, da gelöste Stoffe mitverzehrt werden

Garungsart	Braten	Schmoren	Grillen	Backen
	Garen in heißem Fett	Garen in heißem Fett und Wasser	Garen durch Strahlungshitze oder Kontakthitze	Garen in heißer Luft
Temperatur	180 °C	180 °C beim Anbraten 100 °C nach Wasserzugabe	200–250 °C	150–250 °C geeignete Temperatur am Thermostat einstellbar
Arbeitsgang	wasserfreies Fett bis zur Schlierenbildung erhitzen, nicht rauchheiß werden lassen; Bratgut zugeben und braun werden lassen	Lebensmittel in wasserfreiem Fett anbraten, bis sie sich bräunen, ablöschen, in geschlossenem Topf weitergaren	Lebensmittel erst einlegen, wenn Grillstäbe glühen; Grillzeiten genau einhalten; erst nach dem Grillen würzen	Temperatur und Einschubhöhe nach der Back- und Brattabelle des Herstellers ermitteln
geeignet für	Kurzbratstücke, Fisch, Kartoffeln, Getreideküchlein	Gulasch, Schmorbraten, gefüllte Gemüse	Kurzbratstücke, Fisch, Geflügel	Gebäck, Aufläufe, große, fettreiche Braten
Tips	größere Fleischstücke nach dem Anbraten im Backofen weitergaren, dabei öfters mit Bratensaft begießen das Garen in heißem Fett (schwimmend) nennt man Fritieren	die Garzeit nach dem Ablöschen kann abgekürzt werden durch Druckgaren	für fettarme Diät geeignet es bilden sich auch ohne Fettzugabe Röststoffe	beim Garen im Römertopf oder in Bratfolie im Backofen verhindert die feuchte Luft um das Gargut ein Austrocknen; es kann ohne Fett gegart werden; eine Bräunung erreicht man durch Öffnen des Gefäßes am Schluß der Garzeit

Grundtechniken der Lebensmittelverarbeitung

Arbeitsgang	Zweck	Geräte	Arbeitsregeln	Begründung
Putzen	Entfernen von verdorbenen, welken oder harten Teilen	Küchenmesser Abfallschale	nur ungenießbare Bestandteile entfernen	sparsamer Umgang mit den Lebensmitteln
Waschen	Erde und grobe Verschmutzung wegschwemmen. Lösen von chemischen Stoffen, z. B. Pflanzenschutzmitteln	große Schüssel evtl. Bürste Salatseiher zum Abtropfen	vor dem Schälen und Zerteilen kurz in stehendem, kaltem Wasser waschen nie im Wasser liegen lassen	Verlust von wasserlöslichen Inhaltsstoffen (Vitamine, Mineralstoffe, Eiweißstoffe) vermeiden
Schälen	Entfernen von Schalen oder Häuten	Schälmesser für harte Schalen Küchenmesser zum Abziehen dünner Schalen	möglichst dünn schälen geschältes Obst und Gemüse nicht an der Luft liegen lassen	Vitaminverlust und Verfärben durch Luftsauerstoff verhindern
Zerkleinern – Schneiden – Hobeln – Raspeln – Reiben – Passieren – Pürieren	Zerteilen in Scheiben, Würfel, Streifen Zerkleinern in dünne Scheiben, grobe oder feine Stiftchen weiche Lebensmittel zu breiartiger Masse zerkleinern	Küchenmesser Schneidebrett Rohkostreiben Schnitzelwerk der Küchenmaschine Passiersieb oder Pürierstab des Handrührgeräts	immer auf Brett schneiden zerkleinerte Lebensmittel zudecken, rasch weiterverarbeiten Rohkost in die schon vorbereitete Marinade raspeln Pürierstab in Schüssel halten, dann erst einschalten	beim Schneiden in der Hand besteht Verletzungsgefahr Schutz vor Luftsauerstoff Verhüten von Verletzungen durch laufendes Messer
Mischen – Mixen – Rühren – Kneten – Schlagen – Unterheben	gleichzeitiges Mischen und Zerkleinern Mischen von Zutaten zu Teigen Luft in flüssige Masse einschlagen Eischnee oder Sahne unter Teig mischen	Mixbecher mit Messerkreuz Handrührgerät: Rühr-, Knethaken Rührbesen Schneebesen oder Teigschaber	zuerst feste Zutaten, dann Flüssigkeiten zugeben Flüssigkeit langsam zu festen Zutaten geben Schaummassen sofort weiterverarbeiten lockere Masse auf feste geben, vorsichtig vermischen	eingeschlagene Luft soll nicht entweichen

Z Vergleich zwischen Halbfertig- bzw. Fertiggerichten und selbstzubereiteten Gerichten

Vor der Tiefkühltruhe in einem Lebensmittelgeschäft:

„Was es da alles gibt! Vom Eintopf bis zur kompletten Mahlzeit, fertige Braten, Klöße, Pommes frites, Gemüse. Warm machen und fertig. – Einfach toll!"

„Wozu soll ich stundenlang in der Küche stehen, wenn ich in 15 Minuten ein vollständiges Essen auf dem Tisch haben kann?"

„Wir schätzen nach wie vor das Selbstgekochte. Es ist für unseren 5-Personen-Haushalt auch billiger."

Aufgabe:
Überlege, welche weiteren Argumente man für und gegen die Verwendung von Fertigkost vorbringen könnte.

Neben den Lebensmitteln, die als Rohprodukte auf den Markt kommen, werden auch viele Lebensmittel angeboten, die so bearbeitet sind, daß zeitraubende Arbeitsgänge wegfallen. Sie werden vorgefertigte Lebensmittel genannt. Dabei unterscheidet man verschiedene Stufen der Bearbeitung:

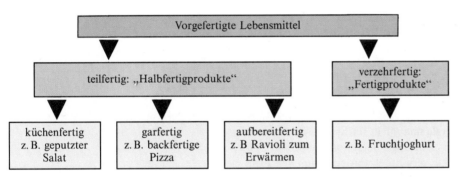

Um ein Fertiggericht beurteilen zu können, vergleichen wir es mit einem gleichartigen Gericht, das wir selbst aus frischen Lebensmitteln zubereiten.

Beispiel: Schokoladenpudding

● aus Rohprodukten zubereitet		Stärke, Kakao, Milch, Zucker	kochen
● aus Halbfertigprodukten zubereitet		Puddingpulver, Milch, Zucker	kochen
	oder	Puddingpulver, kalte Milch	anrühren
● als Fertigprodukt		im Becher fertig gekauft	

Der Vergleich zwischen den Gerichten erstreckt sich auf Arbeitszeit, Preis und Geschmack.

Es zeigt sich in den meisten Fällen, daß durch die Verwendung vorgefertigter Produkte Arbeitszeit gespart wird, der Preis aber höher liegt als bei der Verwendung von Rohprodukten.

Der Geschmack muß bei jedem Produkt selbst getestet werden.

Bei der Frage, ob vorgefertigte Lebensmittel verwendet werden, welche Produkte gewählt werden und welchen Platz sie im Speiseplan einnehmen, sollten wir noch weitere Gesichtspunkte berücksichtigen:

Aufgabe:
1. Beurteile, wenn zu Hause Fertigprodukte verwendet werden, den Geschmack, die Zeitersparnis und den Preis.
Lege eine Liste an über Halbfertig- und Fertiggerichte, die dir empfehlenswert erscheinen.
2. Schildere Haushaltssituationen, bei denen du die häufigere Verwendung von vorgefertigten Lebensmitteln empfehlen würdest.

- Ist das „Fertig-Menü" vollwertig? Wird der Vitaminbedarf gedeckt?

  Beispiel: Zum Mittagessen gibt es eine Büchse Ravioli.

- Wurden dem Produkt zur Haltbarmachung oder zum Erhalt des Aussehens Zusatzstoffe beigegeben? Können wir auf andere Angebote ausweichen?

  Beispiel: In der Zutatenliste eines Halbfertigprodukts steht: …Emulgator, Phosphat, Antioxidationsmittel…

- Die aufwendige Verpackung von vielen Fertigprodukten bedeutet eine Rohstoffverschwendung und vergrößert den Müllanfall. Können wir dies durch die Wahl von anders verpackten Produkten beeinflussen?

  Beispiel: Fertiggerichte in Alu-Portionsschalen.

Viele vorgefertigte Lebensmittel können, wenn sie sinnvoll in den Speiseplan einbezogen werden, eine Hilfe zur Vereinfachung der Nahrungszubereitung sein. Die Entscheidung, in welchem Umfang solche Produkte verwendet werden, hängt vor allem von der Situation eines Haushalts ab, zum Beispiel von der Personenzahl, der Berufstätigkeit und den verfügbaren Geldmitteln. Darüber hinaus spielen aber auch die Wünsche und Einstellungen der Haushaltsmitglieder eine Rolle.

3. Grundkenntnisse der Ernährung

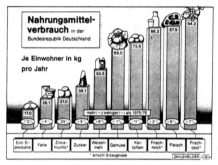

Mit der Arbeits- und Lebensweise ändern sich auch die Eßgewohnheiten:
Obst, Fleisch und Milch stehen in der Verbrauchergunst.
Die in der Tabelle aufgeführten Nahrungsmittel werden von uns in unterschiedlicher Menge gegessen.

Aus den Nahrungsmitteln bezieht der menschliche Körper die Nährstoffe, die er
– zur Deckung des Energiebedarfs
– zum Aufbau und zum Erhalt des Körpers
– und zur Regelung von Körperfunktionen benötigt.

Fast alle Nahrungsmittel, außer Zucker, Stärke und Öl, liefern unserem Körper nicht nur einen, sondern verschiedene Nährstoffe. Das haben wir schon oft festgestellt, wenn wir den Nährstoffgehalt einzelner Nahrungsmittel in der Nährwerttabelle nachgesehen haben.

Während bisher hauptsächlich die Nahrungsmittel im Zentrum der Betrachtung standen, beschäftigen wir uns nun mit den in den Nahrungsmitteln enthaltenen Nährstoffen und ihrer Bedeutung für eine gesunde Ernährung. Dabei sind uns folgende Gesichtspunkte wichtig:

Nährstoffbedarf

Von allen Nährstoffen braucht unser Körper täglich eine gewisse Menge. Um unsere Nahrung richtig zusammenzustellen, müssen wir wissen, wieviel Nährstoffe die einzelnen Nahrungsmittel ungefähr enthalten.

Eigenschaften der Nährstoffe

Sind uns die Eigenschaften der Nährstoffe bekannt, so können wir bei der Nahrungszubereitung darauf achten, daß möglichst wenig Nährstoffe verloren gehen oder zerstört werden.

Aufgaben der Nährstoffe im Körper

Falsche Ernährungsweisen können wir nur ändern, wenn wir die wesentlichen Aufgaben der Nährstoffe im Körper kennen.

Energiebedarf

Die Energiezufuhr durch die Nährstoffe in den Nahrungsmitteln stimmen wir auf den tatsächlichen Bedarf ab. Wenn wir das nicht tun, bauen wir Fettpolster auf.

Speisepläne

Bei der Zusammenstellung von Tagesmahlzeiten beachten wir den unterschiedlichen Nährstoff- und Energiebedarf verschiedener Altersgruppen wie Kinder, Jugendliche, Erwachsene und alte Menschen, aber auch die verschiedenen Tätigkeiten. Außer den Ernährungsgewohnheiten sind noch Jahreszeit, Marktangebot und Preis bei der Speiseplangestaltung zu berücksichtigen.

Zunächst beschäftigen wir uns mit den einzelnen Nährstoffen.

Aufgabe:
Die Arbeiten im Haushalt und im Beruf sind heute leichter als früher. Wie sollte sich dementsprechend die Ernährung ändern?

3.1 Kohlenhydrate

Zu den Kohlenhydraten gehören ganz unterschiedliche Stoffe wie Zucker und Stärke. Alle Kohlenhydrate werden in den Pflanzen unter Einwirkung von Licht aus Kohlenstoffdioxid und Wasser gebildet. Man nennt diesen Vorgang Photosynthese. Wir untersuchen, aus welchen Grundstoffen Kohlenhydrate aufgebaut sind.

Versuch	Beobachtung	Erklärung der Beobachtung – Ergebnis
Erhitze langsam in einem trockenen Reagenzglas 5 g Rübenzucker; – beobachte die Wand des Reagenzglases;	Am Reagenzglas schlägt sich Wasser ab.	In der Hitze wird das Zuckermolekül zerstört. Wasserstoff und Sauerstoff entweichen als Wasser. Die schwarze Farbe deutet auf Kohlenstoff hin.
– beobachte die Veränderungen des Zuckers (Farbe, Beschaffenheit); Führe denselben Versuch mit 5 g Stärke durch.	Der Zucker wird flüssig, er färbt sich gelb, dann braun und schwarz. Es schlägt sich auch Wasser ab, die Stärke wird braun, dann schwarz.	Zucker besteht aus den Grundstoffen Kohlenstoff, Wasserstoff, Sauerstoff. Auch Stärke besteht aus den Grundstoffen Kohlenstoff, Wasserstoff, Sauerstoff.

Einteilung der Kohlenhydrate

Einfachzucker (Monosaccharide)	Vorkommen (Beispiele)
Traubenzucker (Glucose)	Obst, Gemüse, Honig
Fruchtzucker (Fructose)	Obst, Honig

Doppelzucker (Disaccharide)	Vorkommen (Beispiele)
Rüben-/ Rohrzucker (Saccharose)	Zuckerrübe, Zuckerrohr
Milchzucker (Laktose)	Milch
Malzzucker (Maltose)	keimende Gerste

Vielfachzucker (Polysaccharide)	Vorkommen (Beispiele)
Stärke	Getreide, Kartoffeln
Glykogen	Leber und Muskeln
Zellulose	Pflanzen als Gerüst

Um zu verstehen, warum Vielfachzucker, Doppelzucker und Einfachzucker zu einer Gruppe, den Kohlenhydraten, zusammengefaßt sind, führen wir folgenden Versuch durch:

Wir kauen ein Stückchen Weißbrot, mischen es gut mit Speichel und lassen es eine Weile im Mund. Das Brot schmeckt mit der Zeit süß, denn der Speichel enthält ein Verdauungsenzym, das Stärke zu Malzzucker abbaut.

Die Pflanze baut Doppelzucker und Vielfachzucker aus Einfachzucker auf. Bei der Verdauung werden Vielfachzucker und Doppelzucker wieder aufgespalten in Einfachzucker.

Aufgaben im menschlichen Körper

Nach der Verdauung liegen die Kohlenhydrate im Darm als Einfachzucker vor. In dieser Form werden sie resorbiert – aufgenommen in den Stoffwechsel des Körpers.

- Kohlenhydrate dienen als **unmittelbare Energiequelle** für alle Zellen des Körpers. 1 g Kohlenhydrat liefert unserem Körper 17,2 kJ.
- Der Teil der Kohlenhydrate, der nicht sofort zur Energiegewinnung abgebaut wird, wird in Leber und Muskeln als Glykogen gespeichert. Er ist eine kurzfristige **Reserve** für die Zeit zwischen den Mahlzeiten.
- Kohlenhydrate sind auch am **Aufbau** spezifischer Stoffe des Körpers, z. B. der Blutgruppen, beteiligt.
- Zellulose dient als unverdauliches Kohlenhydrat dem Körper als **Ballaststoff**. Ein Sättigungsgefühl entsteht, weil der Magen gefüllt ist. Durch Zellulose wird die Darmbewegung angeregt und so einer Verstopfung vorgebeugt.

Wie decken wir unseren Bedarf an Kohlenhydraten?

Nehmen wir 6 g Kohlenhydrate je kg Körpergewicht täglich auf, so sind dies bei einem Gewicht von 50 kg insgesamt 300 g Kohlenhydrate.

300 g Kohlenhydrate sind zum Beispiel enthalten in:

300 g Zucker	1580 g Kartoffeln	545 g Schokolade
650 g Brot	370 g Reis	2500 g Apfelsaft
420 g Nudeln	375 g Honig	2700 g Colagetränk

> Täglich sollten ca. 55% des Gesamtenergiebedarfs in Form von Kohlenhydraten gedeckt werden. Das entspricht ca. **4–6 g Kohlenhydraten je kg Körpergewicht**. Bei Kindern und Jugendlichen kann der Anteil an Kohlenhydraten bis auf 60% des Energiebedarfs steigen, je nach körperlicher Leistung.

Bei manchen Ernährungsformen wird empfohlen, den Kohlenhydratanteil der Nahrung zu kürzen. Die Kohlenhydratzufuhr kann jedoch nur begrenzt gesenkt werden, da Kohlenhydrate im Körper wichtige Aufgaben erfüllen. Unter 10% der Gesamtenergiemenge – das sind für einen Erwachsenen ca. 100 g Kohlenhydrate – sollte der Anteil nicht sinken, da sonst Stoffwechselstörungen auftreten.

Ist es gleichgültig, aus welchen Lebensmitteln wir unseren Kohlenhydratbedarf decken? Zucker gelangt schnell ins Blut und liefert sofort Energie. Die Kohlenhydrate aus stärkehaltigen Nahrungsmitteln wie z. B. Brot, Kartoffeln, Reis und Teigwaren gelangen bei der Verdauung sehr viel langsamer ins Blut und sättigen deshalb länger.

> Die Energie wird in Joule (kJ) gemessen. Die alte Meßeinheit ist Kalorie (kcal). Du kannst auch von einer Meßeinheit in die andere umrechnen: 1 kcal = 4,186 kJ.

> **Ballaststoffe** sind Stütz- und Struktursubstanzen der Pflanzen. Zu den Ballaststoffen zählt man außer Zellulose noch Stoffe wie Pektin. Pektine sind wasserlöslich und stark quellfähig. Sie kommen besonders in Schalen und Kernen von Obst vor.

1 l Cola enthält ca. 110 g Zucker, umgerechnet so viel wie etwa 40 Stück Würfelzucker.

Aufgaben:

Zeige an einigen Lebensmitteln, daß sie Stärke enthalten. Führe dazu folgenden Versuch durch:

– Reibe eine kleine geschälte Kartoffel in ein Tuch. Schlage das Tuch zusammen, halte es in eine hitzebeständige Glasschüssel mit Wasser und wasche es gut aus. Lasse die Schüssel mit Wasser ca. 10 Min. stehen und beobachte. Schütte vorsichtig so viel Wasser weg, daß noch etwa 1 cm über dem Boden bleibt. Erhitze unter Umrühren und beobachte.

– Führe denselben Versuch mit Mehl und mit feingemahlenem Reis durch.

Diese Nahrungsmittel enthalten meist noch Vitamine und Mineralstoffe, während Zucker nur Energie liefert. Außerdem begünstigen Zucker und klebrige Zuckererzeugnisse die Erkrankung der Zähne durch Karies.

Der Kohlenhydratbedarf sollte deshalb durch verschiedene kohlenhydratreiche Nahrungsmittel gedeckt werden: Ungefähr zu zwei Dritteln aus stärkehaltigen Produkten mit reichlichem Ballaststoffanteil (z. B. Vollkornbrot, Gemüse) und höchstens zu einem Drittel durch Einfach- und Doppelzucker.

Eigenschaften der Kohlenhydrate

Für die Nahrungszubereitung ist es wichtig, die Eigenschaften der Kohlenhydrate zu kennen. Deshalb führen wir mit Zucker und Stärke die folgenden Versuche durch:

Eigenschaften des Zuckers

Versuch	Beobachtung	Ergebnis – Anwendung in der Praxis
1. Gib je 1 Teelöffel Rübenzucker – in ⅛ l kaltes Wasser und – in ⅛ l heißes Wasser. Beobachte ohne zu rühren.	Der Zucker verschwindet; im heißen Wasser geht es rascher.	In heißem Wasser löst sich Zucker rascher als in kaltem. ● Deshalb Zucker zugeben, wenn die Speisen heiß sind.
2. Teste, welche der folgenden Zuckerarten am süßesten schmeckt: Milchzucker, Traubenzucker, Rübenzucker, Fruchtzucker	Fruchtzucker schmeckt am meisten süß, dann folgen Rübenzucker, Traubenzucker, Milchzucker.	Der Süßkraft von 100 g Rübenzucker entsprechen etwa 400 g Milchzucker 200 g Traubenzucker 60 g Fruchtzucker ● Um eine Speise zu süßen, braucht man also vom Fruchtzucker am wenigsten.
3. Erhitze 1 Eßl. Rübenzucker in einem Pfännchen unter Umrühren, bis die Masse schäumt. Gib mit dem Rührlöffel einige Tropfen davon auf ein Pergamentpapier. Gieße vorsichtig ⅛ l Wasser in das Pfännchen zum Rest. Prüfe den Geschmack der Zuckermasse im Pfännchen und auf dem Papier.	Zucker schmilzt, schäumt, bräunt sich, riecht aromatisch. Beim Abkühlen erstarrt die Masse, in Wasser löst sie sich. Die Masse ist weniger süß als Zucker.	● Zucker bildet bei etwa 170 °C Karamel, der als Geschmackszutat und zum Färben von Süßspeisen und Zuckerwaren verwendet wird (Zuckercouleur).
4. Streue auf eine Apfelscheibe ½ Teel. Rübenzucker. Welche Veränderungen zeigen sich nach 10 Minuten?	Der Zucker löst sich im Saft des Apfels.	● Zucker zieht Wasser an sich. Er ist hygroskopisch. Durch diese Eigenschaft wirkt er konservierend, da er nicht nur dem Obst, sondern auch den Mikroorganismen Wasser entzieht.

Eigenschaften der Stärke

Versuch	Beobachtung	Ergebnis – Anwendung in der Praxis
1. Gib 1 gestrichenen Eßl. Stärke unter Rühren in 5 Eßl. kaltes Wasser (kleine feuerfeste Glasschüssel). – Lasse die Probe 5 Min. stehen und beschreibe sie. – Erhitze die Probe unter ständigem Rühren bis zum Kochen.	Zuerst sieht das Wasser weiß aus. Die Stärke hat sich darin verteilt. Sie setzt sich langsam am Boden ab. Es entsteht ein glasiger Brei.	Stärke löst sich in kaltem Wasser nicht. Sie ist schwerer als Wasser und setzt sich ab. ● Daher stärkehaltige Flüssigkeiten beim Kochen rühren, sonst brennen sie an. In heißem Wasser quillt Stärke und verkleistert bei 70 °C. Sie bindet Wasser. ● Mit Stärke kann man Speisen breiig machen, Stärke ist ein Bindemittel.
2. a) Gib 1 gestrichenen Eßl. Stärke unter Rühren in 5 Eßl. kochendes Wasser. b) Rühre 1 Eßl. Stärke in einer Tasse mit 2 Eßl. kaltem Wasser an und lasse sie in 3 Eßl. kochendes Wasser einlaufen und kurz aufkochen. Vergleiche die Proben 1, 2a und 2b. Welche zwei Möglichkeiten gibt es, Stärke zum Binden in eine Flüssigkeit zu bringen?	Die Stärke gibt dicke Klumpen, die außen glasig, innen weiß sind. Es entsteht ein glatter Brei, da die Stärke gleichmäßig im Wasser verteilt ist.	Stärke nie trocken in kochende Flüssigkeit geben. Sie klebt zusammen und verkleistert nur an der Oberfläche. ● Zugabe der Stärke zur Flüssigkeit: Entweder Stärke mit wenig kalter Flüssigkeit anrühren und in kochende Flüssigkeit einrühren. Oder Stärke mit der ganzen Flüssigkeit im Kochtopf kalt anrühren und unter ständigem Rühren zum Kochen bringen.
3. Teste den Geschmack von roher Stärke und von Stärkekleister.	Stärke schmeckt neutral.	● Stärke kann für süße und gesalzene Speisen verwendet werden.
4. Erhitze 1 Eßl. Stärke trocken in einem Pfännchen, bis sie hellbraun aussieht. Gib unter Rühren 5 Eßl. Wasser zu und koche die Probe. Vergleiche Geschmack und Beschaffenheit mit Versuch 2b.	Beim trockenen Erhitzen bräunt sich Stärke. Bei Zugabe der gleichen Wassermenge entsteht eine dünnflüssigere Masse als bei 2b. Der Geschmack ist etwas süßlich.	Durch starke Hitze (120 °C) entsteht aus Stärke Röststärke. Die großen Stärkemoleküle werden zu Dextrinen abgebaut. ● Röststärke hat geringere Bindefähigkeit als Stärke.

3.2 Fette

Aus welchen Grundstoffen (Elementen) sind Fette aufgebaut?

Versuch	Beobachtung	Erklärung der Beobachtung – Ergebnis
Erhitze ein kleines Stück Plattenfett in einem trockenen Reagenzglas. – beobachte die Wand des Reagenzglases; – beobachte die Farbänderung des Fetts.	 Am Reagenzglas schlägt sich Wasser ab. Das Fett wird braun.	In der Hitze wird das Fettmolekül zerstört. Wasserstoff und Sauerstoff entweichen als Wasser. Die Bräunung des Fetts deutet auf Kohlenstoff hin. Fett besteht aus den Grundstoffen Kohlenstoff, Wasserstoff und Sauerstoff.
Brich den Versuch ab, wenn das Fett „raucht".		Wenn Fett bis zum Zersetzungspunkt erhitzt wird („rauchheiß"), darf es nicht mehr verzehrt werden. Es entsteht der scharf riechende Stoff Acrolein, der gesundheitsgefährdend ist.

Die Elemente Kohlenstoff, Wasserstoff und Sauerstoff sind am Fettaufbau beteiligt. Fette bestehen aus dem dreiwertigen Alkohol Glyzerin und Fettsäuren. Die Fettsäuren können gesättigt oder ungesättigt sein. Zu den ungesättigten Fettsäuren gehören z. B. Ölsäure, Linolsäure. Man nimmt an, daß die Linolsäure essentiell ist, da sie im Stoffwechsel nicht aufgebaut werden kann. Ein eindeutiges Krankheitsbild, das auf einen Mangel an Linolsäure zurückgeht, konnte aber noch nicht festgestellt werden.

Einteilung der Fette

Fette kann man verschieden unterteilen, z. B. in:
– wasserfreie und wasserhaltige Fette
– feste, halbfeste und flüssige Fette
– tierische und pflanzliche Fette
Für die Nahrungszubereitung ist nur die Einteilung in wasserfreie und wasserhaltige Fette von Bedeutung.

Fette erfüllen wichtige Aufgaben im menschlichen Körper

● Fett ist für unseren Körper der wichtigste **Energielieferant**. 1 g Fett liefert dem Körper 38,9 kJ. Wir gewinnen aus 1 g Fett ungefähr doppelt so viel Energie wie aus 1 g Kohlenhydraten. Durch den Fettgehalt wird die Verweildauer der Nahrung im Magen verlängert. Fett hat also einen größeren Sättigungswert als Kohlenhydrate.

> **Versuche mit fetthaltigen Nahrungsmitteln:**
> 1. Gib 1 Tropfen Öl und 1 Tropfen Wasser auf ein Stück Fließpapier. Trockne das Papier und halte es gegen das Licht.
> **Beobachtung:** Der Wasserfleck verschwindet beim Trocknen, der Ölfleck bleibt.
> Das Entstehen eines Fettflecks deutet bei der Prüfung von Lebensmitteln auf das Vorhandensein von Fett hin.
> 2. Lege jeweils zwischen ein gefaltetes Fließpapier
> – 1 Teel. geriebene Haselnüsse
> – 1 Teel. geriebenen Käse
> – Stückchen zerkleinerte Wurst
> – etwas gekochtes Hühnereigelb.
> Presse das Papier etwas zusammen und lasse es einige Minuten liegen. Schüttle die Lebensmittel heraus und betrachte das Fließpapier gegen das Licht.

- Fett dient unserem Körper als Vorratsstoff. Wird das mit der Nahrung aufgenommene Fett nicht direkt zur Energiegewinnung benötigt, so wird es in körpereigenes Fett (Depotfett) umgewandelt und gespeichert. Zuviel Depotfett belastet unseren Organismus unnötig.
- Fett dient unserem Körper als Schutzstoff. Einige Organe wie Augapfel und Niere werden durch Fettpolster geschützt.
- Fette erfüllen spezifische Leistungen im Körper. Es können zum Beispiel fettlösliche Vitamine nur in Anwesenheit von Fett aus dem Darm aufgenommen werden.

Nicht zu viel Fett essen!

Vom täglichen Gesamtenergiebedarf sollten nicht mehr als 30% durch Fett gedeckt werden. Bei Kindern und Jugendlichen, die täglich eine schwere körperliche Leistung erbringen, liegt der Fettbedarf bei 30–35% vom Gesamtenergiebedarf.
Die Fettmenge, die wir täglich aufnehmen, setzt sich zusammen aus:

Streichfett	Kochfett	verstecktem Fett

Unter verstecktem Fett versteht man das nicht sichtbare Fett in Nahrungsmitteln wie Wurst und Käse.

> Eine Fettmenge von **0,8 g je kg Körpergewicht** ist im allgemeinen ausreichend. Nehmen wir 0,8 g Fett je kg Körpergewicht auf, so sind dies bei einem Gewicht von 50 kg: 40 g Fett pro Tag.

40 g Fett sind enthalten in:	
40 g Öl	103 g Kartoffelchips
48 g Butter	174 g Bratwurst
50 g Margarine	267 g Hering
65 g Walnüsse	333 g Pommes frites
80 g Salami	1143 g Milch
82 g Erdnüsse	

Im Ernährungsbericht 1984 der Deutschen Gesellschaft für Ernährung steht, daß wir durchschnittlich doppelt so viel Fett verzehren wie wir aufnehmen sollten. Es handelt sich dabei nicht nur um Streichfett und Kochfett, mehr als die Hälfte des aufgenommenen Fettes ist verborgenes Fett, vor allem in Fleisch- und Wurstwaren, in Back- und Süßwaren und in Käse.
Daraus folgt: Wir müssen die tägliche Fettzufuhr einschränken, wollen wir kein gesundheitliches Risiko eingehen. Das Hauptproblem ist also nicht die „richtige" Fettwahl, sondern die Beschränkung der Fettmenge auf den tatsächlichen Bedarf.

Aufgaben:
1. Vergleiche den Geschmack von Quark in verschiedenen Fettgehaltsstufen.
2. Vergleiche den Geschmack eines Salats mit fettfreier Marinade und eines Salats mit fetthaltiger Marinade.
3. Überlege die Gründe, warum viele Menschen täglich zu viel Fett essen.

Versuche zu den Eigenschaften von Fett

Wir haben schon auf S. 49 die Unterschiede zwischen wasserfreien und wasserhalti-
gen Fetten kennengelernt. Dabei stand ihre Erhitzbarkeit bei der Nahrungszubereitung im Vordergrund.
Hier lernen wir noch einige weitere Eigenschaften von Fett kennen, die wir in der
Küchenpraxis berücksichtigen.

Versuch	Beobachtung	Ergebnis – Anwendung in der Praxis
1. Fülle ein Reagenzglas halb mit Wasser und gib einige Tropfen Öl zu. Schüttle es, lasse es einige Minuten stehen und beobachte.	Das Öl vermischt sich beim Schütteln mit Wasser, bildet aber beim Stehen bald eine Schicht auf der Wasseroberfläche.	Fett ist in Wasser nicht löslich. Fett ist leichter als Wasser. ● Bei erkalteten Suppen oder Soßen setzt sich oben Fett ab.
2. Gib zu Versuch 1 einen Teel. Eigelb, schüttle wieder und lasse die Probe stehen.	Das Öl mischt sich wieder mit Wasser. Es steigt aber nicht mehr zur Oberfläche, sondern bleibt fein verteilt.	Es ist eine Emulsion entstanden. Das Fett ist in feinen Tröpfchen im Wasser verteilt. Das Eigelb stabilisiert die Emulsion (siehe dazu Rezept für Mayonnaise, S. 177).
3. Umschließe ein Stückchen Butter und ein Stückchen Rindertalg mit der Hand.	Butter schmilzt in der Hand, Rindertalg nicht.	Der Schmelzpunkt von Butter liegt unter der Körpertemperatur, der von Talg darüber. Fette, deren Schmelzpunkt über 37 °C liegt, sind schwerer verdaulich als solche, die bei Körpertemperatur flüssig sind.
4. Lege ein Stückchen Butter und ein Stückchen Plattenfett einige Tage an einen warmen, hellen Platz. Prüfe dann Geruch und Aussehen.	Die Butter ist goldgelb und riecht unangenehm. Das Plattenfett ist nicht verändert.	Wärme, Licht und Wasser bewirken das Verderben von Fett. ● Wasserhaltige Fette verderben rascher als wasserfreie.

3.3 Ohne Eiweiß kein Leben

Eiweiß ist in allen Zellen enthalten. Die Pflanze baut aus den Elementen Kohlenstoff, Wasserstoff, Sauerstoff und Stickstoff Aminosäuren auf. Durch Zusammenlagerung vieler Aminosäuren entsteht Eiweiß.

Der Mensch versorgt sich mit Eiweiß, indem er pflanzliche und tierische Nahrungsmittel aufnimmt. Bei der Verdauung wird Eiweiß in Aminosäuren gespalten. Nach der Resorption baut der Körper aus den verschiedenen Aminosäuren sein spezifisches Eiweiß auf wie Muskeleiweiß, Bindegewebseiweiß oder Enzymeiweiß. Eiweiß, das vom Körper nicht zum Aufbau von körpereigenem Eiweiß verwendet werden kann, wird nicht gespeichert, sondern zur Energiegewinnung herangezogen.

Enzyme sind Eiweißstoffe, die chemische Umsetzungen im Körper beeinflussen. Sie bauen zum Beispiel bei der Verdauung Stärke in Traubenzucker ab.

Versuche zu den Eigenschaften von Eiweiß

Versuch	Beobachtung	Ergebnis – Anwendung in der Praxis
1. Gib jeweils in ein halb mit Wasser gefülltes Trinkglas – 1 Eßl. rohes Eiklar – 1 Eßl. Hackfleisch – 1 Stückchen Fisch zerschnitten – 1 Eßl. eingeweichte Erbsen – 1 Eßl. geraspelte Kartoffeln Filtriere jeweils in ein Reagenzglas. Prüfe die Proben mit Eiweißteststäbchen.	Das Wasser ist unterschiedlich getrübt und verfärbt Die Testfläche verfärbt sich.	Eiweißstoffe sind zum Teil **wasserlöslich**. Aus den Lebensmitteln wurden neben anderen Stoffen auch Eiweißstoffe gelöst. ● Eiweißhaltige Nahrungsmittel nur kurz waschen. Einweichwasser und Kochwasser verwenden.
2. Erhitze die Reagenzgläser aus Versuch 1 bis zum Kochen. Filtriere nochmals.	Aus den Lösungen fallen feste Bestandteile aus als Flocken, Haut oder Schaum.	Viele Eiweißstoffe **gerinnen (denaturieren) durch Hitze**. Sie werden denaturiert und dabei stark verändert. Beispiele: hartgekochtes Ei, gebratenes Fleisch, gekochter Fisch.
3. Lege ein Stückchen Fleisch einige Stunden in Essig. Gib zu einem Teil der eingeweichten Erbsen 1 Eßl. Essig. Gib zu einer halben Tasse Milch 1 Eßl. Essig.	Das Fleisch wird grau Die Erbsenbrühe wird trüb. Die Milch wird flockig.	Ein Teil der Eiweißstoffe **gerinnt (denaturiert) durch Säure**. Beispiele: Sauerbraten, Sauermilch ● Die Denaturierung von Eiweiß spielt auch bei der Konservierung von Lebensmitteln eine Rolle. Die Kleinlebewesen, die das Verderben von Lebensmitteln hervorrufen, bestehen aus Eiweiß, das durch Hitze und Säure denaturiert und damit biologisch unwirksam gemacht werden kann.

Biologische Wertigkeit von Eiweiß

Zwanzig verschiedene Aminosäuren sind für den menschlichen Körper von Bedeutung. Jede Aminosäure muß in einer bestimmten Menge vorhanden sein, damit körpereigenes Eiweiß aufgebaut werden kann.

Das Nahrungseiweiß unterscheidet sich in seiner Zusammensetzung vom Eiweiß des menschlichen Körpers. Manche Aminosäuren sind in unzureichender Menge, andere im Überschuß vorhanden.

Einige Aminosäuren kann der Körper aus Teilbausteinen zusammensetzen. Acht Aminosäuren müssen ihm aber unbedingt zugeführt werden, da er sie nicht selbst aufbauen kann. Man nennt sie essentielle oder lebensnotwendige Aminosäuren. Nahrungseiweiß ist dann biologisch hochwertig, wenn die Aminosäuren der Nahrungsmittel zum großen Teil zum Aufbau von körpereigenem Eiweiß genutzt werden können. Biologisch weniger hochwertig ist Nahrungseiweiß, das nur zu einem geringen Teil zum Aufbau von körpereigenem Eiweiß verwendet werden kann.

Die biologische Wertigkeit wird im allgemeinen mit einer Prozentzahl angegeben, die aussagt, wieviel körpereigenes Eiweiß aus dem Nahrungseiweiß aufgebaut werden kann.

So kannst du den Anteil von verwertbarem Eiweiß ausrechnen:

In 100 g Milch sind 3 g Eiweiß enthalten. Davon können 91% zum Aufbau von körpereigenem Eiweiß verwendet werden,

$$\text{das sind } \frac{3 \times 91}{100} = 2{,}73 \text{ g}$$

In 100 g Haferflocken sind 14 g Eiweiß enthalten. Davon können 62% zum Aufbau von körpereigenem Eiweiß verwendet werden,

$$\text{das sind } \frac{14 \times 62}{100} = 8{,}68 \text{ g}$$

Biologische Wertigkeit von Eiweiß in einzelnen Nahrungsmitteln

	Eiweiß in 100 g	biologische Wertigkeit %
Corn flakes	8	32
Eierteigwaren	13	30
Haferflocken	14	62
Roggenvollkornbrot	7	68
Weißbrot	8	44
Kartoffeln	2	67
Sojabohnen	37	76
Milch	3	91
Speisequark	13	98
Emmentaler	28	85
Hühnerei	13	81
Brathuhn	21	83
Rindfleisch	19	87
Schweinefleisch	14	84
Dorsch	18	99
Hering	18	81

Ergänzungswirkung

Das Eiweiß verschiedener Nahrungsmittel kann sich gegenseitig ergänzen. Dabei kann ein weniger hochwertiges Eiweiß dann besser ausgenutzt werden, wenn die fehlenden essentiellen Aminosäuren aus einem anderen Nahrungseiweiß dazukommen. Besonders gut ergänzt sich das Eiweiß aus pflanzlichen Nahrungsmitteln mit Eiweiß aus tierischen Nahrungsmitteln. Es gibt aber auch einige pflanzliche Nahrungsmittel, die sich gut ergänzen.

Nahrungsmittel, die sich gut ergänzen:

| Kartoffeln | + | Milch, Milchprodukte Ei, Fisch, Fleisch | | Getreide | + | Fleisch, Fisch Ei, Milch | | Hülsenfrüchte | + | Fleisch, Fisch Ei, Getreide |

Eine wichtige Voraussetzung einer guten Ergänzungswirkung ist, daß man die verschiedenen eiweißhaltigen Nahrungsmittel innerhalb einer Mahlzeit ißt.

Aufgabe:
Stelle Mahlzeiten zusammen, bei denen sich das enthaltene Eiweiß gut ergänzt.

Nahrungsmittel, die sich nicht ergänzen:
Kartoffeln und Hülsenfrüchte
Getreide und Gemüse
Getreide und Soja
Kartoffeln und Getreide

Wir decken unseren Eiweißbedarf durch eiweißhaltige Nahrungsmittel

15% unseres Gesamtenergiebedarfs sollen in Form von Eiweiß aufgenommen werden. Der Eiweißbedarf ist abhängig vom Alter. Bei Kindern und Jugendlichen, die sich im Wachstum befinden, liegt der Eiweißbedarf höher als bei Erwachsenen. Schwangere und Stillende haben ebenfalls einen erhöhten Eiweißbedarf.

Bei der täglichen Eiweißzufuhr geht man für den Erwachsenen von **0,8 g Eiweiß je kg Körpergewicht aus.** Bei 50 kg Körpergewicht sind dies 40 g Eiweiß. Aufgrund des Wachstums haben Kinder und Jugendliche einen erhöhten Eiweißbedarf. Es wird eine Zufuhr von 45–60 g Eiweiß pro Tag empfohlen.

40 g Eiweiß sind z. B. enthalten in:
1,1 l Vollmilch oder
4000 g Kartoffeln oder
210 g Rindfleisch

Da nicht jedes Nahrungsmittel die gleich hohe biologische Wertigkeit hat, muß man den Ergänzungswert von Eiweiß bei jeder Mahlzeit berücksichtigen. Ein Drittel des Eiweißbedarfs sollte durch tierische Nahrungsmittel und zwei Drittel durch pflanzliche Nahrungsmittel gedeckt werden.
Da Eiweiß nicht gespeichert werden kann, müssen wir es täglich essen.

3.4 Vitamine: in kleinsten Mengen hoch wirksam

Nährstoffe, die keine Energie liefern, werden auch Wirkstoffe genannt, da sie beim Stoffwechsel mitwirken. Dazu gehören Vitamine und Mineralstoffe.

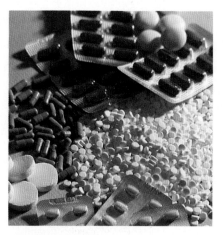

Aufgabe:
Was spricht dagegen, den Vitaminbedarf mit Vitaminpräparaten zu decken?

Folgende Geschichte zeigt, was mit Skorbutkranken früher geschah:

Im Jahre 1734 brach auf einer englischen Brigg auf der Fahrt nach Grönland der Skorbut aus. Einer der Matrosen war so krank, daß keiner mehr an eine Genesung glaubte. In damaligen Zeiten galt das Leben eines einzelnen Matrosen nicht viel. Da die Seeleute sich nicht an der vermeintlichen Infektionskrankheit anstecken wollten, setzte man den Matrosen einfach auf einer unbewohnten Insel aus. Der Kranke war so schwach, und seine Beine waren so geschwollen, daß er weder gehen noch stehen konnte. Trotzdem begann er, vom Hunger getrieben, Gras zu essen, das um ihn herum wuchs. Innerhalb weniger Tage trat ein Wunder ein: der Todkranke spürte, wie seine Kräfte zurückkehrten. Er konnte aufstehen, sich wieder bewegen, wieder gehen. Das Glück blieb ihm treu; es gelang ihm, ein vorübersegelndes Schiff auf sich aufmerksam zu machen, und er kehrte nach England zurück.

Die einzelnen Vitamine wurden erst in unserem Jahrhundert entdeckt. Krankheiten, die auf Vitaminmangel zurückzuführen sind, kennt man aber schon sehr lange. Die Vitaminmangelkrankheit Skorbut trat schon im Mittelalter auf. Sie ist auch bekannt gewesen als Gefängniskrankheit oder als typische Krankheit von Expeditionsteilnehmern.

Die wichtigsten Vitamine werden mit den Buchstaben A, B, C und D bezeichnet. Manche Vitamine kommen in den Lebensmitteln in Vorstufen vor und werden erst im Körper zu Vitaminen umgebaut. Man nennt sie Provitamine.
Im Körper haben die einzelnen Vitamine verschiedene Aufgaben. So sind z. B. die Vitamine der B-Gruppe am Stoffwechsel beteiligt.
Wir brauchen täglich nur kleinste Mengen – unter 10 mg – an Vitaminen. Eine Ausnahme macht das Vitamin C, davon sollten wir täglich 75 mg aufnehmen. Da die Vitamine in ganz geringen Mengen in den Nahrungsmitteln enthalten sind, müssen wir darauf achten, daß wir sie bei der Nahrungszubereitung nicht zerstören.

Übersicht über die Vitamine und ihre Aufgaben im Körper

	wasserlösliche Vitamine		fettlösliche Vitamine		
Vitamin	B-Gruppe: B_1, B_2, B_6, B_{12}	C	A	Provit-amin A Carotin	D
Vorkommen in	Vollkornprodukte, Leber, Schweinefleisch, Hefe, Milch	Obst, Gemüse, Leber	Leber Eigelb Butter	Karotten Petersilie Tomaten	Eigelb, Leber, Butter
Wirkungsweise im Körper	Bestandteil von Enzymen	beteiligt am Stoffwechsel	Bestandteil des Sehpur-purs fördert das Wachs-tum der Zellen		fördert die Kalzium-resorption und Verknö-cherung des Skeletts
Eigenschaften	sie sind alle wasserlöslich, zum Teil hitze-, licht- und sauerstoffempfindlich	wasserlöslich, hitze-, sauerstoff- und licht-empfindlich	sauerstoff- und licht-empfindlich		sauerstoffempfindlich

Versuche zu Vitamin C

Versuch	Beobachtung	Ergebnis – Anwendung in der Praxis
Vorversuch: Gib 1 Messerspitze Ascorbinsäure (Vit-amin C) in ½ Glas Wasser. Prüfe die Lösung mit Merckoquant Ascorbin-säure-Test-Stäbchen nach Anweisung.	Die Testfläche des Stäbchens verfärbt sich	Mit den Teststäbchen kann das Vorhanden-sein von Vitamin C gezeigt werden. Durch Vergleich der Verfärbung mit einer Farb-skala auf der Packung kann die Menge un-gefähr beurteilt werden.
Zerdrücke je ein Stück Apfel, Banane, Zitrone, Rettich, Zwiebel und prüfe den Saft auf Vitamin C.	Die Verfärbung der Stäbchen ist unter-schiedlich stark.	
Gib einen zerschnittenen Zitronenschnitz (ohne auszupressen) in ein Glas Wasser. Prüfe nach einiger Zeit das Wasser auf Vit-amin C.	Im Wasser läßt sich Vitamin C nachwei-sen.	● Vitamin C ist wasserlöslich; aus zerklei-nertem Gemüse und Obst wird es her-ausgelöst. Daher unzerschnitten kurz waschen.
Mische 2 Eßl. Zitronensaft und 2 Eßl. Wasser. Prüfe auf den Gehalt an Vitamin C. Koche die Probe etwa 5 Minuten lang, lasse abkühlen und prüfe erneut.	Nach dem Kochen ist die Verfärbung des Teststäbchens etwas schwächer.	● Vitamin C wird durch Hitze geschädigt, deshalb so kurz wie möglich garen.

3.5 Mineralstoffe – „Salz" des Lebens

Die Mineralstoffe sind ebenso wie die Vitamine lebensnotwendige Nahrungsbestandteile. Die Mineralstoffe sind sogenannte anorganische Stoffe. Sie machen etwa 5% des Körpergewichts aus.

Mineralstoffe wie Kalzium sind am Aufbau und der Erneuerung der harten Gewebe wie Knochen, Knorpel und Zähne beteiligt. In gelöster Form haben sie verschiedene Aufgaben in den Körperflüssigkeiten und sind Bestandteile biologisch wirksamer Stoffe. So ist Eisen ein Bestandteil des Hämoglobins im Blut und Jod ein Bestandteil der Schilddrüse.

Mineralstoffe, die unser Körper in größeren Mengen (einige Gramm am Tag) benötigt, nennt man Mengenelemente, solche, die nur in Spuren aufgenommen werden, Spurenelemente.

Die Versorgung des Körpers mit Mineralstoffen ist durch eine gemischte Kost und schonende Zubereitung gewährleistet.

Natürliches Mineralwasser mit Kohlensäure versetzt – am Quellort abgefüllt

Auszug aus der Analyse des Instituts für Wasser-chemie und Chemische Balneologie der TU München, Prof. Dr. K.-E. Quentin und Dr. W. Regnet (Mai 1982). Ein kg Mineralwasser enthält:

	Milligramm
Natrium	53,5
Kalium	4,56
Magnesium	37,5
Calcium	193,7
Chlorid	27,6
Sulfat	401,3
Nitrat	0,64

Versorgt den Körper mit wertvollen Mineralstoffen.

Übersicht über die Mineralstoffe

wichtigste Mengen-elemente	Vorkommen	wichtigste Spuren-elemente	Vorkommen
Kalzium (Ca)	Milch, Gemüse	Eisen (Fe)	Eigelb, Leber, Fleisch, Obst, Gemüse
Phosphor (P)	Milch, Hülsenfrüchte, Nüsse	Kupfer (Cu)	Eigelb, Fisch, Leber, Bohnen
Kalium (K)	Obst, Gemüse, Getreide	Jod (J)	Fisch, Fleisch, Milch, Gemüse
Magnesium (Mg)	grüne Gemüse	Zink (Zn)	Leber, Rindfleisch, Getreide
Natrium (Na)	Kochsalz	Mangan (Mn)	Leber, Getreide, Bohnen
Chlor (Cl)	Kochsalz	Kobalt (Co)	Leber, Getreide
		Molybdän (Mo)	Getreide, Nüsse

Aufgabe:
Manche Quellen sind besonders mineralstoff-reich.
Wie kommen diese Mineralstoffe (Salze) in das Wasser?

Nahrungsmittel, die Mineralstoffe enthalten
– nicht wässern;
– in wenig Wasser garen;
– Kochbrühe möglichst verwenden.

Kochsalz ist eine Verbindung aus Natrium und Chlor. Unser Körper benötigt täglich 5–6 g davon. Kochsalz kann Wasser im Körper binden, 8 g Salz binden 1 l Wasser. Der Kochsalzbedarf wird aus den Nahrungsmitteln bereits ausreichend gedeckt. Die Zugabe von Kochsalz als Geschmackszutat zum Essen sollte deshalb so gering wie möglich gehalten werden. Durch übermäßige Salzzufuhr kann der Wasserhaushalt des Körpers gestört werden. Eine gesundheitliche Gefahr besteht besonders für die Menschen, die zu hohem Blutdruck neigen.

3.6 Wasser

Wasser ist ein lebensnotwendiger Nahrungsbestandteil. Ohne Wasser kann ein Mensch höchstens drei Tage leben, ohne Nahrung kommt ein gesunder Mensch jedoch ca. 70 Tage aus.

Wasser dient als			
Baustoff: Es ist Bestandteil aller Körperflüssigkeiten wie Blut, Lymphe, Verdauungssäfte, Tränen. Auch alle Zellen enthalten Wasser.	**Lösungsmittel:** Die verwertbaren Nahrungsbestandteile werden in Wasser gelöst und so in die Zellen aufgenommen.	**Transportmittel:** Endprodukte des Stoffwechsels wie Harnstoff werden in Wasser gelöst und ausgeschieden.	**Wärmeregulator:** Durch Schweiß wird Wasser ausgeschieden. Auf der Haut erzeugt Schweiß Verdunstungskälte.

Versuche zu den Eigenschaften von Wasser

Versuch	Beobachtung	Ergebnis – Anwendung in der Praxis
Gib in ein Glas mit kaltem Wasser und in ein Glas mit kochendem Wasser je 1 Teelöffel gehackte Petersilie. Streue ebenso jeweils einige Teeblätter in Gläser mit kaltem bzw. kochendem Wasser. Vergleiche nach 15 Minuten Aussehen und Geschmack.	Das Wasser hat Farbe und Geschmack der Lebensmittel angenommen, und zwar das kalte Wasser weniger als das kochende.	Wasser ist ein **Lösungsmittel** Wasserlösliche Stoffe wie Zucker, Salze, Farbstoffe, Geschmacksstoffe werden aus Lebensmitteln „ausgelaugt". ● Wenn dies erwünscht ist, z. B. bei Tee oder Fleischbrühe, wird das Lebensmittel in heißes Wasser gegeben oder gekocht. Wenn das Auslaugen einen Verlust bedeutet, z. B. beim Salatwaschen, wird das Lebensmittel unzerkleinert kurz in kaltes Wasser gegeben.
Lege einen Eßl. Linsen etwa 12 Stunden in kaltes Wasser und vergleiche sie dann mit einem Eßl. trockenen Linsen.	Die Linsen sind größer und weicher geworden. Sie haben Wasser aufgenommen.	Wasser ist ein **Quellmittel**. Manche Lebensmittel brauchen zum Garen reichlich Flüssigkeit, z. B. getrocknete Gemüse und Reis.

Wieviel Wasser brauchen wir täglich?

Unser Körper gibt durch Haut, Lunge und Harn Wasser ab. Diese Flüssigkeit müssen wir wieder ersetzen. Deshalb sollen dem Körper täglich 2 bis 3 l Wasser zugeführt werden. Die Wasserzufuhr erfolgt durch Getränke, flüssige Nahrung und das in fester Nahrung enthaltene Wasser.

Wassergehalt einiger Nahrungsmittel:	
Gurke 97%	Eier 74%
Tomate 94%	Rindfleisch 66%
Melone 92%	Weizenbrot 38%
Milch 88%	Butter 17%
Äpfel 86%	

Der Wasserbedarf ist erhöht bei
– trockenem und heißem Klima
– intensiver körperlicher Betätigung – Schwitzen
– kochsalzhaltiger Nahrung
Säuglinge und Kinder haben einen verhältnismäßig hohen Wasserbedarf.

3.7 Der Energiebedarf

Aus Kohlenhydraten, Fett und Eiweiß gewinnt unser Körper Energie. Eine bestimmte Menge an Energie brauchen wir auch bei völliger Ruhe:
– um die Körpertemperatur auf 37°C zu halten,
– zum Atmen,
– für die Herztätigkeit.

Die Energiemenge, die wir dazu benötigen, nennt man Grundumsatz. Die Höhe des Grundumsatzes ist abhängig von Alter und Geschlecht eines Menschen und vom Körperbau. Gegenüber Erwachsenen haben Kinder und Jugendliche einen durch das Wachstum erhöhten Energiebedarf.

> Durchschnittlich beträgt der Grundumsatz **4 kJ je kg Körpergewicht und Stunde**.

Wärmeregulation

  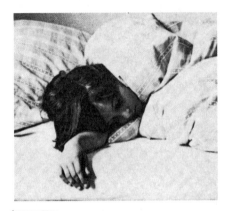

Die Energiemenge, die der Mensch täglich braucht, besteht jedoch nicht allein aus dem Grundumsatz. Für jede körperliche Leistung wird zusätzliche Energie benötigt. Man spricht hier auch von Leistungsumsatz. Zum Leistungsumsatz wird nicht allein die Energie für die Arbeitsleistung gerechnet, sondern auch für die Wärmeregulation und die Verdauungstätigkeit. Im Winter ist der Energiebedarf für die Aufrechterhaltung der Körpertemperatur höher als im Sommer. Nach einer reichlichen Mahlzeit steigt der Energieverbrauch für die Verdauungstätigkeit.

Aufgabe:
Begründe, warum der Energiebedarf der Personen auf den Abbildungen unterschiedlich hoch ist.

Gesamtenergiebedarf	=	Grundumsatz	+	Leistungsumsatz

3.8 Der Nährstoffbedarf

Der Gesamtenergiebedarf wird durch die Nährstoffe Kohlenhydrate, Fett und Ei-weiß gedeckt.

- 1 g Kohlenhydrat liefert dem Körper 17,2 kJ
- 1 g Fett   liefert dem Körper 38,9 kJ
- 1 g Eiweiß   liefert dem Körper 17,2 kJ

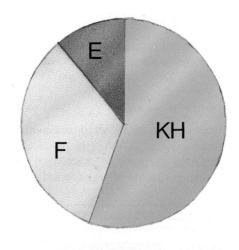

Wie wir bei der Betrachtung der einzelnen Nährstoffe gesehen haben, kann der durchschnittliche Nährstoffbedarf in Gramm je Kilogramm Körpergewicht angege-ben werden.

Geht man bei der Berechnung des Bedarfs an den einzelnen Nährstoffen vom Ge-samtenergiebedarf aus, so ergibt sich folgende Aufteilung:

Wir decken unseren **Gesamtenergie-bedarf** aus:	55%	Kohlenhydraten	55–60%	Für Kinder und Jugend-liche werden diese Werte genannt.
	30%	Fett	30–35%	
	15%	Eiweiß	ca. 15%	

Voraussetzung für diese Berechnung ist die Kenntnis des eigenen Energiebedarfs.

Verteilung der Mahlzeiten über den Tag

Jedem von uns wird klar sein, daß man die täglich notwendige Energiemenge nicht bei einer Mahlzeit aufnehmen kann. Wann der Körper Energie braucht, können wir an der Tagesleistungskurve ablesen.

Die Kurve zeigt, daß die Leistungsfähigkeit des Menschen nicht den ganzen Tag über gleich ist. Das wissen wir auch aus eigener Erfahrung.

Zwischen 9 und 12 Uhr vormittags gibt es einen Höhepunkt in der Leistungsfähig-keit. Die Leistung fällt dann ab bis ungefähr 15 Uhr und steigt dann wieder an bis ca. 21 Uhr. Das zweite Leistungshoch ist weniger stark ausgeprägt als das erste. Nun fällt die Leistung stark ab und erreicht nachts um 3 Uhr einen Tiefpunkt, um dann wieder anzusteigen.

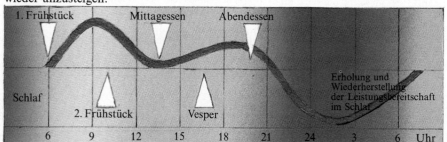

Prozentual sieht die Verteilung der Mahl-zeiten folgendermaßen aus (Tagesbedarf 100%):

bei drei Mahlzeiten	
Frühstück	30%
Mittagessen	40%
Abendessen	30%

bei fünf Mahlzeiten	
1. Frühstück	25%
2. Frühstück	10%
Mittagessen	30%
Zwischenmahlzeit am Nachmittag	10%
Abendessen	25%

Die Mahlzeiten verteilen wir so, daß die Leistungsfähigkeit unterstützt wird:

- Morgens sollte gut gefrühstückt werden, da wir die Energie direkt verbrauchen.
- Ein kleines zweites Frühstück erhält die Leistungsfähigkeit.
- Beim Mittagessen lassen wir es uns schmecken, essen aber nicht zuviel, weil man mit zu vollem Magen nicht gerne weiterarbeitet und auch müde wird.
- Durch ein nicht zu umfangreiches, früh eingenommenes Abendessen, wird der zweite Höhepunkt der Leistungskurve unterstützt.

Wird die Nahrungsenergie so über den Tag verteilt, so verbrauchen wir sie direkt. Die Gefahr der Energiespeicherung ist nicht so groß.

3.9 Speisepläne

Wie die abgebildete Statistik zeigt, hat sich der Nahrungsmittelverbrauch von 1955 bis 1985 stark verändert.

Aufgaben:

1. Eine Untersuchung zur Bedeutung des Frühstücks hat folgende Ergebnisse gebracht:
- *25% der Schüler kommen ohne Frühstück in die Schule.*
- *Ca. 66% bringen kein Pausenbrot von zu Hause mit.*
- *Ca. 34% bringen ein Pausenbrot von zu Hause mit, essen es aber nicht auf.*

Überlege dir, warum die Schüler sich so verhalten und nenne Gründe.

2. Du kennst sicher das Sprichwort:
„Frühstücke wie ein König, esse zu Mittag wie ein Bürger, esse zu Abend wie ein Bettelmann." Vergleiche es mit den nebenstehenden Aussagen.

Wie läßt sich diese Grundregel mit heutigen Arbeitszeiten vereinbaren?

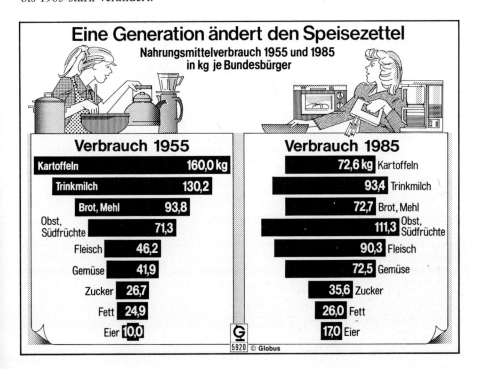

Eine Generation ändert den Speisezettel

Nahrungsmittelverbrauch 1955 und 1985 in kg je Bundesbürger

Verbrauch 1955

Kartoffeln	160,0 kg
Trinkmilch	130,2
Brot, Mehl	93,8
Obst, Südfrüchte	71,3
Fleisch	46,2
Gemüse	41,9
Zucker	26,7
Fett	24,9
Eier	10,0

Verbrauch 1985

72,6 kg	Kartoffeln
93,4	Trinkmilch
72,7	Brot, Mehl
111,3	Obst, Südfrüchte
90,3	Fleisch
72,5	Gemüse
35,6	Zucker
26,0	Fett
17,0	Eier

5920 © Globus

Die Mahlzeiten, die in den einzelnen Haushalten täglich auf den Tisch kommen, sind sehr verschieden. So gibt es bestimmte Vorlieben, die häufig bei der Zusammenstellung von Mahlzeiten berücksichtigt werden. Sie betreffen einzelne Nahrungsmittel, die Zubereitungsart, die Zahl der Mahlzeiten, aber auch die Nahrungsmenge. Die Vorlieben oder Gewohnheiten werden beeinflußt durch ein ständig größeres und auch verändertes Angebot an Nahrungsmitteln wie zum Beispiel bei der Tiefkühlkost.

Das Aufstellen von Tages- und Wochenspeiseplänen hat viele Vorteile:

- Der Einkauf kann geplant werden.
- Wünsche der Haushaltsmitglieder können berücksichtigt werden.
- Eine zu häufige Wiederholung einzelner Gerichte kann vermieden werden.
- Der Zeitaufwand für die Nahrungszubereitung kann in den Tagesarbeitsplan einbezogen werden.

Bei der Zusammenstellung von Mahlzeiten sollen neben den Ernährungsgewohnheiten auch noch folgende Gesichtspunkte beachtet werden:

Anforderungen an Speisepläne

- Jede Mahlzeit (auch jede Zwischenmahlzeit) sollte vollwertig sein.

- Die Mahlzeiten müssen den individuellen Ernährungsbedürfnissen entsprechen. (z. B. Arbeitsleistung, Alter, Gesundheit).

- Bei der Auswahl der Nahrungsmittel wird der Preis in Abhängigkeit von Jahreszeit und Marktangebot berücksichtigt.

- Bei der Zubereitung der Mahlzeiten muß eine sinnvolle Arbeitsplanung und ein optimaler Geräteeinsatz möglich sein.

- Das Aussehen der Speisen (Farbe und Beschaffenheit) sowie die Möglichkeiten des Anrichtens sollten schon bei der Auswahl der Nahrungsmittel mitüberlegt werden.

Tagesspeiseplan

1. Frühstück:
Tee
Müsli mit Äpfeln und Trauben

2. Frühstück:
Fruchtsaft
Vollkornbrot mit Leberwurst und Gurke

Mittagessen:
Mineralwasser
Fleischküchlein, Gelbe Rüben-Gemüse, Pellkartoffeln
Obstsalat mit Vanillecreme

Abendessen:
Tee
Pilzomelette mit gemischtem Salat, Vollkornbrötchen

Aufgabe:
Überprüfe den Tagesspeiseplan auf
– Vollwertigkeit,
– Marktangebot,
– sinnvolle Arbeitsplanung,
– farbliche Zusammenstellung.

Aufgaben:

Stelle ein zweites Frühstück (Schulfrühstück) zusammen.

Wodurch sollte sich die Mittagsmahlzeit eines sporttreibenden Schülers von der Mittagsmahlzeit einer Büroangestellten unterscheiden? Schlage jeweils eine Mahlzeit vor.

Nenne für einige Obst- und Gemüsearten die Zeit des günstigsten Marktangebots.

Schlage eine Mittagsmahlzeit vor, die in 45 Minuten zubereitet werden kann. Ein Dampfdrucktopf steht zur Verfügung.

Wie könnte man Blumenkohl und Kartoffeln zu einer vollwertigen Mahlzeit ergänzen, die auch farblich ansprechend aussieht?

Berufsorientierung: Berufe für Ernährungsfachleute

Keine andere Tätigkeit wird von so vielen Menschen ausgeübt wie das Kochen. Fast alle Menschen setzen sich im Laufe ihres Lebens irgendwann einmal mit dieser Kunst auseinander; sicherlich mit unterschiedlichem Erfolg. Für viele wird dieses Hobby zum Beruf. Sie lernen, wie man Speisen und Gerichte sachgerecht, unter Beachtung wichtiger Regeln, zubereitet.

Solche Berufe sind zum Beispiel:
- Hauswirtschafterin/Hauswirtschafter mit den Schwerpunkten
  - städtischer Haushalt
  - ländlicher Haushalt
- Köchin/Koch
- Familienpflegerin/Familienpfleger
- Dorfhelferin/Dorfhelfer
- Städtische Wirtschafterin/Städtischer Wirtschafter
- Wirtschafterin in der ländlichen Hauswirtschaft/Wirtschafter in der ländlichen Hauswirtschaft
- Städtische Hauswirtschaftsleiterin/Städtischer Hauswirtschaftsleiter
- Ländliche Hauswirtschaftsleiterin/Ländlicher Hauswirtschaftsleiter
- Diätassistentin/Diätassistent

Auch wenn den genannten Berufen eine Tätigkeit, nämlich das Zubereiten von Nahrung, gemeinsam ist, so unterscheiden sie sich doch erheblich voneinander.
Beim Beruf Köchin/Koch macht das Vor- und Zubereiten von Speisen den Hauptinhalt der Arbeit aus, in den übrigen Berufen müssen auch noch andere Aufgaben erledigt werden. An den folgenden Beispielen werden diese Unterschiede und Gemeinsamkeiten klar.

Nicola, 19 Jahre
Beruf: Hauswirtschafterin
(städtisch)

Brigitte, 20 Jahre
Beruf: Köchin

Arbeitsort

Ich bin ausgebildete Hauswirtschafterin und arbeite in einem Privathaushalt. Das Ehepaar ist berufstätig, deshalb muß ich alle anfallenden Hausarbeiten selbständig erledigen.

Ich bin Köchin. Das Restaurant, in dem ich arbeite, liegt in einem Luftkurort und gilt als gepflegtes Haus mit gut bürgerlicher Küche.

"... ich weiß echt noch nicht, was ich mal werden soll ..."

... Warum auch jetzt schon überlegen! Bis zum Schulabschluß ist doch noch jede Menge Zeit!

Berufsorientierung
Die Qual der Wahl

Wie packt man denn so eine Berufs-Entscheidung überhaupt an? Echt keine Ahnung.

Auch für die drei Kinder bin ich verantwortlich. Ich hätte einen Arbeitsplatz auch in Heimen, z. B. einem Kinderheim, Jugendwohnheim, Altersheim oder in einem Krankenhaus annehmen können.

Andere Kollegen von mir arbeiten in Hotels oder in Kantinen, aber auch in Krankenhäusern und Sanatorien. Ein Kollege ist Koch auf einem Schiff.

Arbeitsgebiet

Zur Wohnung gehören sechs Zimmer, Küche, Bad, Toilette und Kellerräume, die muß ich alle in Ordnung halten.
Kürzlich habe ich in der Küche Großputz gemacht, das war vielleicht eine Arbeit. Nun ja, das kommt eben einmal im Jahr vor.
Bei fünf Personen gibt es viel Wäsche. Insbesondere dann, wenn wie in dem Haushalt, in dem ich arbeite, so lebhafte Kinder leben.
Inge ist gerade drei Jahre. Sie spielt viel im Freien. Kürzlich als es regnete war sie von oben bis unten voller Dreck. Die Kleider kamen in die Waschmaschine und Inge in die Badewanne!
Neulich kam Peter – er ist 8 Jahre – von der Schule. Ich merkte gleich, daß etwas passiert war. Er hatte mit seinem Freund gerauft und in seinen nagelneuen Anorak ein Dreieck ge-

Außer mir arbeiten in unserem Restaurant drei weitere Köche. Jeder hat ein bestimmtes Aufgabengebiet, ich zum Beispiel bin für die Grillgerichte verantwortlich. Das ist bei der Größe des Hauses, in dem ich arbeite, üblich. Jeder trägt für das Gelingen der Speisen in seinem Spezialgebiet die Verantwortung. Dem prüfenden Auge des Chefkochs beim Zubereiten und Anrichten der Speisen entgeht nichts. Schließlich muß er für Reklamationen von Gästen gerade stehen.
Ich hätte mich aber auch für ein anderes Spezialgebiet, z. B. für das Zubereiten von Fisch- oder Wildgerichten entscheiden können. In meiner Ausbildung habe ich das alles gelernt. Auch das Zubereiten von Beilagen: Kartoffeln, Klöße, Teigwaren, Gemüse, Salate will gekonnt sein. Denn der Gast erwartet in ei-

rissen. Der Schaden ließ sich glücklicherweise gut beheben, und Peter und ich freuten uns gemeinsam, daß Mutti nichts bemerkt hat. Inge, Peter und Susanne haben großen Appetit. Am Anfang habe ich immer zu wenig gekocht. Einmal war tatsächlich zu wenig Brot im Haus, und alle gingen mit leerem Magen ins Bett. Seitdem überprüfe ich meinen Vorrat sehr genau.

Das Kochen macht mir besonders viel Spaß. Ich stelle den Speiseplan sehr sorgsam zusammen und achte darauf, daß alle Nährstoffe in einem ausgewogenen Verhältnis zueinander stehen.

Und wenn dann noch alle sagen „...mmh, das schmeckt...", dann bin ich zufrieden.

nem gepflegten Restaurant ein geschmacklich sehr fein abgestimmtes Menü.

Einkauf und Lagerhaltung erfordern genaueste Überlegung. Einmal sind Lebensmittel nur begrenzt haltbar, zum anderen ist es für den Gast ärgerlich, wenn er sich unter der Vielfalt des Angebots für ein Menü entschieden hat und dann erfahren muß, daß es nicht mehr serviert werden kann. Der Einkauf von Lebensmitteln läßt sich nicht immer exakt berechnen, denn einmal sind an einem Werktag zur Mittagszeit z. B. nur 70 Gerichte zu servieren. Ein andermal, an einem Fest- oder Sonntag sind es 250 Essen.

Aufgabe:

Welche zusätzlichen Kenntnisse werden von einem Koch oder einer Köchin erwartet, die z. B. die abgebildete Speisekarte anbieten?

Arbeitsorganisation

Wenn ich die anfallenden Arbeiten in dem Familienhaushalt, in dem ich arbeite, pünktlich erledigen will, muß ich meinen Arbeitstag schon genau einteilen. Um 7.15 Uhr ist Frühstück, um 12.30 Uhr Mittagessen und um 18.00 Uhr Abendbrot.

In den Zwischenzeiten muß ich putzen, bügeln, nähen, flicken, Hausaufgaben überwachen und vieles andere mehr erledigen. Selbstverständlich habe ich am Nachmittag auch noch Freistunden. Häufig kommt auch Unvorhergesehenes dazwischen. Dann muß ich neu entscheiden, was unbedingt erledigt werden muß und was noch aufgeschoben werden kann.

Bei so vielen Gästen geht es verständlicherweise in der Küche äußerst hektisch zu. Jeder Gast hat Hunger und will auf sein Menü nicht sehr lange warten.

In solchen Situationen muß man überlegt und planvoll arbeiten können; aber auch die Teamfähigkeit ist gefragt, denn es kann leicht passieren, daß bestimmte Gerichte häufiger vom Gast bestellt werden als andere. Bei der vorher beschriebenen Spezialisierung wären die einzelnen Köche dann unterschiedlich stark belastet. In solchen Situationen ist es besonders wichtig, daß die Speisen gut vorbereitet sind und die Köche als Team gut zusammenarbeiten.

Arbeitszeit

Ich habe eine geregelte Arbeitszeit. Aber es kann schon mal passieren, daß ich einen Teil meiner wöchentlichen Arbeitszeit am Samstag oder am Sonntag zu leisten habe.

Ich arbeite nach einem bestimmten Plan, natürlich auch samstags und sonntags. Oft fällt gerade in unserem Haus am Wochenende die meiste Arbeit an. Von Kollegen weiß ich, daß sie manchmal auch im „Schichtbetrieb" arbeiten. Andere Kollegen, die z. B. in Werkskantinen kochen, haben samstags und sonntags frei.

Amuse Gueule

Parfait von Langoustinos an Mesclun Salat

Gänseleber auf Feigensoße

Roulade von Seezunge und Salm

Geeiste Suppe von Weinbergpfirsichen

Das Beste vom Kalb im Pfifferlingsmantel

Pavé Cendre

Pralinen von der Himbeere

4. Teiglockerung

Gebackenes soll möglichst porös und locker sein. Dadurch wird es leicht verdaulich, ergiebig und schmeckt gut.

Jede Teiglockerung geschieht durch Gase. Diese Gase dehnen sich in der Hitze des Backofens aus und durchdringen den Teig, während er fest wird. Es entstehen Hohlräume, das Gebäck wird porös. Diesen Vorgang meinen wir, wenn wir sagen: ein Teig „geht auf".

Wie kommen Gase in den Teig?

durch mechanische Bearbeitung

Beim Kneten, Schlagen und Rühren gelangt **Luft** in den Teig. Eiklar kann beim Schlagen zu Eischnee besonders viel Luft einschließen.
Beispiele: Biskuitteig, Makronenteig

durch chemische Lockerungsmittel

Backpulver, Hirschhornsalz und Pottasche bilden in der Hitze des Backofens Gase.
Beispiele: Rührteig, Lebkuchenteig.

durch flüssige Zutaten

- Wasser oder Milch im Teig verdampft bei 98 °C. Beispiel: Brandteig.
- Auch Butter und Margarine enthalten Wasser; es ist fein verteilt (emulgiert). In der Hitze entstehen kleine Dampfblasen. Beispiel: Mürbteig.
- Alkohol, der dem Teig zugegeben wird, verdampft bei 78 °C.
  Beispiel: Zusätzliche Lockerung bei Mürbteig.

durch biologische Lockerungsmittel

Hefe und Sauerteig bilden durch Gärung Gase im Teig. Beispiel: Brot.

Was geschieht beim Backvorgang?

Gebäck wird meist bei Temperaturen von ca. 200 °C gebacken. Im Inneren des Gebäcks herrscht aber eine Temperatur von nur etwa 100 °C. Das Klebereiweiß des Mehls nimmt bei der Teigbereitung Wasser auf, quillt und wird elastisch. Bei etwa 70 °C gerinnt es, wird fest und gibt dabei Quellungswasser ab.
Die gequollene Stärke verkleistert mit der Flüssigkeit.
Geronnenes Klebereiweiß und verkleisterte Stärke bilden das Gerüst des Gebäcks. Dieses Gerüst kann nur entstehen, wenn genügend Klebereiweiß vorhanden ist. Die eingeschlossenen Gase dehnen sich durch die Hitze aus und lockern die festwerdende Masse. Geschieht das Festwerden nicht rechtzeitig, so entweichen die Gase und das Gebäck fällt zusammen (zum Beispiel bei zu frühem Öffnen des Backofens).
An der Oberfläche des Gebäcks herrscht die eingestellte Temperatur des Backofens. Dabei wird Stärke zu Dextrin und Zucker zu Karamel umgewandelt. Diese Röststoffe bilden die Kruste des Gebäcks.

Aufgabe:
Das Foto zeigt einen gut gelungenen Kuchen. Berichte, wie ein mißlungener Kuchen aussieht und wie er schmeckt.

Teigherstellung und Brotbacken früher

4.1 Backen mit biologischen Teiglockerungsmitteln

Hefe

Hefen sind Kleinlebewesen (Mikro-organismen), die sich durch Spros-sung sehr rasch vermehren. In He-fen sind Enzyme enthalten, die im Teig eine alkoholische Gärung in Gang setzen:

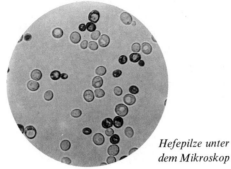

Hefepilze unter dem Mikroskop

$$\text{Zucker} \xrightarrow{\text{Enzyme der Hefe}} \text{Alkohol} + \text{Kohlenstoffdioxid}$$

Der Teig wird durch zwei Gase gelockert: Alkohol, der in der Hitze gasförmig wird, und Kohlenstoffdioxid.

Damit Hefepilze sich im Teig vermehren und Gase bilden können, müssen wir ihnen günstige Lebensbedingungen geben.

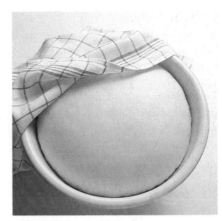

Gut gegangener Hefeteig

Das braucht Hefe zum Leben

Wärme ca. 35°C	Bei Kälte ruht Hefe, bei Hitze stirbt sie.
Flüssigkeit Wasser Milch	In weichen Teigen arbeitet Hefe rascher als in festen. Um dies zu nutzen, kann man einen flüssigen „Vorteig" bereiten, in dem sich die Hefe rasch vermehrt. Heute kann man sich diesen zusätzlichen Arbeitsgang ersparen und sofort alle Zutaten verarbeiten. Bei Verwendung von 30–40 g Hefe auf 500 g Mehl kommt die Gärung auch in einem festeren Teig rasch in Gang.
Nahrung Zucker	Bei ungezuckerten Teigen wird durch Enzyme der Hefe Stärke zu Zucker abgebaut. Die Zugabe von Zucker zum Teig bringt die Gärung rasch in Gang. Aber Vorsicht: nie Zucker direkt auf die Hefe geben, er entzieht ihr Wasser.
Luft Sauerstoff	Hefe braucht Sauerstoff zur Atmung, um sich vermehren zu können. Die alkoholische Gärung, die die Hefe bewirkt, verläuft ohne Einwirkung von Sauerstoff (anaerob).

Backhefe wird als frische Hefe (in 40 g – Päckchen) und als Trockenhefe angeboten. Frische Hefe ist nur etwa drei Wochen, Trockenhefe zwölf Monate haltbar.

Versuche mit Hefe
1. Verrühre jeweils 1/4 Würfel Hefe
   a) mit 2 Eßl. eiskaltem Wasser,
   b) mit 2 Eßl. kochendem Wasser,
   c) mit 2 Eßl. handwarmem Wasser.
   Gib jeweils 2 Eßl. Mehl zu und stelle
   a) in den Kühlschrank,
   b) in kochendes Wasser,
   c) in handwarmes Wasser.
2. Verrühre 1/4 Würfel Hefe mit 1 Eßl. handwarmem Wasser und gib 2 Eßl. Mehl zu. Stelle die Probe in handwar-mes Wasser und vergleiche sie mit Pro-be 1c.
3. Verrühre 1/4 Würfel Hefe mit 2 Eßl. handwarmem Wasser, gib 2 Eßl. Mehl und 1 Teel. Zucker zu. Stelle die Probe in handwarmes Wasser und vergleiche mit Probe 1c.
Vergleiche die Proben nach 20 Min. und überlege:
1. Welchen Einfluß hat die Temperatur auf die Gasbildung?
2. Welchen Einfluß hat die Wassermen-ge?
3. Wie wirkt sich die Zugabe von Zucker aus?

Sauerteig

Zum Brotbacken – hauptsächlich für Roggenbrot – wird auch Sauerteig als Teiglockerungsmittel verwendet. In diesen Teigen läuft neben der alkoholischen Gärung durch Hefen noch die **Milchsäuregärung** ab: Zucker wird durch Enzyme der Milchsäurebakterien zu Milchsäure vergoren. Milchsäure bewirkt den typischen Geschmack von Sauerteigbrot.

Sauerteig kann selbst hergestellt oder fertig gekauft werden. Wenn man regelmäßig Brot selbst bäckt, lohnt es sich, vom gegangenen Brotteig eine kleine Menge im Kühlschrank als Ansatz für den nächsten Sauerteig aufzubewahren. Er bleibt etwa vier Wochen backfähig.

> **Stelle selbst Sauerteig her:**
>
> 1/2 Tasse Wasser und 1/2 Tasse Buttermilch mit Roggenmehl (oder Weizenmehl) zu einem weichen Brei verrühren. In einem abgedeckten Gefäß 4 Tage lang in der Wärme stehen lassen, bis der Teig säuert und mit Bläschen durchsetzt ist. Am Vorabend des Backtags 1/8 l Wasser und soviel Mehl zugeben, daß ein dickflüssiger Teig entsteht. Nach dem Durchrühren wieder in die Wärme stellen.

4.2 Backen mit chemischen Teiglockerungsmitteln

Backpulver

Backpulver ist ein Gemisch aus Natriumhydrogencarbonat und anderen chemischen Substanzen. Die Gasbildung kommt bei der Einwirkung von kalter Flüssigkeit auf das Backpulver sehr langsam in Gang. Wärme beschleunigt den Vorgang. Backpulver bildet bei **Feuchtigkeit und Hitze** Kohlenstoffdioxid. Das Gas dehnt sich in der Hitze aus und lockert so das Gebäck. Bei der Reaktion entstehen neue chemische Verbindungen, die im Gebäck bleiben. Sie schmecken neutral und sind gesundheitlich unbedenklich. Backpulver enthält außer den wirksamen Substanzen noch Stärke, die als Trennmittel eine vorzeitige Gasbildung verhindert.

Beachte bei der Verwendung von Backpulver:
– Backpulver mit Mehl vermischt als letzte Zutat in den Teig geben.
– Backpulverteig sofort im vorgeheizten Backofen backen.

> **Versuche mit Backpulver**
>
> 1. Übergieße 1 Teel. Backpulver mit 3 Eßl. kaltem Wasser.
> 2. Übergieße 1 Teel. Backpulver mit 3 Eßl. heißem Wasser.
> Vergleiche die Beobachtungen.
> Welche Regeln lassen sich für die Behandlung des Backpulverteigs aus den Beobachtungen ableiten?

Hirschhornsalz (ABC-Trieb)

Hirschhornsalz besteht aus Ammoniumhydrogencarbonat, das sich bei Hitze ohne Rest in Ammoniakgas, Kohlenstoffdioxid und Wasserdampf zersetzt. Es kann nur für fettfreie, flache Kleingebäcke verwendet werden, sonst kann das Gas nicht restlos entweichen und es bleiben ungenießbare Rückstände im Teig. Bei fetthaltigem Gebäck könnte ein seifiger Geschmack entstehen.

> **Versuch mit Hirschhornsalz**
> Erwärme 1/2 Teel. Hirschhornsalz trocken.
> – Beobachte die Veränderung der Menge.
> – Prüfe vorsichtig den Geruch.

Pottasche

Pottasche ist Kaliumcarbonat, das unter Zugabe von Säuren Kohlenstoffdioxid entwickelt. Pottasche dient zur Lockerung von honighaltigen Teigen, die man etwa 8 Stunden ruhen läßt. Dabei bilden sich im Teig organische Säuren.

> **Versuche mit Pottasche**
> 1. Übergieße 1 Teel. Pottasche mit 3 Eßl. heißem Wasser.
> 2. Übergieße 1 Teel. Pottasche mit 1 Eßl. Zitronensaft.
> Vergleiche die beiden Proben.

Das richtige Teiglockerungsmittel für den Teig

Art des Teiges	Teiglockerungs- mittel	Lockerung durch	Grundrezept	Zubereitung
Biskuitteig	Ei-Schaummasse	Luft Wasser- dampf	4 Eier 4 Eßl. Wasser 100 g Zucker 1 Pck. Vanillinzucker 100 g Mehl 50 g Stärkemehl	Schaummasse schlagen bis zur doppel- ten Menge und cremig-weißlichem Aus- sehen nach und nach dazugeben über die Schaummasse sieben unterheben sofort in vorgeheiztem Backofen backen
Rührteig	Backpulver	CO_2	250 g Butter oder Margarine 200 g Zucker 1 Prise Salz 6 Eier Zitronensaft 500 g Mehl 1 Pck. Backpulver einige Eßl. Milch	schaumig rühren abwechselnd nach und nach zur Butter geben und rühren mischen; nach und nach einrühren nach Bedarf zugeben sofort in vorgeheiztem Backofen backen
Mürbteig	wasserhaltiges Fett	Wasser- dampf	250 g Mehl 1 Prise Salz 65 g Zucker 125 g Butter oder Margarine 1 Pck. Vanillinzucker 1 Ei	in Rührschüssel mit den Knethaken des Handrührgeräts zusammenkneten 1/2 Stunde kalt stellen dann verarbeiten und sofort in vorge- heiztem Backofen backen
Hefeteig	Hefe	CO_2 Alkohol	500 g Mehl 1/4 l Milch 1 Pck. Hefe 50 g Fett 50 g Zucker 1 Ei	alles zu einem Teig verarbeiten gehen lassen, durchkneten, formen oder aufs Blech geben nochmals ca. 10 Min. gehen lassen in vorgeheiztem Backofen backen

Art des Teiges	Teiglockerungs-mittel	Lockerung durch	Grundrezept	Zubereitung
Brotteig	Sauerteig Hefe	CO_2 Alkohol	300 g fertiger Sauerteig 1 Würfel (40 g) Hefe 1 kg Roggen- oder Weizenmehl 1/2–3/4 l lauwarmes Wasser 3 Teelöffel Salz	alles zu Teig verarbeiten 20 Minuten gehen lassen nochmals durchkneten Laib formen, in Kastenform legen und zur doppelten Höhe gehen lassen in vorgeheiztem Backofen backen
Brandteig	Flüssigkeiten Eier	Wasser-dampf	1/4 l Wasser 1 Prise Salz 40 g Butter 125–150 g Mehl 4 große Eier	in einem Topf zum Kochen bringen auf einmal dazugeben und auf der Herdplatte zu einem Kloß abbrennen Eier nach und nach einrühren Windbeutel, Eclairs oder Kränzchen auf ein Blech spritzen in vorgeheiztem Backofen backen
Makronen teig	Eischnee	Luft	6 Eiklar 1 Teel. Zitronensaft 500 g Zucker 500 g gemahlene Haselnüsse	zu steifem Schnee schlagen zugeben sehr gut schaumig rühren zugeben, vermischen Blech mit Backtrennpapier belegen Makronen aufsetzen in vorgeheiztem Backofen backen
Lebkuchen-teig	Pottasche oder Hirschhornsalz	CO_2 Ammoniak-gas	250 g flüssiger Honig 125 g Zucker 125 g Mandeln gehackt 100 g Zitronat und Orangeat 1 Teel. Zitronenschale 1 Teel. Zimt 1 Messersp. Nelken 1 Eßl. Kirschwasser 375 g Mehl 5 g Hirschhornsalz	alle Zutaten zusammenkneten Hirschhornsalz sorgfältig in 3 Eßlöffel Wasser auflösen unter den Teig kneten 1 cm dick auswellen mit Ei bestreichen nach dem Backen schneiden

5. Vorratshaltung

5.1 Vorrat ist Vorteil

Frau H.: Was schleppen Sie denn alles, das ist ja mehr als ein Großeinkauf.

Frau M.: Ich will meinen Vorrat auffüllen, es ist schon nicht mehr viel in meinem Vorratsschrank und in der Tiefkühltruhe.

Frau H.: Ach wissen Sie, in der heutigen Zeit, da braucht man doch wirklich keine Angst zu haben, daß es nichts zu kaufen gibt, da kaufe ich nichts auf Vorrat.

Frau M.: Ich bin berufstätig, da habe ich während der Woche keine Zeit zum Einkaufen. Vielleicht geht es Ihnen als Hausfrau besser, aber ich würde mir an Ihrer Stelle auch Vorräte anlegen.

Frau H.: Ich kaufe mir täglich das, was ich brauche, da habe ich alles frisch. Bei Ihnen kann ich das noch verstehen, aber bei meiner Schwiegermutter kann ich es nicht einsehen, eine alleinstehende Frau und legt sich Vorrat an...

Frau M.: Also ich bin um meine Vorräte recht froh, ich habe eine vierköpfige Familie zu versorgen und am Wochenende noch oft Besuch dazu.

Frau H.: Wir sind doch auch vier Personen und wenn ihre Kinder und Ihr Mann täglich eine Kleinigkeit einkaufen würden, müßten Sie nicht so schleppen.

Frau M.: Manchmal hat meine Familie besondere Wünsche und dann lobe ich mir meine reichlichen und vielfältigen Vorräte.

Außerdem, wenn wir täglich nach Dienstschluß noch einkaufen müßten, fehlte uns was von der gemütlichen Erholungzeit bei Tisch. Vielleicht haben Sie es da etwas leichter.

Frau H.: Aber solch ein Großeinkauf kostet doch viel Geld, da würde mir das Haushaltsgeld nicht reichen.

Frau M.: Ich meine, mit meinem Vorrat spare ich eher Geld.

Aufgabe:
Zeige Vorteile und Nachteile der Vorratshaltung auf.

Schneesturm lähmt Norddeutschland

Straßenverkehr in Schleswig-Holstein und Niedersachsen nach orkanartigen Stürmen zum Erliegen gekommen / Bahn- und Flugverkehr beeinträchtigt

Hamburg, 1. Januar
Bis Samstagabend schneite es zwischen Nord- und Ostsee ununterbrochen, eisiger Nordostwind mit Stärken bis zehn türmte meterhohe Schneewälle auf, und die Temperaturen sanken auf minus 20 Grad. In der Nacht zum Sonntag gab es nur eine kurze Atempause. Dann setzte erneut dichtes Schneetreiben ein.

Von der Außenwelt abgeschnitten

Am schwersten betroffen wurden die Bewohner von rund 80 Ortschaften im Kreis Flensburg-Schleswig. Die nur zentimeterstarken Überlandleitungen der Ortsnetze hatten sich durch anhaltenden Eisregen in armdicke Kabel verwandelt und rissen schließlich unter dem Gewicht. Zehntausende erlebten schmerzhaft ihre Abhängigkeit von der modernen Technik. Es gab für sie kein Licht, keine Wärme, kein Wasser (elektrische Pumpen versagten). In den Zimmern fiel die Temperatur bis auf 2 Grad ab. In den Ställen der Bauernhäuser, wo die Melkmaschinen ausgefallen waren, brüllten die Kühe.

Ratschläge zum Überleben

In einer der zahlreichen Sondersendungen des Rundfunks gab ein Sprecher den Eingeschlossenen Ratschläge zum Überleben, so etwa, wie man sich eine Behelfskochstelle aus Ziegel- oder Feldsteinen einrichtet oder auch in einer Schneewehe eine Grube gräbt. „Das Problem wird natürlich sein, wie die Menschen überhaupt an brennbares Material kommen." Wenn man sich mangels Feuerstelle kalt ernähren müsse, solle daran gedacht werden, möglichst kalorienreiche Nahrung zu sich zu nehmen, gut gezuckert.

Immer wieder wurde auch zur Nachbarschaftshilfe aufgerufen. Aber in vielen Fällen konnten die Menschen nicht einmal mehr auf die andere Straßenseite blicken, weil meterhohe Schneeverwehungen die Sicht versperrten und ein Durchkommen unmöglich machten.

Vorrat gibt Sicherheit

Unvorhergesehene Situationen können durch einen gezielt angelegten Vorrat gemeistert werden, zum Beispiel
- unerwarteter Besuch
- Arbeitsende nach Ladenschluß
- Krankheit
- extreme Wetterverhältnisse.

Vorrat spart Arbeitskraft und Zeit

Das Einfrieren von Fertigspeisen, die Nahrungszubereitung auf Vorrat, wird von den Haushalten mehr und mehr genützt; dadurch wird man unabhängig von den Einkaufszeiten der Lebensmittelgeschäfte und deren Angeboten. Der Zeitaufwand kann sich bei der Herstellung größerer Mengen verringern.

Bei der Verwendung tiefgefrorener Fertiggerichte verringert sich noch einmal die Zubereitungszeit einer Mahlzeit.

Der Großeinkauf lagerfähiger Nahrungsmittel spart gegenüber dem täglichen Einkauf Zeit.

Vorrat spart Geld

- durch Einkauf größerer Mengen
- durch Nutzung von Sonderangeboten
- durch Nutzung von Saisonangeboten.

Vorrat ermöglicht Abwechslung

- ein gut sortierter Lebensmittelvorrat kann den besonderen Wünschen der einzelnen Familienmitglieder zu jeder Zeit gerecht werden.

Vorratshaltung bringt Vorteile für jeden

- für die Berufstätigen, die wenig Zeit zum Einkaufen haben
- für Haushalte, die mit dem Geld rechnen müssen
- für alle, die nicht jeden Tag einkaufen wollen
- für alle, die gern mehr Zeit für sich und die Familie haben
- für alle, die auf Unvorhergesehenes vorbereitet sein wollen.

Die *Familiensituation* bestimmt die Auswahl und Menge des Vorrates. Sie ist abhängig von:
- dem Geldeinkommen
- der Anzahl der Personen
- den Verzehrgewohnheiten und den geschmacklichen Wünschen
- den Sonderkostformen, z.B. für Säuglinge, Kleinkinder, alte Menschen
- Anwesenheit der Familienmitglieder zu den Mahlzeiten.

Beispiele für Zeitersparnis beim Vorbereiten und Herstellen größerer Mengen.

Speiseart	Vorbereitungszeit Portionen	
	4	16
Erbseneintopf	14 Min.	32 Min.
Schweinebraten (Backofen)	12 Min.	12 Min.
Rindsrouladen	13 Min.	20 Min.
Marmorkuchen (Küchenmaschine)	14 Min.	25 Min.

Aufgabe:
Nenne Beispiele für nebenstehende Aussagen.

5.2 Notvorrat – sicher ist sicher

Über den Umfang des Lebensmittelvorrats kann in jedem Haushalt entschieden werden. Häufig erstrecken sich die Vorräte nur auf wenige haltbare Lebensmittel wie z. B. Zucker, Nudeln und Reis. Jeder Haushalt ist allerdings verpflichtet (nach dem Ernährungssicherstellungsgesetz vom 16. Juli 1965), einen Vorrat anzulegen und zu unterhalten, von dem sich die Haushaltsmitglieder notfalls 14 Tage ernähren können. Dabei müssen auch genügend eiweißreiche, vitamin- und mineralstoffreiche Lebensmittel sowie ausreichend Getränke (etwa 2 Liter pro Person und Tag) berücksichtigt werden. Dieser Vorrat sollte auch genügend Lebensmittel enthalten, die im Notfall ohne Erhitzen verzehrt werden können.

Davon braucht ein Erwachsener an einem Tag:	
Obst	200 g
Gemüse	200–250 g
Kartoffeln	200–300 g
Fleisch	100–150 g
Fett	40–50 g
Brot	200–300 g
Zucker	50–60 g
Nährmittel/Teigwaren	125–150 g

Lebensmittel	Empfehlenswerte Mengen pro Person	Durchschnittliche Haltbarkeit (normale Verpackung)
Knäckebrot, Zwieback, Hartkeks, Biskuits	2–3 Pakete	1 Jahr
Reis, Haferflocken, Teigwaren, Mehl, Grieß, getrocknete Erbsen und Bohnen	je Produkt 500 g	ca. 1 Jahr
Schnellgerichte aus Reis oder Teigwaren, Kartoffel-Trockenprodukte, Trockensuppen	1–4 Pakete	Haltbarkeitsangaben auf Paket beachten
Zucker Salz	1 kg 125 g	unbegrenzt unbegrenzt
Speiseöl, Pflanzenfett oder Butterschmalz	1 l Öl und 1 kg Fett	6 Monate bis 1 Jahr
Fleisch- und Fischvollkonserven	2–3 kg	2 Jahre oder Haltbarkeitsdatum
Wurst- und Suppenkonserven	1–2 kg	
Kondensmilch, Milchpulver	1–2 kg	6 Monate bis 1 Jahr
Mineralwasser (Flüssigkeit)	12 Flaschen	6 Monate bis 1 Jahr
Schmelzkäse	500 g	6 Monate
Obst- und Gemüsekonserven	2–3 kg	1–2 Jahre
Fruchtsäfte	3 l-Flaschen	1–2 Jahre
Marmelade, Honig	500 g	1 Jahr

Aufgabe:
Stelle aus den Lebensmitteln eines Notvorrats (Tabelle links) einen Tagesspeiseplan zusammen, bei dem die Mahlzeiten auch ohne Kochen zubereitet werden können.
Überprüfe, ob jede Mahlzeit vollwertig ist.

5.3 Vorsicht: Lebensmittelverderb

Lebensmittel, die wir auf Vorrat kaufen, sollen zum Zeitpunkt des Verbrauchs noch möglichst unverändert im Aussehen, Geruch, Geschmack und im Nährstoffgehalt sein. Viele Lebensmittel können aber nur kurze Zeit gelagert werden. Sie verändern sich und werden dadurch ungenießbar.

Lebensmittel verderben durch	Ursachen	Beispiele
Physikalische Vorgänge	zu geringe Luftfeuchtigkeit	Brot trocknet aus Gemüse wird welk
	zu hohe Luftfeuchtigkeit	Mehl, Zucker, Salz werden feucht und verklumpen Kaffee und Gewürze verlieren ihr Aroma
	Lichteinwirkung	Kartoffeln werden grün; dabei bilden sich Giftstoffe
	ungünstige Temperatur	Obst und Kartoffeln erfrieren
Biochemische Vorgänge	Enzyme, die in den Lebensmitteln enthalten sind und chemische Veränderungen bewirken.	Fett zersetzt sich, schmeckt „ranzig", wird ungenießbar bei Frischgemüse und Obst werden Vitamine zerstört
Mikrobiologische Vorgänge	Mikroorganismen (= Kleinstlebewesen) verursachen: ⇒ Schimmel	bei Brot oder Obst; verschimmelte Waren können gefährliche Gifte enthalten
	⇒ Gärung	bei Fruchtsaft, Marmelade, Kompott
	⇒ Fäulnis	an eiweißhaltigen Lebensmitteln (Fleisch, Fisch); durch Fäulnis entstehen giftige Stoffe
Tierische Schädlinge	Fliegen, Mehlmotten, Käfer, Mäuse	durch Mehlmotten verunreinigtes Mehl und Maden an Käse; befallene Lebensmittel sind nicht nur unappetitlich, sie können auch gesundheitsgefährdend sein, da Schädlinge Krankheitskeime übertragen können

Aufgaben:
1. *Lege einige Salatblätter offen und einige in einem Plastikbeutel verpackt in den Kühlschrank. Vergleiche die Blätter nach einem Tag. Erkläre den Unterschied.*
2. *Lasse frisch gepreßten Fruchtsaft drei Tage lang im warmen Zimmer stehen. Erkläre das veränderte Aussehen und den Geruch des Saftes.*
3. *Betrachte verschimmeltes Obst mit der Lupe. Erkläre, warum es nicht genügt, die verschimmelten Stellen wegzuschneiden.*
4. *Überlege, wie man vermeiden kann, daß Lebensmittel verderben.*

Der Schimmelpilz —
eine unsichtbare Gefahr im Brot
Warnung des Innenministeriums an die Verbraucher

MÜNCHEN (SZ) — Sofort in den Abfalleimer gehören alle Lebensmittel, die auch nur die geringste Spur eines Schimmelbefalles aufweisen. Dies stellten Experten fest, nachdem sie diverse Untersuchungen an besonders gefährdeten Lebensmitteln vorgenommen hatten. Der „Aspergillus flavus", wie der Schimmelpilz in der Fachsprache heißt, produziert das hochgiftige Aflatoxin, das sich nicht nur im sichtbaren Schimmel befindet, sondern auch in nichtverschimmelte Teile des Lebensmittels eindringt. Deshalb genügt es nicht, die offensichtlich verdorbenen Teile zu entfernen oder die schimmelbefallenen Nahrungsmittel zu erhitzen, da die Pilzgifte durch diese Behandlung nicht zerstört werden.

Aflatoxin findet sich vornehmlich in zu lange oder fehlerhaft gelagerten Nüssen, Kokosraspeln, Pistazien, Mohn und Getreide. Der Gesetzgeber hat deshalb am 1. März 1977 für die vom Pilzbefall besonders gefährdeten Lebensmittel Höchstmengen für Schimmelpilzgifte festgesetzt.

Die geringsten Giftkonzentrationen fanden sich bei Hasel- und Walnüssen, Kokosraspeln, Mohn und Getreide, beziehungsweise daraus hergestellten Erzeugnissen wie Mehl, Grieß oder Müsli. Auch bei vakuumverpackten gerösteten Erdnüssen wurde nur in Ausnahmefällen Aflatoxin nachgewiesen. Bei losen Erdnüssen in Automaten, gehobelten Erdnüssen sowie bei gemahlenen Mandeln haben die Verbraucher mehr Grund zur Vorsicht.

Merkliche gesundheitliche Störungen treten allerdings selten auf. Erst nach regelmäßigem Genuß des Schimmelpilzes zeige sich eine chronisch toxische Wirkung, die sich in Leberschäden bis zum Leberkrebs äußern könne. Der Verzicht auf schimmelbefallene Lebensmittel gehöre zur notwendigen gesundheitlichen Vorsorge, meinen die Fachleute.

Die Käseliebhaber indes können unbesorgt sein. Die auf Camembert, Roquefort, Gorgonzola, Limburger und ähnlichen Spezialitäten gezüchteten Pilzkulturen produzieren keine Gifte. Auch ein besonders g'stinkerter O'batzter läßt den Lebensmittelkontrolleur nicht die Nase rümpfen. *Sonja Weber*

(Süddeutsche Zeitung vom 31.8.1978)

Konserven mit gewölbtem Deckel („Bombagen"), aus denen beim Öffnen Gase entweichen, dürfen nicht verwendet werden. Sie können durch Bakterieneinwirkung entstandene Gifte enthalten, die die lebensgefährliche Krankheit „Botulismus" hervorrufen.

Für den Verbraucher bedeutet das Verderben von Lebensmitteln also eine gesundheitliche Gefahr und wirtschaftlichen Schaden. Wir können dem vorbeugen durch
- regelmäßige Überwachung unseres Vorrats;
- rechtzeitigen Verbrauch der Lebensmittel und vor allem
- durch richtige Lagerung.

Aufgabe:
Es wurden folgende Lebensmittel eingekauft: Nudeln, Knäckebrot, Tomaten, Joghurt, Brot, Salamiwurst, Ananas in Dosen. Wo sollen die Waren gelagert werden?

Sachgemäße Lagerung schützt vor Lebensmittelverderb

Die Lagerungsbedingungen richten sich nach der Art der Lebensmittel und nach ihrer Anfälligkeit gegenüber den verschiedenen Arten des Verderbs. Wir unterscheiden:
- Frischvorräte mit kurzer Haltbarkeit (z. B. Fleisch, Milch)
- Frischvorräte mit längerer Haltbarkeit (z. B. Äpfel, Kartoffeln)

- Trockenvorräte mit langer Haltbarkeit (z. B. Mehl, Zucker, Kakao)
- Konserven mit Angabe der Mindesthaltbarkeit (z. B. Wurst in Dosen)
- Tiefgefrierwaren mit Angabe der Mindesthaltbarkeit (z. B. Fischstäbchen)

Aufgabe:
Entwirf eine Vorratsliste, mit der man den Lebensmittelvorrat im Haushalt überwachen kann.

Schädigungen durch physikalische Vorgänge vermeiden wir hauptsächlich durch Lagerung bei einer für die Lebensmittel günstigen **Luftfeuchtigkeit**. Trockenwaren lagern wir z. B. gut verpackt in einem trockenen Vorratsschrank, Kartoffeln in einem luftigen Keller mit hoher Luftfeuchtigkeit.

Größte Bedeutung kommt der **Lagertemperatur** zu. Biochemische und mikrobiologische Vorgänge verlaufen in der Kälte langsamer als in der Wärme. Leicht verderbliche Frischwaren werden daher unmittelbar nach dem Einkauf in den Kühlschrank gelegt, Tiefgefrierkost in ein Tiefkühlfach.

Verlusten durch tierische Schädlinge können wir vorbeugen durch **dichtes Verpackungsmaterial** und große **Reinlichkeit** in den Regalen und Schränken.

Lagerdauer* von Lebensmitteln in Haushaltskühlschränken bei + 2 °C bis + 6 °C

Lebensmittel	Lagerdauer in Tagen
Hackfleisch	bis 1
Fleisch, roh	4 bis 5
Fleisch, zubereitet	3 bis 6
Fisch, frisch	1 bis 2
Fisch, zubereitet	2 bis 4
Wurst, frisch	1 bis 2
Milch, Rahm	4 bis 5
Wurst, angeräuchert	3 bis 4
Speisen, zubereitet	1 bis 4
Butter, Vorrat	10 bis 14
Eier	10 bis 14
Salat, Blattgemüse	4 bis 5
Wurzelgemüse	10 bis 30
Beerenobst	5 bis 10
Steinobst	7 bis 10
Zitrusfrüchte	10 bis 20

*** Verdampferfach Tiefkühlfach

* gilt für frische Ausgangsware, gewährleistet noch gute Qualität bei der Entnahme; zubereitete Speisen müssen nach dem Garen schnell heruntergekühlt werden.

Lagerfristen für Gefrierkost bei Minustemperaturen

Im **Verdampferfach** oder **1*-Fach** des Kühlschranks −6 °C

Eiskrem	4 Stunden
Fisch Hackfleisch gezuckertes Obst	1−2 Tage
alle übrigen Artikel	2−3 Tage

Im **2**-Fach** des Kühlschranks −12 °C

Eiskrem	6−24 Stunden
Fisch, Hackfleisch, gezuckertes Obst	3−7 Tage
alle übrigen Artikel	2 Wochen

Im **3***-Fach** des Kühlschranks −18 °C oder im Gefriergerät −18 °C

Fertiggerichte, Fettfisch, Hackfleisch	2−3 Monate
alle übrigen Artikel	3 Monate

6. Haltbarmachung von Lebensmitteln im Haushalt

Der Lebensmittelvorrat im privaten Haushalt enthält meist auch Konserven. Als Konserven bezeichnet man nicht nur Lebensmittel in Dosen, sondern alle haltbar gemachten Lebensmittel. Wir können Konserven schon fertig kaufen oder selbst Lebensmittel haltbar machen. Obwohl das Angebot an Konserven sehr groß ist, werden auch heute noch in vielen Haushalten Lebensmittel haltbar gemacht. Das „Selbsteingemachte" schätzen wir aus folgenden Gründen besonders:

● Man kann dem Eingemachten eine individuelle Geschmacksrichtung geben.
● Die Herkunft und die Qualität der verwendeten Lebensmittel sind weitgehend kontrollierbar.
● Obst und Gemüse aus dem eigenen Garten können verwendet werden.
● Sonderangebote an Obst und Gemüse können genutzt werden.

Durch das Konservieren wird vor allem das Verderben durch mikrobiologische Vorgänge (Schimmel, Gärung und Fäulnis) verhindert. Die meisten Mikroorganismen benötigen zum Leben Wasser, Wärme, Nahrung und zum Teil auch Luft. Durch Hitze über 80 °C werden die Kleinlebewesen abgetötet. Bei Temperaturen unter − 15 °C können sie nicht wachsen. Sie überleben aber und werden bei einer höheren Temperatur sofort wieder aktiv.

Die verschiedenen Arten des Haltbarmachens beruhen auf folgenden Vorgängen:
– Abtöten der Kleinlebewesen
– Verhüten des erneuten Befalls mit Mikroorganismen durch geeigneten Verschluß
– Verhinderung der Aktivität von Mikroorganismen durch Entzug der Lebensbedingungen

Die Verfahren, mit denen dies erreicht wird, teilt man ein in
– physikalische Verfahren
  z. B. Anwendung von Hitze oder Kälte, Entzug von Luft
– chemische Verfahren
  z. B. Säuern, Salzen, Zuckern, Räuchern, Einlegen in Alkohol

Aufgaben:
1. Beschreibe Haushalte, für die sich das Selbstkonservieren lohnt.
2. Erkläre, warum die abgebildeten Lebensmittel über längere Zeit nicht verderben.

6.1 Tiefgefrieren – ein ganz heißer Tip

Die Haltbarmachung geschieht beim Tiefgefrieren dadurch, daß den Mikroorganismen die Lebensbedingung Wärme entzogen wird. Diese können dadurch keine Verderbensvorgänge mehr bewirken, werden aber nicht abgetötet. Veränderungen von Lebensmitteln, die von Enzymen verursacht werden, können allerdings auch bei sehr niedrigen Temperaturen stattfinden, z. B. wird Fett ranzig.
Für Haushalte, die ein Tiefkühlgerät besitzen, ist das Konservieren durch Tiefgefrieren aus folgenden Gründen zu empfehlen:

Tiefgefrieren ist die schonendste Art der Haltbarmachung

Die Nähr- und Wirkstoffe in den Lebensmitteln bleiben größtenteils erhalten. Aussehen, Geschmack, Aroma und Farbe sind monatelang fast unverändert.

Tiefgefrieren spart Zeit

Der Zeitaufwand zum Einfrieren ist im allgemeinen geringer als zum Sterilisieren.

Tiefgefrierkost ist küchen- oder eßfertig

Der Arbeitsaufwand für putzen, waschen, zerkleinern oder zubereiten der Lebensmittel entsteht beim Haltbarmachen. Für den Zeitpunkt der Verwendung jedoch bedeutet dies eine Arbeitsersparnis.

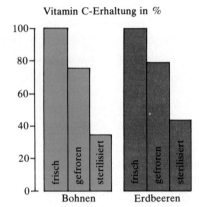

Aufgabe:

Ein Bohnensalat soll zubereitet werden. Es sind tiefgefrorene und sterilisierte Bohnen vorrätig. Welche verwendest du? Begründe die Wahl.

Vorbereitungen zum Tiefgefrieren

Lebensmittel auswählen

Die Lebensmittel, die tiefgefroren werden, sollen frisch und von guter Qualität sein. Nicht alles eignet sich gleich gut zum Tiefgefrieren. Während man bei Fleisch, Fisch, Brot, Bohnen, Zwetschgen oder Johannisbeeren gute Ergebnisse erzielt, eignet sich z. B. Blattsalat überhaupt nicht zum Einfrieren. Obst, das sich verfärbt, wird am besten gegart und mit Zuckerwasser bedeckt tiefgefroren (Beispiel: Äpfel).

Reinigen und Zerkleinern

Die Lebensmittel werden gewaschen, ungenießbare Teile werden entfernt. Je nach Verwendung muß man die vorbereiteten Lebensmittel zerkleinern.

Der Verbraucherdienst AID des Bundesministeriums für Ernährung, Landwirtschaft und Forsten (Postfach 200 708, Konstantinstr. 124, 5300 Bonn 2) hat Lebensmittel zusammengestellt, die sich gut für das Tiefgefrieren eignen. Die Broschüre heißt: „Gefrierkost – Tiefgefrierkost von A bis Z". Du kannst sie dir kostenlos zusenden lassen.

Blanchieren

Gemüse wird vor dem Einfrieren blanchiert. Blanchieren bedeutet eine kurze Wärmebehandlung in kochendem Wasser. Dies hat zwar einen Verlust von hitzeempfindlichen Vitaminen zur Folge, aber die im Gefriergut vorhandenen Enzyme werden durch die Hitze unwirksam gemacht. Diese Enzyme würden im gefrorenen Lebensmittel auf die Dauer eine Qualitätsminderung verursachen. Durch das Blanchieren wird außerdem die Farbe von grünen Gemüsen erhalten. Manche Sorten lassen sich nach dem Blanchieren platzsparender verpacken.

Zum Blanchieren gibt man das geputzte Gemüse (höchstens 1 kg) in siedendes Wasser und kocht es 2–3 Minuten. Danach läßt man es in kaltem Wasser mit Eiswürfeln abkühlen und auf einem Sieb gut abtropfen.

Verpacken

Die Lebensmittel sollten möglichst dicht verpackt werden, damit sie nicht austrocknen. Es eignen sich Kunststoffbeutel (nicht zu dünn: 0,05–0,1 mm stark), Aluminiumfolie oder -behälter und Kunststoffdosen.

Kennzeichnen

Vor dem Eingefrieren beschriftet man die verpackten Lebensmittel und trägt das Gefriergut in eine Lagerliste ein. Sinnvoll ist es, ein Haltbarkeitsdatum zu notieren. Die mögliche Lagerdauer ist für die einzelnen Lebensmittel unterschiedlich (vgl. die nebenstehende Tabelle).

Temperatur im Gefriergerät absenken

Zum Tiefgefrieren wird das Tiefkühlgerät einige Stunden vorher auf höchste Leistung gestellt. Im Vorgefrierfach werden die Lebensmittel besonders schnell bis auf den Kern durchgefroren. Nach 24 Stunden schichtet man das Gefriergut in andere Lagerfächer und -körbe um. Damit die Temperatur im Gerät nicht zu stark ansteigt, sollte man nicht zu viel auf einmal einfrieren.

Was hält sich wie lange in der Tiefkühltruhe?

Lagerdauer in Monaten bei −18°C												
	1	2	3	4	5	6	7	8	9	10	11	12
Rindfleisch	▸	▸	▸	▸	▸	▸	▸	▸	▸			
Schweinefleisch mager	▸	▸	▸	▸	▸	▸						
Schweinefleisch fett	▸	▸	▸	▸								
Hähnchen	▸	▸	▸	▸	▸	▸	▸					
Fisch	▸	▸	▸									
Gemüse, Obst	▸	▸	▸	▸	▸	▸	▸	▸	▸	▸	▸	▸
Käse	▸	▸	▸	▸	▸	▸						
Sahne	▸	▸	▸									
Kuchen, Kleingebäck	▸	▸	▸	▸	▸	▸						
Fertiggerichte	▸	▸	▸	▸	▸	▸						

Aufgabe:

Mit Hilfe der Tabelle kannst du herausfinden, wovon die Lagerdauer tiefgefrorener Lebensmittel abhängt.

Was geschieht beim Schockgefrieren?

Eine gute Qualität des Gefriergutes erreichen wir nur, wenn das Einfrieren sehr rasch bei sehr tiefen Temperaturen geschieht.

Werden Lebensmittel langsam eingefroren, d.h. bei Temperaturen zwischen 0 und $-5\,°C$, so erfrieren sie. Man kann dies gut bei Kartoffeln beobachten, die im Keller nicht frostsicher gelagert worden sind: Sie schmecken süß, verfärben sich und faulen schnell.

Zum Schockgefrieren ist eine Temperatur von mindestens $-25\,°C$ notwendig.

Nur in Gefriergeräten, die mit dem 4-Sterne-Zeichen gekennzeichnet sind, werden so tiefe Temperaturen erreicht.

Zum Lagern reicht eine Temperatur von $-18\,°C$.

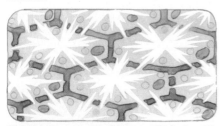

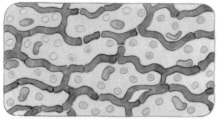

Aufgabe:
Erkunde in Fachgeschäften, welche Gefriergeräte sich zum Einfrieren von Lebensmitteln eignen und in welchen Gefrierkost nur gelagert werden kann.

Bei langsamem Einfrieren z. B. bei $-5°$ „wachsen" große Eiskristalle, die Zellwände des Lebensmittels werden zerstört.

Werden langsam eingefrorene Lebensmittel aufgetaut, kann die Flüssigkeit in und zwischen den Zellen nicht mehr festgehalten werden, der Saft läuft aus. Sie fallen in sich zusammen, schmecken fade und verderben rasch.

Werden die Lebensmittel dagegen plötzlich sehr niedrigen Temperaturen unter $-25\,°C$ ausgesetzt, spricht man vom Schockfrosten oder dem sachgerechten Tiefgefrieren.

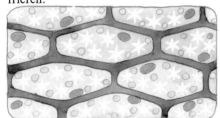

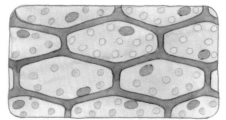

Dabei bilden sich nur kleine Eiskristalle in den Zellen. Die Zellwände werden nicht zerstört.

Werden diese Lebensmittel aufgetaut, verteilt sich die Flüssigkeit in den Zellen fast so wie vor dem Tiefgefrieren. Die ursprüngliche Beschaffenheit bleibt weitgehend erhalten, und die Lebensmittel sehen fast so frisch aus wie vor dem Tiefgefrieren.

Aufgepaßt bei der Verwendung von Tiefkühlkost

Je nach Art, Größe und Verwendungszweck der Nahrungsmittel wird die Tiefkühlkost gefroren, angetaut oder aufgetaut zubereitet.

Gefroren	**Angetaut**	**Aufgetaut**
(das Lebensmittel ist noch vollkommen hart) können alle Portionsstücke von Fleisch, Fisch und Geflügel zubereitet werden, außerdem auch Stückgemüse, Kartoffelkroketten, Kartoffelklöße, Pommes frites, Reibekuchen, Kräuter, Fertiggerichte, rohe Backwaren wie Apfelstrudel oder Blätterteigtaschen.	(das Lebensmittel ist außen schon weich, innen aber noch hart gefroren) können alle 2–6 cm dicken Fleisch- und Geflügelstücke zubereitet werden, auch das Obst für Kuchen und Tortenbeläge, Früchte für Mixgetränke und alles, was noch gewürzt und paniert werden muß. Eistorten und Speiseeis werden in leicht angetautem Zustand serviert.	(das Lebensmittel ist durch und durch weich) sollten Fleisch-, Fisch- und Geflügelteile, die dicker als 6 cm sind oder ganzes Geflügel und große, ganze Fische zubereitet werden. Auch Teige und fertige Backwaren erst ganz auftauen lassen, bevor man sie weiter verarbeitet. Natürlich auch Lebensmittel, die man zum Rohverzehr verwendet, ganz auftauen.

Auftauzeit von gefrorenem Fleisch im Vergleich

	Zimmertemperatur etwa 20°C	Kühlschrank etwa 2–8°C	Elektrischer Backofen ohne Heißluftgebläse	Elektrischer Backofen mit Heißluftgebläse	Mikrowellenherd Auftaustellung	Eine ideale Ergänzung zur Tiefkühlkost ist ein Mikrowellenherd, der entweder nur zum Auftauen oder zum Auftauen und Erwärmen oder zum Auftauen und Garen in einem Arbeitsgang verwendet werden kann.
Fleisch 1000 g	6–8 Std.	12–15 Std.	120–150 Min. Einstellung 50–75°C	90–100 Min. Einstellung 90°C	25–30 Min.	

Stark angetaute oder aufgetaute Lebensmittel dürfen nicht ein zweites Mal eingefroren werden. Werden sie nicht sofort verwendet, so muß man sie garen. Danach können sie wieder eingefroren werden. Beim Antauen werden die Mikroorganismen wieder wirksam und der Prozeß des Verderbens beginnt.

Besondere Vorsicht ist bei der Verwendung von tiefgefrorenem Geflügel geboten. Es kann Salmonellen enthalten. Salmonellen sind Bakterien, die eine infektiöse Darmkrankheit verursachen. Beim Schockfrosten sterben Salmonellen nicht ab, ihre Vermehrung wird lediglich stark verlangsamt. Sicher abgetötet werden sie nur, wenn beim Garungsprozeß auch im Kern des Lebensmittels mindestens + 75°C erreicht werden, was eine Außentemperatur von etwa 200°C voraussetzt.

Beachte daher bei der Verarbeitung von aufgetautem Geflügel: Verpackung wegwerfen und Abtauwasser abgießen, damit beides nicht mit anderen Lebensmitteln in Berührung kommt. Geflügel gründlich waschen, dann Hände reinigen. Geflügel ganz durchgaren.

Aufgabe:

Ein Päckchen gefrorenes Hackfleisch ist leicht angetaut. Du kannst es nicht in den heutigen Speiseplan einbauen. Was tust du damit?

6.2 Süßer Vorrat: Marmelade

Marmelade wird durch Zucker, Hitze und Pektin haltbar gemacht. Zucker wirkt hygroskopisch, d. h. er entzieht den Bakterien Zellflüssigkeit und nimmt ihnen damit die Lebensfähigkeit. Beim Erhitzen der Marmelade werden Mikroorganismen abgetötet, außerdem verdunstet Wasser. Die Marmelade wird beim Kochen dickflüssig, sie „geliert".

Die Gelierfähigkeit von Marmelade hängt mit dem Pektingehalt der Früchte zusammen. Pektin ist ein kohlenhydratähnlicher Stoff, der sich in den Zellwänden von Pflanzen befindet. In Gegenwart von Zucker und Säuren besitzen Pektine eine starke Quellfähigkeit. Sie binden Wasser an sich und schließen damit die Zellflüssigkeit von Bakterien ein. Die Bakterien werden so unschädlich, die Marmelade haltbar.

Unreife Früchte, Kerne und Kerngehäuse enthalten besonders viel Pektine. In vielen Obstarten genügt der natürliche Pektingehalt nicht; hier kann man durch Zugabe von gekauften Geliermitteln die Quellfähigkeit der Marmelade erhöhen.

Geliermittel gibt es im Handel:

in flüssiger Form
in Pulverform
dem Zucker beigemischt als Gelierzucker

Die Geliermittel bestehen aus Pektinkonzentraten, Zitronen- und Weinsäure. Oft enthalten sie Ascorbinsäure, die das Aussehen der Marmelade verbessert. Teilweise ist auch ein chemischer Konservierungsstoff, Sorbinsäure, beigemischt. Die Rezeptangaben, die diesen Geliermitteln beiliegen, müssen beachtet werden, weil sonst die Haltbarkeit der Marmelade beeinträchtigt wird.

Marmeladengläser werden mit Cellophanpapier oder mit Schraubdeckeln verschlossen, um den Inhalt vor dem Austrocknen und vor dem Eindringen von Staub zu schützen. Sie werden kühl und dunkel gelagert.

**Roh gerührte Marmelade:
ein Leckerbissen**
Das Erhitzen der Marmelade kann auch entfallen, wenn pektinhaltige Früchte mit Zucker so lange gerührt werden, bis der Zucker ganz gelöst ist. Hier konservieren nur der Zucker und das natürliche Pektin der Früchte. Bei dieser Methode bleiben Vitamin C und Eigengeschmack der Früchte besser erhalten.
Beispiel für roh gerührte Marmelade:
500 g Johannisbeeren
500 g Zucker
Die Zutaten so lange rühren, bis der Zucker ganz gelöst ist.

Aufgabe:
Erkläre anhand von Foto und Text die Gründe für die Haltbarkeit von Marmelade.

Zubereiten von Marmelade

Vorbereiten
- Früchte waschen, evtl. entsteinen, kleinschneiden oder pürieren
- mit dem Zucker mischen

Einkochen
- Masse unter Rühren zum Kochen bringen, ca. 5 Minuten kochen lassen (siehe Angabe auf dem verwendeten Geliermittel); dazu einen flachen Topf verwenden, damit möglichst viel Wasser verdampft
- Gelierprobe machen: Marmelade mit einem Kochlöffel auf einen Teller tropfen; fällt sie langsam ab und geliert nach dem Erkalten, ist sie genügend eingedickt

Einfüllen
- die gründlich gereinigten Gläser heiß ausspülen, zum Trocknen auf ein Tuch stürzen
- Marmelade einfüllen, dabei das Glas auf einen Teller stellen
- Gläser außen sauber abwischen

Verschließen und Beschriften
- Gläser mit angefeuchtetem Cellophanpapier abdecken und zubinden oder die randvollen Gläser mit Schraubdeckeln verschließen
- Gläser beschriften

Grundrezept Marmelade
500 g Früchte (z. B. Erdbeeren, Himbeeren, Zwetschgen)
500 g Gelierzucker

1

2

3

4

6.3 Sterilisieren von Obst und Gemüse

Sterilisieren ist ein Verfahren, bei dem durch Abtöten der vorhandenen Bakterien und durch Luftabschluß Lebensmittel haltbar gemacht werden. Während des Erhitzens wird Wasser zu Dampf – Bläschen steigen hoch –, Luft dehnt sich aus und entweicht. Durch das Abkühlen zieht sich die restliche Luft im Einmachglas wieder zusammen. Die Klammer drückt auf den Deckel, so daß keine Luft von außen nachströmen kann.

Es entsteht ein Unterdruck. Die Außenluft drückt den Deckel auf das Glas. Sobald Luft in das Glasinnere gelangt, öffnet sich der Deckel.

Gutes Gelingen hängt von der richtigen Vorbereitung ab. Deshalb beachte ein paar Regeln.

1. Sämtliche Gläser, Deckel und Ringe müssen unbeschädigt sein.
2. Gläser und Deckel müssen fettfrei sein, deshalb werden sie in heißer Spülmittellauge gereinigt und in heißem Wasser nachgespült. Gummiringe sollten ebenfalls in heißer Spülmittellauge ausgewaschen werden. Bis zur Verwendung werden sie in kaltem Wasser bereit gehalten.
3. Gläser läßt man auf einem sauberen Geschirrtuch abtropfen.
4. Beim Einfüllen muß der Glasrand sauber bleiben. Einkochgut wird nur bis 2 cm unter den Glasrand eingefüllt, breiiges Gut, z. B. Apfelmus nur bis zu 4 cm unter den Glasrand.
5. Nach dem Einfüllen wird der Glasrand sauber abgewischt, der Gummiring naß aufgelegt und das Glas wird mit Deckel und Klammer verschlossen.
6. Nach der Einkochzeit sollen die Gläser langsam abkühlen.
7. Die Gläser werden beschriftet und kühl und dunkel aufbewahrt.

Zum Sterilisieren eignen sich
– der Kochtopf
– der Sterilisiertopf
– der Schnellkochtopf
– der elektrische Backofen

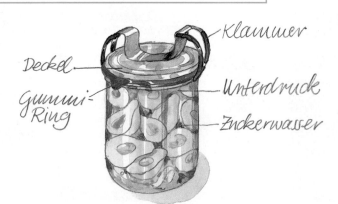

Grundrezept/Sterilisiertes Obst

Je 1 l-Glas:

750–1000 g	
entsteintes Obst	*einfüllen*
2 Eßl. Zucker	*darüberstreuen*
Wasser	*bis 2 cm unter den Rand auffüllen*

Die Sterilisierzeiten richten sich nach dem Einmachgut.

Beispiele für Zeiten im Sterilisiertopf

	Zeit	Temperatur
Erdbeeren	20′	75 °C
Kirschen	25′	80 °C
Birnen	30′	90 °C
Bohnen	90′	98 °C

Aufgabe:

Begründe die unterschiedlichen Sterilisierzeiten und Temperaturen aus den Eigenschaften des Einmachguts.

Eindünsten im Sterilisiertopf bei 75–98 °C

für kleine Mengen eignet sich auch der Kochtopf.
- Grundsätzlich dürfen die Gläser nicht direkt auf dem Topfboden stehen. Man stellt sie auf einen Topfeinsatz oder auf ein gefaltetes Tuch.
- Gläser mindestens bis zur Hälfte ins Wasser stellen.
- In einigen Sterilisiergeräten sind Thermometer oder Temperaturregler eingebaut, die eine gleichmäßige Temperaturüberwachung möglich machen.
- Bei jedem Sterilisiergerät muß die Gebrauchsanweisung beachtet werden.

Eindünsten im Backofen bei 175 °C

- Man stellt die Gläser in eine mit Wasser gefüllte Bratpfanne auf die unterste Schiene.
- Die Gläser sollen etwa 2 cm im Wasser stehen.
- Den Temperaturregler auf 175 °C einstellen.

Die Einkochzeit beginnt, wenn die Flüssigkeit in allen Gläsern perlt (nach 50–70 Minuten). Von diesem Zeitpunkt an gelten die Sterilisierzeiten.

- Die Energiezufuhr wird bei Obst und Gurken abgeschaltet, wenn die Flüssigkeit begonnen hat zu perlen.
- Bei Gemüse schaltet man dann auf 150 °C zurück.
- Für die Dauer der Einkochzeit müssen die Gläser bei geschlossener Tür im Backofen stehen.
- die Gebrauchsanleitung des jeweiligen Backofens sollte zusätzlich berücksichtigt werden.

Eindünsten im Schnellkochtopf bei 109–116 °C

- Für den Schnellkopftopf gelten kürzere Einkochzeiten, weil er mit Überdruck arbeitet.
- Nach Beendigung der Einkochzeit darf der Schnellkochtopf keinesfalls mit Wasser abgekühlt oder abgedampft werden.
- Die Gläser dürfen nicht direkt auf den Boden gestellt werden, sondern auf den Locheinsatz des Schnellkochtopfes.

Aufgabe:
Vergleiche die verschiedenen Sterilisiergeräte miteinander
a) nach Fassungsvermögen;
b) nach Arbeitsaufwand (Bereitstellen von Geräten, Spülen, Aufräumarbeiten).

Übersicht über die wichtigsten Arten der Konservierung

Konservierung	haltbar durch	Art des Verfahrens	Beispiele
Tiefgefrieren	Wärmeentzug	physikalisch	Obst, Gemüse, Fleisch
Sterilisieren	Hitzeeinwirkung	physikalisch	Obst, Gemüse, Fleisch
Dampfentsaften	Hitzeeinwirkung	physikalisch	Obst, Gemüse
Marmelade bereiten	Wirkung von Zucker, Pektin und Hitze	chemisch und physikalisch	Obst
in Alkohol einlegen	Abtöten der Kleinlebewesen durch Alkohol	chemisch	Früchte im Rumtopf
in Essig einlegen	Hemmung der Mikroorganismen durch Säure	chemisch	Essiggurken
Sauerkraut-bereitung	Milchsäurebakterien bilden im eingestampften, gesalzenen Weißkraut Milchsäure, die andere Mikroorganismen hemmt	chemisch-biologisch	Sauerkraut
Räuchern	Hemmung der Mikroorganismen durch Bestandteile des Rauchs und Wasserentzug	chemisch und physikalisch	Fleisch, Wurst, Fisch
Trocknen	Wasserentzug	physikalisch	Dörrobst
Bestrahlen	durch Bestrahlen können Mikroorganismen abgetötet werden	physikalisch	in der Bundesrepublik nur in Ausnahmefällen erlaubt

Aufgaben:
1. Vergleiche verschiedene Rezepte zum Einlegen von Essiggurken.
2. Vergleiche verschiedene Rumtopfrezepte hinsichtlich ihrer Auswahl von Früchten.

Textiles Werken

1. Textilien begleiten uns durchs Leben

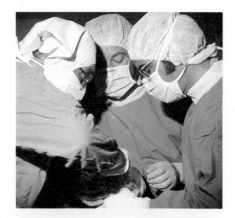 

 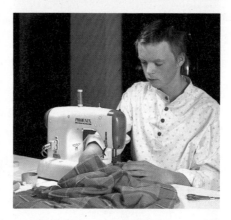

Kleidung, Wohnraumtextilien, Haushaltswäsche und viele andere Gegenstände aus textilen Materialien begleiten uns Tag für Tag.

In manchen Lebenssituationen gewinnen Textilien besondere Bedeutung:

- Feste und Feiern wären ohne sie ohne Schmuck und Glanz.
- Sie geben uns die Möglichkeit, selbst schöne Dinge zu gestalten und anderen etwas Persönliches zu schenken.
- Viele Menschen verdienen ihren Lebensunterhalt in Berufen, die direkt oder auch nur indirekt mit Textilien zu tun haben.
- In Notsituationen können Textilien zu unentbehrlichen Helfern werden.

Aufgabe:
Überlege, welche Bedeutung Textilien in verschiedenen Lebensbereichen haben:
– im Haushalt
– beim Sport
– im medizinischen Bereich
– im technischen Bereich
und für dich persönlich.

2. Von der Faser zur Fläche

Die kleinsten Bausteine einer Textilie sind die **Fasern**. Sie werden auch textile Rohstoffe genannt.

Die unzerschnittenen, fortlaufenden Chemiefasern bezeichnet man als Endlosfasern. Sie werden z. B. für Perlonstrumpfhosen verwendet. Fasern mit begrenzter Länge, also Naturfasern oder geschnittene Chemiefasern, heißen Spinnfasern.

Fasern werden zu **Garnen** zusammengefügt, versponnen oder gebündelt. Wichtig für die Eigenschaften eines Garns sind neben der Faserart die Faserzahl im Querschnitt, die Stärke der Drehung und der Aufbau.

Garne können auf vielfältige Weise zu **Flächen** verbunden werden, z. B. durch Verschlingen (Strickware), Verkreuzen (Gewebe) oder Verknoten (Netze). Es ist aber auch möglich, Fasern direkt zu Flächen zu verarbeiten. Das älteste Verfahren ist das Filzen, das nur mit Wollfasern gelingt.

Textile Flächen, aber auch nicht textile Flächen wie Leder und Folien, werden zu Gebrauchsgegenständen verarbeitet wie Kleidung, Haushalts- und Wohnraumtextilien oder auch zu medizinischen und technischen Textilien.

Aufgabe:
Versuche mit Hilfe von Lupe oder Mikroskop die Anzahl der Fasern in verschiedenen Garnen festzustellen.

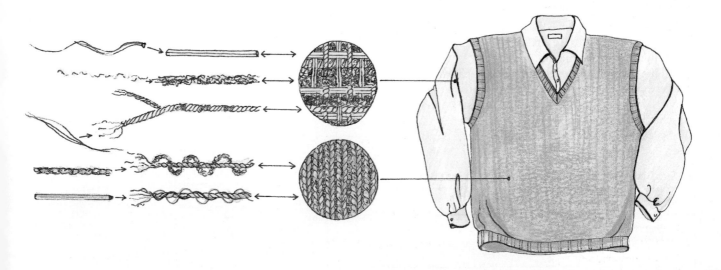

3. Fasern aus der Natur

Die Verarbeitung von Naturfasern begann in der Jungsteinzeit als Menschen lernten, Vieh zu züchten, Ackerbau zu treiben und zu töpfern. Nur Ausgrabungsfunde geben uns Hinweise. Schon 6000 v. Chr. wurde in der Türkei Wolle verwebt. Die Gewinnung des Seidenfadens war ein Geheimnis, das die Chinesen mehr als 2000 Jahre unter Androhung der Todesstrafe hüteten. Der Ursprung der Baumwolle ist in Indien zu suchen. Aber auch indianische Stämme in Mittel- und Südamerika kannten die Baumwollverarbeitung. Leinen hatte im Altertum bei vielen Völkern des Mittelmeerraums große Bedeutung.

Bei uns bekleideten sich die meisten Menschen in Stadt und Land bis ins 18. Jahrhundert mit Stoffen aus Wolle oder Leinen, aber auch aus Hanf und Mischungen aus Leinen/Baumwolle oder Leinen/Wolle. Seide, feine Baumwollstoffe und gute Wolltuche waren Luxusgüter. In Süddeutschland wurde Leinen noch bis vor 30 Jahren angebaut, verarbeitet und gehandelt. Ravensburger Leinen war einst berühmt. Im 14. Jahrhundert fand die Baumwollverarbeitung von Italien aus Verbreitung. Konstanz war wahrscheinlich die erste Stadt Deutschlands, in der Baumwolle versponnen wurde. Als Schußgarn mit einer leinenen Kette verwebte man Baumwolle zu Barchent. Macht und Reichtum süddeutscher Städte wie Augsburg, Ulm und Ravensburg hatten im Mittelalter ihren Grund in der Barchentweberei.

Der Siegeszug der Baumwolle ging von Nordamerika aus. Die Gewinnung der Baumwolle verlangte viel Handarbeit, so versklavte man schwarze Afrikaner. Auf einer Baumwollpflanzung mittlerer Größe arbeiteten 150 bis 200 Sklaven. Mit der Erfindung von Verarbeitungsmaschinen, vor allem der Entkernungsmaschine (1792), war der entscheidende Schritt zur Massenproduktion getan. Konnte bisher ein Sklave nur 1/2 kg Baumwolle an einem Arbeitstag entkernen, so schafften von nun an Maschinen bis 1400 kg an einem Tag.

Die bedeutendsten Naturfasern sind bis heute Schafwolle, Baumwolle, Leinen und Seide.

Im Pilgerstab nach Europa

Auf der „Seidenstraße" brachten Karawanen Seide aus China in das antike Rom und Byzanz. Dort wurde sie wie Gold bewertet. Deshalb schickte Kaiser Justinian um 550 n. Chr. zwei Mönche aus, um die Seidenkultur auszuspionieren. Sie brachten in hohlen Pilgerstöcken Eier des Maulbeerspinners nach Europa. In Italien und Südfrankreich entwickelte sich eine Seidenproduktion. Heute kommt Seide aus China, Japan, Korea und Indien zu uns.

Aus den winzigen Eiern des Maulbeerspinners schlüpft eine Raupe, die in vier bis sechs Wochen um das 7000–9000fache ihres Schlupfgewichts zunimmt. Sie ernährt sich ausschließlich von den Blättern des Maulbeerbaums. Während des Einspinnens preßt sie einen feinen, festen, verklebten Doppelfaden aus zwei Drüsen am Kopf und legt ihn in etwa 1,2 Millionen achtförmigen Schleifen um sich herum. Sie verpuppt sich mit einer Geschwindigkeit von 46 Fadenmetern pro Stunde und stellt einen etwa 1000–4000 m langen Faden her. Bevor der Falter schlüpft, wird er abgetötet. Das Gespinst (Kokon) weicht man anschließend im heißen Wasser auf, damit sich der feine Seidenfaden abwickeln läßt.

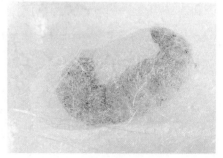

Seidenraupe beim Einspinnen.

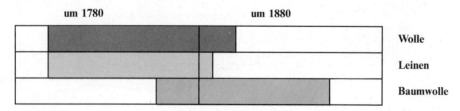

Schätzung des Anteils von Wolle, Leinen und Baumwolle am Gesamtfaserverbrauch für Bekleidung in Europa

um 1780	um 1880	
		Wolle
		Leinen
		Baumwolle

Übersicht über die Naturfasern

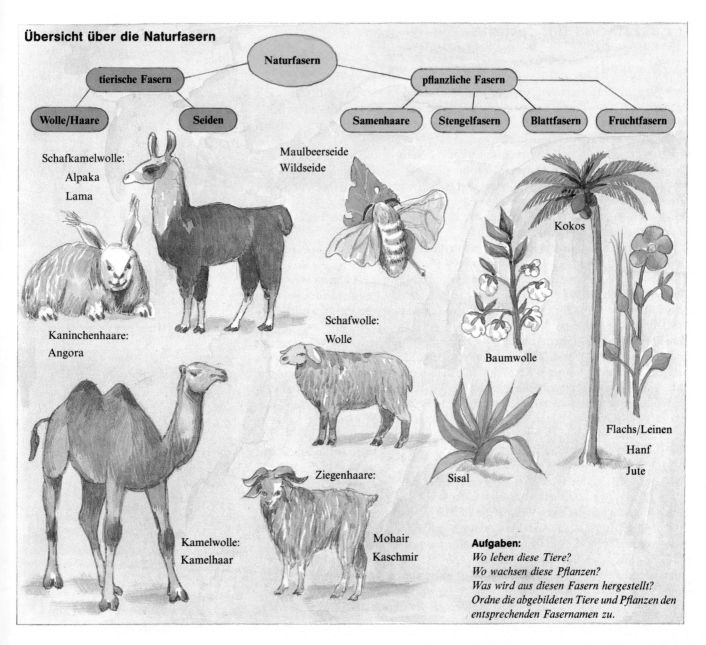

Naturfasern

tierische Fasern

pflanzliche Fasern

Wolle/Haare **Seiden**

Samenhaare **Stengelfasern** **Blattfasern** **Fruchtfasern**

Schafkamelwolle:
Alpaka
Lama

Maulbeerseide
Wildseide

Kokos

Kaninchenhaare:
Angora

Schafwolle:
Wolle

Baumwolle

Flachs/Leinen
Hanf
Jute

Sisal

Kamelwolle:
Kamelhaar

Ziegenhaare:

Mohair
Kaschmir

Aufgaben:
Wo leben diese Tiere?
Wo wachsen diese Pflanzen?
Was wird aus diesen Fasern hergestellt?
*Ordne die abgebildeten Tiere und Pflanzen den
entsprechenden Fasernamen zu.*

4. Fasern aus der Retorte

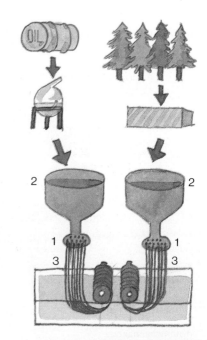

Auf Klassenfahrt:

Nach Besichtigung einer Strickwarenfabrik auf der Schwäbischen Alb haben die Schüler der Klasse 7 noch Gelegenheit, Textilingenieur Seifert Fragen zu stellen.

Andreas: Sie haben vorhin immer von Chemiefasern gesprochen, die hier verarbeitet werden. Was sind das für Fasern?

Seifert: Chemiefasern sind Fasern, die nicht in der Natur vorkommen, sondern von Menschen gemacht werden. Ohne die Hilfe der Chemie, das Wissen über den Aufbau von Stoffen und die vielen notwendigen Chemikalien wäre das nicht möglich. Daher der Name Chemiefasern. Perlon z. B. ist eine Chemiefaser.

Renate: Ich kann mir nicht vorstellen, wie man so feine Fäden wie beim Perlonstrumpf überhaupt machen kann!

Seifert: Das ist auch nicht so einfach. Perlonstrümpfe z. B. kennt man erst seit dem Zweiten Weltkrieg.

Faserherstellung ist aber im Prinzip gar nicht so schwer zu verstehen:

Menschen haben schon lange beobachtet, wie Spinnen und Raupen Fäden spinnen. Beim Erspinnen von Fäden sind zwei Dinge von besonderer Bedeutung: die Spinnmasse und die Spinndüse.

Die Spinndüse ist das Instrument, das die Spinnmasse in Fäden zerteilt (1). Denkt an eine Brause, die das Wasser in feine Strahlen zerlegt. Eine Spinndüse kann mehr als 1000 Löcher haben von einer Feinheit von einem halben Millimeter und weniger. Nun braucht man aber noch eine Spinnmasse (2), die sich durch die feinen Löcher pressen läßt und anschließend auch noch brauchbare Fäden ergibt. Nach dem Austritt aus der Spinndüse erstarren die weichen Fäden (3) an der Luft oder in besonderen Bädern und werden abgezogen.

Oliver: Die Spinnmasse ist also der Rohstoff, aus dem die Fasern gemacht werden?

Seifert: Ja, das ist richtig.

Bettina: Woraus werden diese Spinnmassen hergestellt?

Seifert: Es gibt zwei Möglichkeiten. Entweder man nimmt aus Holz gelöste Zellulose; dann handelt es sich um zellulosische Chemiefasern. Fasern aus reiner Zellulose sind Viskose und Modal. Oder aber man verwendet Kunststoffe als Ausgangsmaterial und gewinnt daraus die synthetischen Chemiefasern, bekannt als Polyacryl, Polyamid, Polyester oder Elasthan.

Renate: Ist es überhaupt wichtig zu wissen, ob es sich um zellulosische oder synthetische Chemiefasern handelt?

Seifert: Sicherlich. Gegenstände aus den gleichen oder ähnlichen Rohstoffen zeigen verwandte Eigenschaften.

Spinndüse im Größenvergleich

Aufgabe:
Erkläre die Herstellung von Chemiefasern anhand des Interviews.

Bettina: Wenn ich das richtig verstanden habe, müßten ja Fasern aus Kunststoff mit Gegenständen aus Kunststoff verwandt sein! – Der Joghurtbecher vielleicht mit der Strumpfhose?

Seifert: Im Prinzip richtig! Ob nun gerade der Joghurtbecher aus Polyamid hergestellt wird, wissen wir nicht. Für Fasern aber werden thermoplastische Kunststoffe bevorzugt wie Polyamide. Ihre Fähigkeit, sich bei Wärme zu verformen, nützt man aus, um z. B. den Fasern dauerhafte Kräuselung zu verleihen oder auch später dauerhafte Falten in Röcken und Hosen einzupressen.

Andreas: Können Sie ein Beispiel nennen, wo Gegenstände und Fasern aus dem selben Kunststoff bestehen?

Seifert: Gewiß. Ihr kennt doch alle Teflon, die Beschichtung von Bratpfannen. Dieses Material, Polytetrafluorethylen, kann zu Fasern für Astronautenanzüge, zu wasserabweisenden Membranen für Regenschutzkleidung, Gore-tex, und zu künstlichen Adern verarbeitet werden.

Andreas: Das ist ja toll! Wie ist man eigentlich auf die Idee gekommen, Kunststoffe zu erfinden und für Fasern zu verwenden?

Seifert: Die ersten Fasern, die man erfunden hatte, waren die zellulosischen Chemiefasern. An ihnen hat man den Aufbau von Fasern erforscht. Man erkannte, daß sie aus Kettenmolekülen bestehen. Nun war man bald in der Lage, aus einfachen Molekülen, den Abbauprodukten des Erdöls, neue Kettenmoleküle zusammenzusetzen. Diesen Vorgang nennt man synthetisieren. Das Zeitalter der Kunststoffe und synthetischen Fasern begann.

Oliver: Haben die Chemiefasern überhaupt eine so große Bedeutung? Wenn ich meine Kleidung so anschaue, ist doch alles meistens aus Baumwolle.

Seifert: Wenn man Jeans und T-Shirts trägt, kann man diese Vorstellung haben. Die Bedeutung der Chemiefasern wird heute noch von vielen unterschätzt. Wer sich aber umschaut und auch Statistiken liest, kann sie klar erkennen.

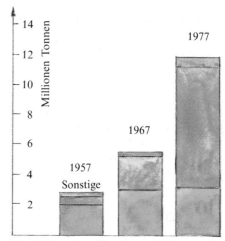

Entwicklung der Chemiefaser-Weltproduktion von 1957 bis 1977

PAC – Polyacryl	PES – Polyester
PA – Polyamid	V – Viskose

Aufgaben:

1. Suche in Katalogen und Prospekten Gebrauchsgegenstände heraus, die überwiegend oder ganz aus Chemiefasern bestehen.

2. Erkundige dich, aus welchen Fasern in der Sportbekleidung hergestellt werden: Badeanzüge, Gymnastikanzüge, Fußball-Trikots, Radrenn-Trikots und Ski-Anzüge

Übersicht über die Chemiefasern

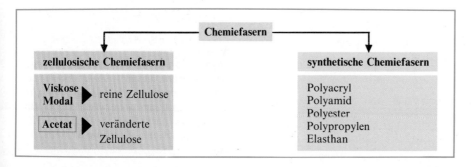

Keine Angst vor Rohstoff- und Markennamen

Die Chemiefaserindustrie gibt den von ihr entwickelten Fasern Markennamen. Um einen Markennamen vor Nachahmung und Mißbrauch zu schützen, kann er beim Deutschen Patentamt registriert werden. Er erhält dann ein ®. Bekannte Markennamen für Chemiefasern sind z. B.:

Polyacryl: Dralon, Dunova, Dolan
Polyamid: Perlon, Antron, Nomex
Polyester: Dacron, Hollofil, Diolen, Trevira
Elasthan: Lycra, Dorlastan

Textilverbrauch 1983 in Kilogramm pro Kopf

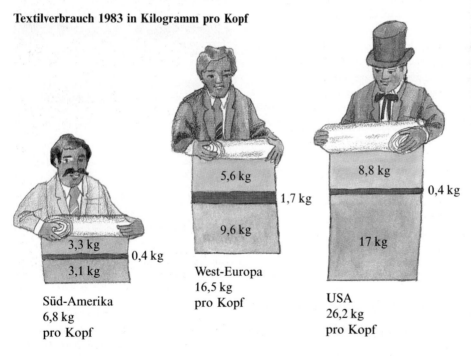

3,3 kg
0,4 kg
3,1 kg

**Süd-Amerika
6,8 kg
pro Kopf**

5,6 kg
1,7 kg
9,6 kg

**West-Europa
16,5 kg
pro Kopf**

8,8 kg
0,4 kg
17 kg

**USA
26,2 kg
pro Kopf**

■ Baumwolle
■ Wolle
■ Chemiefasern

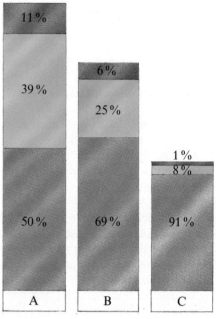

	A	B	C
	11%	6%	1%
	39%	25%	8%
	50%	69%	91%

Faserverarbeitung 1985 nach Einsatzgebieten in der Bundesrepublik Deutschland. (Grün: Baumwolle; Rot: Wolle; Blau: Chemiefasern)
A = Bekleidung
B = Heim- und Haushaltstextilien
C = Technischer Einsatz

Aufgabe:
Stellt alle Artikel in einem 2-Personen-Haushalt zusammen, die aus textilem Material bestehen können. Ordnet sie nach Gruppen, z. B. Bekleidung, Wohnraumtextilien, Haushaltswäsche u. a. Denkt auch an Dinge wie Verbandszeug, Watte, Fußabstreifer, Schirme usw.

5. Versuche und Beobachtungen

Mit einfachen Versuchen kann man viel über die Eigenschaften von Natur- und Chemiefasern erfahren. Damit dir gute Beobachtungen gelingen, mußt du auf folgende Bedingungen achten:

● **Stoffproben/Gegenstände vorwaschen**
  Anhaftender Schmutz oder nicht ausgewaschene Appreturen verändern das Verhalten.

● **auf Ausrüstungen achten**
  Ausrüstungen wie pflegeleicht, knitterfrei oder schmutzabweisend brauchen nicht an der Ware angegeben zu werden. Man kann sie nur am abweichenden Verhalten der Materialien erkennen. Nicht saugfähige Baumwolle und Viskose z. B. sind ausgerüstet.

● **gleiche Versuchsbedingungen einhalten**
  Es gilt z. B. auf gleiche Zeit, gleiche Wassermenge und gleiche Hitze zu achten. Auch sollten möglichst ähnliche Stoffe verwendet werden; d. h. Stoffe, die sich etwa in Garnart, Garnstärke, Flächenart und Flächendichte entsprechen.

Verhalten von Stoffproben gegenüber Wassertropfen

Materialien/Geräte	Versuch
ähnliche Stoffproben aus Wolle, Baumwolle, Synthetics saugfähige Unterlage (Papier) angefärbtes Wasser (Tinte) Pipette, Stoppuhr	Stoffproben auf die Unterlage auslegen gefärbtes Wasser auftropfen Zeit stoppen bis der Tropfen versinkt Fleckgröße auf dem Stoff und auf der Unterlage vergleichen

Saugfähigkeit und Trocknung von Stoffen bei Bekleidung

Materialien/Geräte	Versuch
ähnliche Artikel aus Baumwolle und Synthetics Waage 2 Waschschüsseln, 2 Bügel 2 Teelöffel Waschmittel Wasser, Meßbecher Wäscheständer Uhr	Jeden Artikel trocken wiegen, einzeln mit abgemessener Wassermenge und Waschmittel durchwaschen und ausdrücken naß wiegen verbliebene Wassermenge in der Waschschüssel messen Bekleidung auf Bügeln über den leeren Waschschüsseln aufhängen ausrechnen, wieviel Wasser pro Gramm Faser aufgenommen wurde ablaufende Wassermenge und fortschreitende Trocknung überprüfen Aussehen überprüfen

Leinen nach einem halben Jahr in der Erde

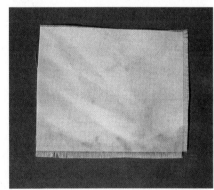

Polyamid nach einem halben Jahr in der Erde

Aufgabe:
Die Hitzeverträglichkeit von Rohstoffen läßt sich durch einen Bügelversuch überprüfen. Die Stoffproben werden zwischen Alu-Folie gebügelt.
Erstelle eine Versuchsanordnung mit Stoffproben aus verschiedenen Rohstoffen und führe den Versuch durch.

6. Gebrauchseigenschaften von Natur- und Chemiefasern

Die wesentlichen Gebrauchseigenschaften einer Faser werden bestimmt durch:

● **Formmerkmale**	● **Substanzeigenschaften**
▼	▼
Verlaufsform	Hitzeverträglichkeit
Länge	Feuchtigkeits- und
Feinheit	Wasseraufnahme
Faserquerschnitt	Wasch- und Reinigungs-
Oberfläche	mittelbeständigkeit
	Lichtbeständigkeit

Baumwollfasern

Alle Fasern sind längliche Gebilde. Naturfasern bringen bestimmte Formmerkmale mit. Wolle hat z. B. als einzige Faser eine Schuppenschicht. Diese ist für ihre Filzfähigkeit verantwortlich. Je nach Wollart sind die Fasern mehr oder weniger stark gekräuselt, das macht Wollartikel elastisch und lufthaltig.

Chemiefasern können bestimmten Zwecken ganz gezielt angepaßt werden. Grob werden sie für Bürsten, superfein für Lederimitate hergestellt, glatt für Futterstoffe, gekräuselt für Pullover. Mit dreieckigem Querschnitt wird die Ware körniger, mit rundem eher glatt und seifig.

Alle wichtigen Fasern bestehen in ihrer Substanz aus Eiweiß oder Zellulose oder Kunststoff. Die Grundstoffe bestimmen einige wesentliche Eigenschaften der Fasern.

Wollfasern

Fasern aus Eiweiß

Wolle, Haare und Seiden bestehen aus Eiweiß. Haare sind komplizierte, aus unterschiedlichen Schichten gewachsene Gebilde.

Alle Fasern aus Eiweiß sind empfindlich gegenüber Laugen; d. h. normale Vollwaschmittel und Seifen lassen die Fasern spröde werden.

Fasern aus Zellulose

Baumwolle, Leinen, Viskose und Modal bestehen aus reiner Zellulose. Damit haben sie gemeinsame Eigenschaften. Sie saugen viel Feuchtigkeit auf, quellen, trocknen langsam und können verrotten. Textilien aus Zellulosefasern knittern. Durch das Wachstum der Fasern oder den Herstellungsprozeß bei Viskose und Modal (eine modifizierte = verbesserte Viskose) gibt es noch gewisse Unterschiede. Viskose nimmt die meiste Feuchtigkeit auf. Baumwolle, Leinen und Modal sind kochfest.

Spinndüsen-Öffnungen

Fasern aus Kunststoff

Die synthetischen Chemiefasern, Polyacryl, Polyamid und Polyester, nehmen Feuchtigkeit nur an der Oberfläche an, können sie aber gut weiterleiten. Damit trocknen sie schnell und knittern kaum. Sie zeigen hohen Verrottungswiderstand und große Lichtbeständigkeit. Polyamid neigt zum Vergilben.

Unübertroffene Reiß- und Scheuerfestigkeit zeigen Polyamid und Polyester. Da sie thermoplastisch sind, können hohe Bügeltemperaturen gefährlich werden. Bauschgarne aus Polyacryl verlieren bei Waschtemperaturen über 40°C ihre Elastizität.

Synthetische Chemiefasern lassen sich in ihren Grundsubstanzen abwandeln und können damit völlig neue Eigenschaften erhalten; dazu zwei Beispiele:

Die maximale Bügeltemperatur beträgt bei Polyamid normalerweise 110°–120°C. Doch hoch hitzebeständige Polyamidfasern verlieren nach 1000 Stunden bei 175°C gerade 30% ihrer Festigkeit. Sie finden Verwendung bei Hitzeschutzanzügen. Polyacryl nimmt als Kompaktfaser kaum Feuchtigkeit ins Faserinnere auf. Die poröse Polyacrylfaser Dunova dagegen nimmt noch mehr Feuchtigkeit auf als Baumwolle, ohne sich naß anzufühlen. Wir finden sie bei Sportunterwäsche

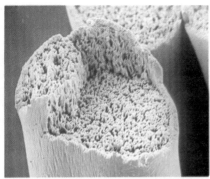

Querschnitt der porösen Acrylfaser Dunova. Diese Faser nimmt acht Mal mehr Wasser auf als eine normale Polyacrylfaser. Bevor sie sich feucht anfühlt, hat sie doppelt so viel Wasser aufgenommen wie eine Baumwollfaser, trocknet jedoch schneller als diese.

Überblick über die wichtigsten textilen Rohstoffe/Fasern

Fasern aus Eiweiß	Fasern aus Zellulose		Fasern aus Kunststoff
	Naturfasern	Chemiefasern	
tierische Fasern	pflanzliche Fasern	zellulosische Chemiefasern	synthetische Chemiefasern
Wolle Seide	Baumwolle Leinen	Viskose Modal, Acetat	Polyacryl, Polyester Polyamid, Elasthan

6.1 Fasertypische Eigenschaften die man sich merken sollte

Unterschiedliche Stoffe aus Baumwolle   *Unterschiedliche Stoffe aus Polyacryl*

Die einzelnen Herstellungsstufen wie
– Garnkonstruktion (z. B. lockeres, dickes oder festes, dünnes Garn)
– Flächenkonstruktion (z. B. dichtes Gewebe oder grobes Gestrick)
– Ausrüstung (z. B. wasserabweisende Beschichtung oder Aufrauhen)
können die rohstofftypischen Eigenschaften einer Faser verstärken, schwächen, verdrängen oder völlig verändern.
Wir bekleiden uns nicht mit Rohfasern, sondern mit sehr unterschiedlich verarbeiteten Fasern. Wir erleben Baumwolle als Jeans, als Sweatshirt, Bluse oder Hemd. Daher müssen wir uns nicht alle Gebrauchseigenschaften, die Fasern besitzen, merken.
Bestimmte Eigenschaften der Fasern haben sich jedoch für manche Anwendungsbereiche schon lange bewährt, für andere aber als untauglich erwiesen. Daher geben typische Verwendungsbereiche der Fasern oder ihr Fehlen in anderen Bereichen wichtige Hinweise auf ihre besonderen Eigenschaften.

Aufgaben:
1. Schaue deine Kleidung und die Textilien, mit denen du täglich umgehst, genau an. Versuche bei Artikeln aus reiner Baumwolle festzustellen, wodurch sich die Stoffarten unterscheiden. Begründe, welche Stoffart dir am angenehmsten ist.
2. Überlege:
Warum gibt es keine Waschlappen aus Wolle?
Warum sprechen manche von Nähseide, obwohl sie einen Polyesterfaden kaufen?
Warum findet man Leinen häufig bei Gläsertüchern?

Wichtige Eigenschaften der gebräuchlichsten Textilfasern

Rohstoffe	Verhalten gegenüber Feuchtigkeit u. Wasser	Knitterneigung	Reiß- und Scheuerfestigkeit	besondere Pflegeeigenschaften	besondere Merkmale
Schafwolle	nimmt Feuchtigkeit auf stößt Wasser ab (Lodenmantel)	knittert kaum Knitter hängen sich gut aus (Anzüge, Röcke)	gering, daher häufig Mischung mit Synthesefasern (Socken mit Fersenverstärkung)	filzend laugenempfindlich Spezialwaschmittel notwendig	gekräuselte Naturfaser z. T. „kratzig" mottenanfällig (Winterkleidung, Decken, Teppiche)
Baumwolle Modal	sehr gute Aufnahme von Feuchtigkeit und Wasser trocknen langsam (Handtücher, Verbandsmaterial)	starke Knitterneigung, daher häufig Ausrüstung oder Mischung mit Synthesefasern	} gut	Kochwäsche möglich (Säuglings- und Krankenhauswäsche)	kann verschimmeln und verrotten
Viskose			meist geringer	} geringe Naßfestigkeit	
Polyamid Polyester Polyacryl	in der Regel geringe Aufnahme von Feuchtigkeit u. Wasser, aber gute Weiterleitung (Badeanzüge, Sportwäsche, Regenkleidung)	knittern kaum (Oberbekleidung)	sehr gut (Teppiche, Strumpfhosen, technische Textilien) gut	pflegeleicht (Gardinen) z. T. kochfest Schweißgeruch bleibt leicht haften	kann vergilben licht- und verrottungsbeständig (Gardinen, Zelte, Möbelbezugsstoffe, Markisen) können sich aufladen

6.2 So viele Eigenschaften – wie wähle ich richtig aus?

Gebrauchseigenschaften von Textilien

Wenn wir ein Kleidungsstück oder einen Teppich kaufen wollen, so interessieren uns nicht alle, sondern nur ganz bestimmte Eigenschaften der gewünschten Ware. Es sind dies die Eigenschaften, die sich im Gebrauch bewähren sollen. Wesentliche Gebrauchseigenschaften von Kleidung, Wohnraum- und Haushaltstextilien lassen sich in vier Gruppen zusammenfassen.

Komfort	Tragekomfort bei der Bekleidung wie Wärme- und Feuchtetransport, Begehkomfort, Schalldämpfung bei Teppichen, Hautfreundlichkeit bei Handtüchern, Bettwäsche
Haltbarkeit	Strapazierfähigkeit wie Reiß- und Scheuerfestigkeit, Licht- und Witterungsbeständigkeit, Mottenanfälligkeit
Pflegeeigenschaften	Verhalten beim Anschmutzen Verhalten beim Reinigen, Waschen, Bügeln
Aussehen	Knitteranfälligkeit, Formbeständigkeit, Oberflächenbeständigkeit Sauberkeit der Verarbeitung

Nicht alle Eigenschaften sind bei jeder Ware gleich wichtig. Wir stellen an eine Arbeitshose andere Anforderungen als an eine Sommerbluse.

Deshalb sollte man sich vor jedem Einkauf fragen, was man von den Gebrauchseigenschaften eines Artikels erwartet und sich danach überlegen, worauf man beim Kauf besonders zu achten hat.

Gründlich planen – Fehlkäufe vermeiden

Fallbeispiel:

Martina absolviert ihr Praktikum in einer Großküche. Für die Arbeit will sie sich eine luftige Bluse kaufen. So plant sie ihren Einkauf:

Gebrauchs-eigenschaften	Ich erwarte	Ich achte beim Kauf auf
Komfort	bequem bei der Arbeit, kein Schwitzen	kurze, tiefangesetzte Ärmel, lockerer, weiter Schnitt
Haltbarkeit	keine besonderen Ansprüche	
Pflege-eigenschaften	man soll nicht gleich jeden Fleck sehen, so wenig bügeln wie möglich	
Aussehen	nicht knitternd, zum blauen Rock passend	

Aufgaben:

1. Nenne die Anforderungen an die Gebrauchseigenschaften des Gegenstands, den du im Unterricht nähen möchtest.

2. Du willst eine Hose für den Winter kaufen. Stelle deine Erwartungen und die daraus folgenden Anforderungen zusammen.

7. Herstellen eines Gegenstandes mit der Nähmaschine

7.1 Tolle Sachen – aus einem Stück Stoff

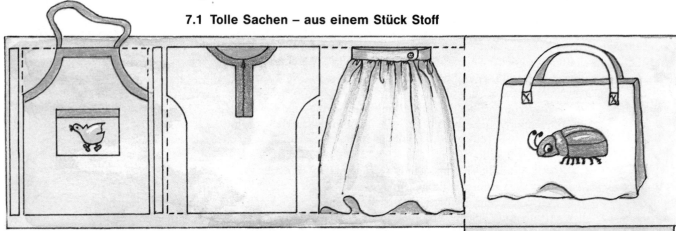

7.2 Stoffeinkauf will gut überlegt sein

Möchte man einen Gegenstand nähen, sollten zunächst das Aussehen des Gegenstandes und die Anforderungen an ihn genau überlegt werden. Nur so kann man den Stoff gezielt einkaufen und böse Überraschungen wie zu wenig Stoff oder zu dünner Stoff bleiben aus.
Vor dem Einkauf des Stoffes und Zubehörs müssen folgende Punkte bedacht werden.

Welcher Rohstoff eignet sich?

Der Rohstoff bestimmt vor allem die Haltbarkeit und die Pflegeeigenschaften eines textilen Gegenstands. Man kann auch eine Mischung aus zwei oder mehr Faserarten wählen, wenn eine Kombination von Eigenschaften gewünscht wird. Die Übersicht über die textilen Rohstoffe auf S. 120 ist dir beim Stoffeinkauf behilflich.

Welche Stoffart/Flächenart soll verarbeitet werden?

Grundsätzlich ist zu überlegen, welche Stoffart sich für einen Gegenstand besonders eignet: z. B. dichter bzw. fester, lockerer und luftiger Stoff oder weiches und elastisches Material. Lesen wir auf einer Schnittanleitung „nur dehnbaren Stoff verwenden", so sollte hierfür kein Gewebe eingekauft werden, da solche Schnitte dem Material entsprechend enger konstruiert sind.
Selbst wenn Farben und Muster einer Maschenware sehr ansprechend sind, kann die Wahl eines weniger hübschen, gewebten Stoffes sinnvoller sein, wenn das Material nicht dehnbar sein darf (z. B. für eine Tasche).

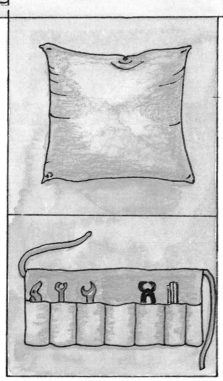

Muster und Stoffe mit Strich

Gleichseitiges Dessin

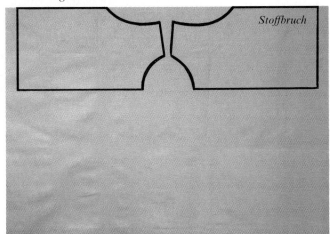

Stoffbruch

Einseitiges Dessin

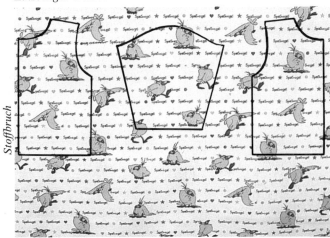

Stoffbruch

Bei gleichseitig gemusterten Stoffen kann man die Schnitteile nach oben und unten gerichtet auflegen und ineinander schieben. Dadurch wird Stoff eingespart.

Bei einseitig gemusterten Stoffen müssen alle Schnitteile in gleicher Richtung aufgelegt werden. So vermeidet man, daß z. B. beim Vorderteil das Motiv richtig, beim Rückenteil auf dem Kopf steht.

Die gleiche Regel gilt bei Stoffen mit Strich. Streicht man z. B. bei Samt parallel zur Webekante über den Stoff und sträuben sich die Härchen, so hat man die Richtung „gegen den Strich". Geht man daneben „mit dem Strich" so kann man die Spuren deutlich sehen. Die Farben wirken unterschiedlich.

Auf dem Schnittmuster ist die Strichrichtung durch einen Pfeil gekennzeichnet. Bei Stoffen mit Strich wie Samt, Velours, Nicky und Cord werden alle Schnitteile in dieser Richtung aufgelegt. Aus diesem Grund benötigt man mehr Stoff als bei gleichseitig gemusterten Stoffen, da die Schnitteile nicht ineinander geschoben werden können.

Stoffbreite und Stoffverbrauch

Der in einer Nähanleitung angegebene Stoffverbrauch ist immer auf eine bestimmte Breite bezogen. Wird ein breiterer Stoff ausgewählt, so muß meist weniger Stoff gekauft werden.

Aufgaben:

1. Eine Bluse soll genäht werden, die kaum knittert. Drei Stoffe sind in der engeren Wahl. Die Etiketten zeigen die Rohstoffgehaltsangaben. Welcher Stoff eignet sich für die Bluse? Begründe!

2. Wofür würden sich die Stoffe A, B und C eignen, wenn alle hier erkennbaren Merkmale berücksichtigt werden?

Für die abgebildete Bluse gibt es verschiedene Möglichkeiten:

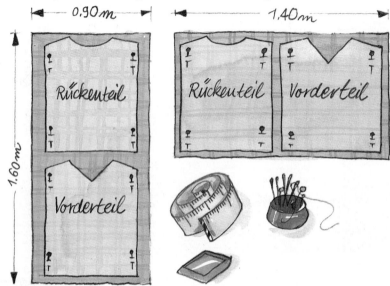

Die heute üblichen Breiten der Stoffe (von Webekante zu Webekante) sind:

0,90 m – einfach breiter Stoff

1,40 m ⎱
1,50 m ⎰ doppelt breiter Stoff

Lohnt sich ein Preisvergleich?

Auf den ersten Blick scheint der einfach breite Stoff billiger zu sein als der doppelt breite. Dies können wir nachprüfen, indem wir gleich große Stoffstücke vergleichen. Auch ein Preisvergleich in verschiedenen Geschäften kann sich lohnen, wobei allerdings nur gleiche Qualität miteinander verglichen werden darf.

Besteht trotz aller Überlegungen keine Sicherheit über den Stoffverbrauch, sollte zum Stoffeinkauf der Papierschnitt mitgenommen werden.

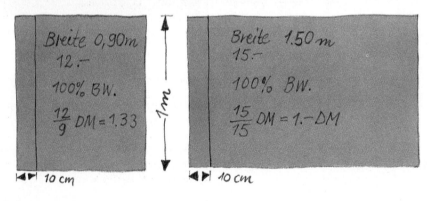

Einkaufszettel für eine Gärtnerschürze
Rohstoff: Baumwolle
Stoffart/Flächenart: Gewebter Stoff
Aussehen: Uni oder kleingemustert ohne Richtung
Stoffverbrauch/Stoffbreite: Breite: 0,90 m, 1 m Breite: 1,40 m, 0,6 m
Zubehör: Zum Ausgestalten: Applikationsstoff Spitze, Stickgarn

Aufgaben:

Erstelle einen Einkaufszettel für
a) *ein quadratisches Kissen (Seitenlänge 40 cm);*
b) *den Gegenstand, den du nähen willst.*

7.3 Nähen – Schritt für Schritt

Wenn man diesen Matschsack nähen will, möchte man vielleicht am liebsten nach dem Zuschneiden gleich die Seitenteile und den Reißverschluß einsetzen, die Tragebänder befestigen – fertig!

Bei einem so unüberlegten Vorgehen müßte allerdings viel Zeit und Geduld zum Auftrennen aufgebracht werden, da es z. B. fast unmöglich ist, die Tragebänder am Schluß anzubringen.

Daraus wird klar, daß die Reihenfolge der einzelnen Arbeitsschritte geplant werden muß.

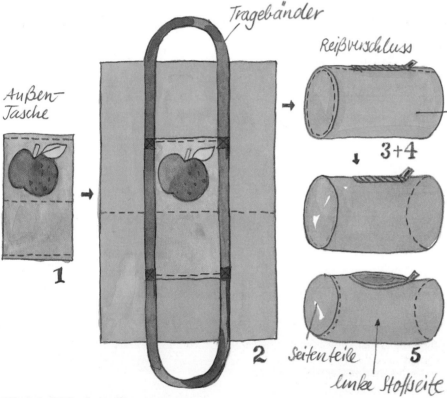

Arbeitsplan für den Matchsack

1. einzelne Teile nach Wunsch ausgestalten; z. B. Applikation oder Stickerei auf der Außentasche
2. Außentasche anbringen; zusammen mit den Tragebändern aufnähen
3. obere Naht links und rechts bis zum Reißverschlußansatz schließen
4. Reißverschluß einnähen
5. die runden Seitenteile bei geöffnetem Reißverschluß einsetzen

Für jede Näharbeit gilt:

● Alle notwendigen Arbeitsschritte festlegen.
● Arbeitsschritte in die Reihenfolge bringen, die einen einfachen Arbeitsablauf ermöglicht.

Aufgaben:

1. Erstelle einen Arbeitsplan
   a) für ein „Schlampermäppchen" mit aufgesticktem Monogramm;
   b) für die auf S. 122 abgebildete Schürze.
2. Nenne zu den einzelnen Schritten des Arbeitsplans die notwendigen Teilarbeiten. So erhältst du die Nähanleitung.

7.4 Die Nähmaschine – ein wichtiger Helfer beim Herstellen, Ausbessern und Abändern von Textilien

Es gibt eine Vielzahl verschiedener Nähmaschinenfabrikate für den Haushalt, die im Prinzip alle gleich gebaut sind. Die Betriebsteile, die an der abgebildeten Maschine bezeichnet sind, findest du praktisch an jeder Nähmaschine, auch wenn sie anders angeordnet sind.

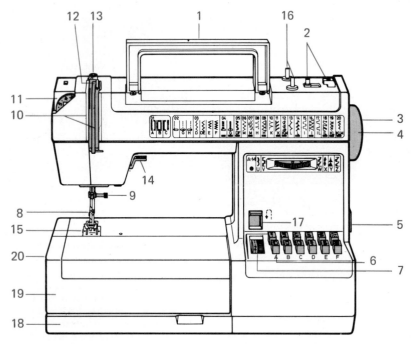

Aufgaben:

1. Erkundige dich, worin sich verschiedene Nähmaschinen unterscheiden.

2. Benenne anhand der abgebildeten Nähmaschine die Betriebsteile der Maschine, mit der du im Unterricht arbeitest.

3. Informiere dich in der Betriebsanleitung über den Einsatz und die Handhabung des Nähmaschinenmodells, mit dem du arbeitest.

1 Tragegriff
2 Spuler
3 Handrad
4 Auslösescheibe
5 Hauptschalter
6 Tipptasten
7 Stichlängen-Einsteller
8 Nähfußhalter mit Nähfuß
9 Nadelhalter mit Halteschraube
10 Einfädelschlitze
11 Oberfadenspannung
12 Fadenhebel
13 Spulervorspannung
14 Stoffdrückerhebel
15 Stichplatte
16 Garnrollenhalter mit Ablaufscheibe
17 Rückwärtstaste
18 Grundplatte
19 Verwandlungs-Nähfläche mit Zubehörfach
20 Verschlußklappe, dahinter Greifer

Einfädeln des Oberfadens

Den genauen Weg des Fadens von der Garnspule zur Nadel kann man der Bedienungsanleitung zum jeweiligen Fabrikat entnehmen.

Trotz verschiedener Anordnung der einzelnen Fadenführungsteile ist der Verlauf des Oberfadens bei den unterschiedlichen Maschinen im Prinzip der gleiche: er muß von der Garnspule abgezogen werden, durch eine Fadenführung gehen und durch die Fadenspannungsregulierung zum Fadenhebel; von hier aus führt der Faden weiter zur Nadelhalteröse und von vorn nach hinten durch die Nadel. Zu der Maschine, die hier zu sehen ist, haben wir den Fadenverlauf abgebildet:

Aufgaben:

1. Beschreibe den Weg des Fadens bei der Maschine, mit der du arbeitest.

2. Erkläre den Vorgang des Spulens an der von dir verwendeten Maschine mit Hilfe der Betriebsanleitung.

Einfädeln des Oberfadens

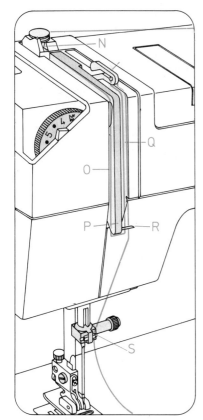

Einfädeln des Unterfadens

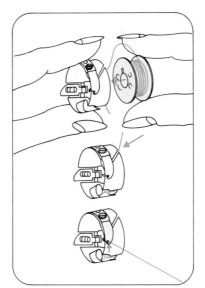

Heraufholen des Unterfadens

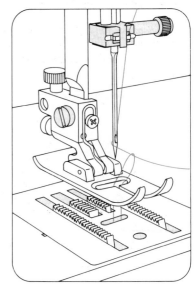

Zum Einfädeln müssen Nadel und Fadenhebel oben stehen.

Nähfuß anheben. Den Faden von der Garnrolle in den Schlitz N links an der Führung O vorbei, von unten in den Schlitz P und den Fadenhebel 12 ziehen. Dann zurück durch den Schlitz P und in die rechte Fadenführung Q am Nadelhalter ziehen.

Den Oberfaden von vorn nach hinten durch das Nadelöhr fädeln.

Die Spule muß in die Spulenkapsel so eingelegt werden, daß der Faden im Uhrzeigersinn läuft. Danach zieht man den Faden durch den kleinen Schlitz unter der Feder hindurch in die kleine Öffnung.

Spulenkapsel einsetzen. Den Oberfaden leicht gestrafft halten. Das Handrad drehen bis die Nadel wieder oben ist. Am Oberfaden leicht ziehen, wodurch der Unterfaden durch das Stichloch nach oben kommt.

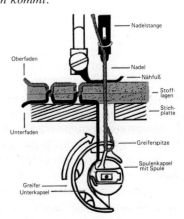

Nähstörungen und ihre Beseitigung

Störung	Ursachen und Maßnahmen
Maschine läßt Stiche aus	Die Maschine ist nicht richtig eingefädelt. – Überprüfen. Die Nadel ist nicht richtig eingesetzt. Eine falsche oder verbogene Nadel ist eingesetzt. – Nadel überprüfen.
Oberfaden/Unterfaden reißt	Oberfadenspannung (Unterfadenspannung) ist zu fest. – Regulieren. Fadenreste in der Greiferbahn. – Garn wurde unregelmäßig aufgespult. – Neu spulen.
schwerer/lauter Lauf	Fadenreste in der Greiferbahn. – Entfernen. Fehlende Schmierung. – Ölen.
Nadel bricht	Die Nadel ist verbogen oder nicht richtig eingesetzt. – Auswechseln. Die Nadel ist zu dünn. – Austauschen. Zu feste Spannung. – Regulieren.
Beschädigung des Stoffes	Die Nadel ist zu dick oder beschädigt. – Auswechseln. Transporteur beschädigt. – Reparatur durch Mechaniker.
ungleicher Transport	Transporteur ist versenkt. – Einschalten. Fadenreste in der Greiferbahn. Festgesetzter Nähstaub am Transporteur.

Stichbildung

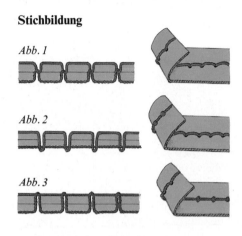

Abb. 1

Abb. 2

Abb. 3

Aufgabe:

Vergleiche Abb. 2 und 3 mit Abb. 1.
Welche Störungen treten auf?
Welche Möglichkeiten gibt es, diese Störungen zu beheben?

Pflege der Nähmaschine

Will man die Kosten für die Reparatur der Nähmaschine niedrig halten und eine möglichst lange Lebensdauer der Maschine gewährleisten, so sollte man die Pflege der Maschine nicht vernachlässigen.
– Nach jeder größeren Näharbeit (ca. 3–4 Nähstunden) muß die Maschine gereinigt werden. Nähstaub, Fadenreste und Schmutz werden nach der Betriebsanleitung mit einem Pinsel oder weichen Lappen entfernt.
– Nach dem Reinigen gibt man einige Tropfen Nähmaschinenöl auf die Greiferbahn, so wird die Reibung verringert und die Maschine hat einen leichteren Lauf.
– Nach dem Nähen legt man ein Stoffstückchen unter den Nähfuß, der dann gesenkt wird.
– Auch durch ein sorgfältiges Aus- und Einpacken der Maschine nach Betriebsanleitung können Maschinenschäden vermieden werden.

Passende Nadel zu Stoffart	
dünne Nadeln 60–70	dünne Stoffe, z. B. Blusenbatist
mittlere Nadeln 80	normal dicke Stoffe, z. B. für Schürzen, Kissen
dickere Nadeln 90–100	feste Stoffe, z. B. Jeansstoffe, feste Taschenstoffe, Mantelstoffe

8. Aufbau, Beschaffenheit und Verwendung textiler Flächen

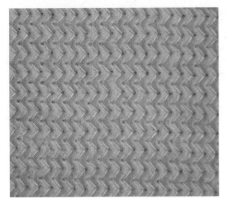

1. Scheuertuch (Faserverbundstoff)

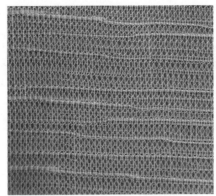

2. Tischdecke (Fadenverbundstoff)

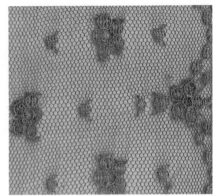

3. Spitzenstoff (Raschelware)

4. Gardine (Kettenwirkware)

5. Steppstoff (Flächenverbundstoff)

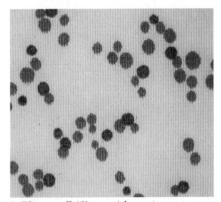

6. Blusenstoff (Kettenwirkware)

Textile Flächen lassen sich unabhängig von ihrem Aussehen und ihren Eigenschaften nach ihrem Aufbau unterscheiden.

Die drei Möglichkeiten der Flächenbildung sind:
- Flächen aus Fasern
- Flächen aus Garnen
- Flächen durch Bearbeiten oder Verarbeiten von Flächen

129

Übersicht über den Aufbau textiler Flächen

Die Tabelle zeigt eine Auswahl von wichtigen Flächenarten. Wenn man weiß, daß es grundsätzlich drei Möglichkeiten der Flächenbildung mit jeweils speziellen Herstellungsverfahren gibt, so kann man auch neue Flächenarten richtig einordnen.

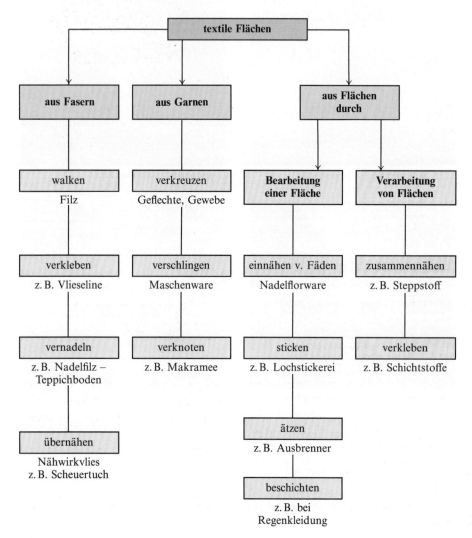

Aufgabe:

1. Untersuche textile Flächen aus den Bereichen Kleidung und Wohnraumtextilien. Stelle ihren Aufbau fest und ordne sie in die Übersicht ein.

2. Untersuche verschiedene Stoffproben auf folgende Merkmale:

Dehnfähigkeit, Elastizität, Dichte und Weichheit. Versuche Gemeinsamkeiten und Unterschiede festzustellen und zu begründen.

Untersuche anschließend jeweils mindestens vier bis fünf unterschiedliche Stoffproben aus
– Gewebe
– Maschenware
– Verbundstoff

in Hinblick auf die oben genannten Merkmale. Versuche Gemeinsamkeiten und Unterschiede in diesen Gruppen zu begründen.

3. Suche aus der Restekiste zu Hause textile Flächen mit ähnlichen Eigenschaften aber unterschiedlichem Aufbau, z. B. durchbrochene Flächen, Flächen mit Flor, glatte oder dichte Flächen.

8.1 Die wichtigsten Flächenarten

Gewebe

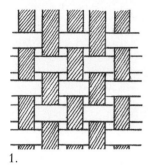

1.

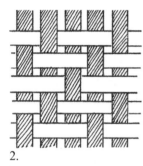

2.

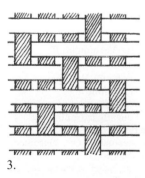

3.

Gewebe entstehen durch rechtwinklig sich verkreuzende Kett- und Schußfäden. Es gibt eine Fülle von Möglichkeiten, die Fäden zu verbinden. Die drei grundlegenden Bindungsarten, von denen es viele Abwandlungen gibt, sind:

1. **Leinwandbindung:** die einfachste Bindung

2. **Köperbindung:** sie ist leicht an schräg laufenden Linien zu erkennen, die unterschiedliche Richtung und Breite haben können

3. **Atlasbindung:** die Fäden sind nur wenig eingebunden und laufen mindestens über vier Fäden. Die Bindungspunkte berühren sich nicht. Die Oberfläche kann so viel Glanz und Glätte erhalten

Es ist möglich, in das Gewebe zusätzliche Fäden einzubinden. Arbeitet man Schlaufen ein, so erhält man Frottierware, z. B. für Badetücher und Bademäntel. Werden die zusätzlichen Fäden aufgeschnitten, so entsteht eine Veloursware. Auch Cord, Samt und Plüsch werden grundsätzlich auf die selbe Weise hergestellt. Ob es sich dabei tatsächlich immer um eine Webware und nicht um eine Wirkware oder einen Verbundstoff handelt, läßt sich nur feststellen, wenn man die Rückseite betrachtet oder Fäden auszieht.

Gewebe können ganz unterschiedliche Eigenschaften haben. Sie können leicht und luftig wie ein Schleier oder hart und fest wie eine Jeanshose sein.

Das Weben bietet technisch die Möglichkeit, Stoffe herzustellen, die besonders dicht, unelastisch und strapazierfähig sind, wie sie z. B. für Sicherheitsgurte, Zelte, Segel oder Rucksäcke gebraucht werden.

Funde aus Gräbern, Höhlen und Mooren beweisen, daß Weben vielen Völkern von alters her bekannt war. Auch mit einfachen Geräten wurden komplizierte Muster hergestellt.

Die früheste (ca. 4400 v.Chr.) ägyptische Darstellung eines Webrahmens wurde auf einer Tonschüssel gefunden. Dabei handelt es sich wahrscheinlich um ein Gestell, auf dem Faserbüschel oder Fadenbündel aufgehängt sind. Das Webgerät darunter bestand aus zwei Stangen, die mit Pflöcken im Boden befestigt waren und zwischen denen Kettfäden gespannt wurden.

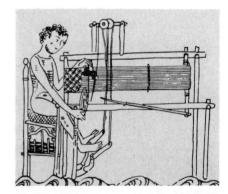

Älteste europäische Darstellung eines Trittwebstuhls aus dem beginnenden 14. Jahrhundert.

Aufgabe:
Du hast sicher Erfahrungen gemacht mit Kleidung aus Gewebe und aus Maschenware, z. B. bei Hosen. Stelle Vor- und Nachteile zusammen. Wie lassen sich bestimmte Nachteile ausgleichen?

Maschenware

Die Technik des Strickens soll etwa 1500 Jahre alt sein. In Europa verbreitete sich das Stricken im 13. bis 14. Jahrhundert von Spanien aus. Bereits 1589 wurde ein Strickapparat erfunden, der den Handwerkern das Strumpfstricken erleichterte. Aber erst gegen Ende des 19. Jahrhunderts, mit dem Aufschwung der Textilindustrie, begann die Maschenware in Bekleidungsbereiche vorzudringen, die bisher nur gewebten Stoffen vorbehalten waren. Nun entstanden Pullover und gewirkte Unterwäsche. Erst vor wenigen Jahrzehnten eroberten die beliebten Maschenwaren wie Strumpfhosen, Bade- und Gymnastikanzüge, Sweatshirts und T-Shirts den Markt.

Neben der Häkelware, die nur in Handarbeit hergestellt werden kann, gibt es zwei grundlegende Arten von Maschenware. Manche dieser feinen Strick- und Kettenwirkwaren sind in ihrem Aufbau sehr schwer zu erkennen.

Badeanzüge um 1900

Aufgabe:
Untersuche deine Kleidung. Welche Kleidungsstücke sind aus Maschenware, welche aus Gewebe?
Bei welchen Bekleidungsstücken hältst du Maschenware für unverzichtbar?

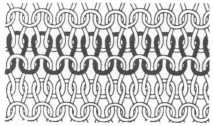

Strickware/Kulierware

Strickwaren ermöglichen besonders elastische und poröse Flächen. Sie eignen sich hervorragend für Textilien, die man am Körper trägt.

Wenn sich eine Maschenware aufziehen läßt oder Laufmaschen bildet, so handelt es sich um eine Strickware.

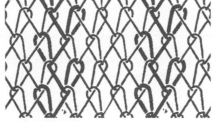

Kettenwirkware

Kettenwirken bietet die Möglichkeit, stabile, durchbrochene Flächen herzustellen. Über 90% der Gardinen sind Kettengewirke. Auch verschiedene Spitzen und Verpackungsnetze werden so hergestellt.

Verbundstoffe

Verbundstoff ist der Oberbegriff für nicht gewebte oder gewirkte bzw. gestrickte Textilien. Bis ins 20. Jahrhundert gab es nur einen bekannten Verbundstoff, den aus Wollfasern gewalkten Filz. In unserem Jahrhundert wurden viele neue Möglichkeiten der Flächenbildung entwickelt, z. B. verkleben und übernähen von Fasern, übernähen von Garnen, beschichten und verkleben von Flächen. So finden wir solche Stoffe als Spültücher, Einlagestoffe, Lederersatz oder Teppichböden (vgl. Stoffproben S. 129). Viele Verbundstoffe werden heute auch im technischen Bereich verwendet, z. B. als Filter-, Dämm- und Isolierstoffe.

Übersicht über die Verbundstoffe
- **Faserverbundstoffe**
  Beispiele: Vliesstoffe für Einlagen
  zur Versteifung
  zur Wärmehaltung
  zur Feuchtigkeitsaufnahme
- **Fadenverbundstoffe**
  Beispiele: Heimtextilien wie Gardinen, Tischdecken
  (bei uns bisher selten zu finden)
- **Flächenverbundstoffe**
  Beispiele: Schichtstoffe für Steppmäntel, Teppichböden u. a. beschichtete Stoffe

8.2 Ausrüstungen bringen zusätzliche Gebrauchseigenschaften

Ist ein Stoff gewebt oder gewirkt, so ist er noch lange nicht gebrauchsfertig. Alle zusätzlichen Maßnahmen werden Ausrüstung oder Veredlung genannt. Es gibt Ausrüstungen, die wir dem Stoff ansehen und solche, die wir als Verbraucher nicht erkennen können. Hier sind wir besonders auf die Kennzeichnung angewiesen.

● **Sichtbare Ausrüstungen:**
Stoffe werden gebleicht, gefärbt, bedruckt, aufgerauht, geknittert, beschichtet, mercerisiert und vieles andere mehr.
1844 erfand John Mercer ein Verfahren, der Baumwolle durch Behandlung mit Natronlauge einen dauerhaften Glanz zu verleihen (mercerisieren).

● **Unsichtbare Ausrüstungen:**
Sie zeigen sich erst im Gebrauch der Ware. Die Verbraucher werden über die besonderen Eigenschaften durch Kennzeichen oder zusätzliche Hinweise informiert. Sehr häufig betreffen diese Ausrüstungen die Pflege und Haltbarkeit der Textilien.

Aufgaben:
1. Von einem Paar Sportstrümpfe aus reiner Wolle geriet versehentlich ein Strumpf in die Kochwäsche. Was ist passiert?
2. Schneide zwei gleichgroße Stoffstücke zu, die aus unbehandelter Rohbaumwolle, z. B. Nessel, bestehen. Wasche ein Stück gründlich durch und vergleiche es nach dem Trocknen mit dem ungewaschenen Stück.
3. Von vier Wolljerseyproben behandele drei wie folgt:
– Wasche eine Probe mit Waschmittel und heißem Wasser. Reibe die Probe dabei längere Zeit kräftig.
– Wasche eine Probe kalt mit wenig Bewegung und wenig Waschmittel.
– Koche eine Probe in einem Topf ohne Waschmittel und ohne umzurühren.
Vergleiche abschließend die Ergebnisse mit der unbehandelten Probe.

Fleck- und schmutzabweisende Ausrüstung

Geruchshemmende Hygieneausrüstung

Wasserabweisende Ausrüstung

Mottenechtausrüstung

Waschmaschinenfeste Ausrüstung

Ausrüstung, z. B.	Verfahren, Eigenschaften und Kennzeichnungen
filzfrei	Die Schuppenschicht der Wollfasern wird abgeätzt. Zusätzlich werden die Fasern mit Kunstharz überzogen. Dadurch wird die natürliche Feuchtigkeitsaufnahme herabgesetzt. Der Wollartikel kann nun mit dem entsprechenden Waschprogramm in der Waschmaschine gewaschen werden, z. B. Superwash. Filzfreiheit läßt sich auch durch Fasermischungen erreichen.
mottenabweisend	Es gibt verschiedene Insekten, die Schäden an Textilien verursachen können. Die bekanntesten sind die Kleidermotte und der Teppichkäfer. Das Weibchen der Kleidermotte legt etwa 100 Eier wahllos in Wollsachen. Bevorzugt werden dunkle, ruhige Orte und ungewaschene Textilien. Die nach 2 bis 3 Wochen ausschlüpfenden Raupen ernähren sich vom Wolleiweiß. Um die Wolle vor den oft erheblichen Fraßschäden zu schützen, wird sie mit speziellen Wirkstoffen behandelt, so daß sie für die Mottenraupen ungenießbar wird. Bekannte Ausrüstungen sind Mitin und Eulan. Allerdings ist nicht jeder Kleinschmetterling, der durch die Wohnung schwirrt, eine Motte!
pflegeleicht	Pflegeleicht-Ausrüstungen sollen Textilien aus Zellulosefasern knitterarm und damit bügelfrei machen. Das ist nur möglich, wenn die Feuchtigkeitsaufnahme der Fasern weitgehend verhindert wird. Diesen Effekt erreicht man, indem man die Fasern mit Kunststoffen durchtränkt. Jedoch wird durch dieses Verfahren die Scheuerfestigkeit deutlich vermindert. Kragen und Manschetten scheuern sich viel schneller durch. Kennzeichen sind z. B. 100% Baumwolle „pflegeleicht" oder „bügelarm", wash and wear, Cottonova. Pflegeleichtigkeit läßt sich auch durch Fasermischungen erreichen.
wasserabweisend	Es gibt dauerhafte und nicht dauerhafte Ausrüstungen. Imprägnieren kann man sogar im eigenen Haushalt. Das einfachste Mittel, das heute noch angewendet wird, ist das Behandeln mit Wachs. In Sportgeschäften und Drogerien erhält man auch andere geeignete Mittel. Kennzeichnung in Textilien z. B. Perlit.

Mottenlarven, Fraßlöcher und Kot

Mit unserer **Schafwoll-Auslegeware** bieten wir einen **Teppichboden**, der allen wohnbiologischen Anforderungen entspricht.

Es wird nur **ungefärbte, ungebleichte Schurwolle** verwendet, die nicht mit Schädlingsbekämpfungsmitteln behandelt wurde.

Preis/qm: 72,– DM

Aufgaben:

1. Womit muß der Verbraucher rechnen, wenn er den in der Anzeige angebotenen Teppichboden kauft?

2. Bei welchen Gebrauchsgegenständen würdest du auf eine Ausrüstung achten? Nenne die Ausrüstung und begründe deine Entscheidung.
– Wollhandschuhe; Wollteppich Auslegeware
– Pullover: 70% Polyacryl, 30% Wolle
– Anorak: 100% Baumwolle
– weißes Herren-Oberhemd, 100% Baumwolle
– buntkarierte Tischdecke

3. Tischwäsche wird häufig nach der Wäsche „gestärkt". Was bedeutet das?

4. Welche Ausrüstung bringt in der Regel Nachteile für die Haltbarkeit? Wie läßt sich Pflegeleichtigkeit mit gleichzeitig guter Haltbarkeit erreichen?

8.3 Fasermischungen

Fasern werden aus drei Gründen gemischt:
– um Kosten zu sparen;
– um besondere Effekte zu erzielen;
– um die Gebrauchstauglichkeit zu verbessern.

Flusenfreies Gläsertuch
Kette reine Baumwolle
Schuß reines Leinen

Spannbettlaken
Frottier-Stretch aus 75% Baumwolle
und 25% Polyamid

Pulli
weiches angenehmes Material
72% Polyacryl, 19% Polyamid,
5% Wolle, 4% Angora

Herrenhemd
60% Baumwolle, 40% Polyester
pflegeleicht und trageangenehm

Trekking – Jacke
Bezugsstoff aus hochwertigem Baumwollmischgewebe (55% Baumwolle/
45% Polyester); angenehmes, weiches
Futter (65% Polyester/ 35% Baumwolle) und wärmende Füllung aus Mikrofasern (100% Polyester)

Ringel – Sportsocke
80% Baumwolle, 20% Polyamid

Sportunterhemd
aus Dunova-Seide; mit langem Arm,
hochgeschlossen. Gewicht 110 g,
waschbar bei 30°C in der Waschmaschine 63% Dunova/Polyacryl, 37%
Seide

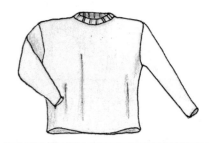

Häufig vorkommende Fasermischungen:

Polyester/Baumwolle Polyester/Viskose 65%/35% 50%/50%	geeignet für Hemden, Blusen, Kleiderstoffe, leichte Mantelstoffe, Freizeitkleidung, Berufskleidung, Bettwäsche, Unterwäsche fein und einlaufsicher, pflegeleicht und formbeständig; der Baumwollanteil wird oft pflegeleicht ausgerüstet
Polyacryl/Wolle 70%/30% Polyester/Wolle 55%/45%	geeignet für Damen- und Herrenoberbekleidung leicht, schmiegsam, strapazierfähig, pflegeleicht, formbeständig, nicht filzend.

Aufgabe:
Stelle für jeden Artikel die zu erwartenden Eigenschaften nach der Rohstofftabelle S. 120 zusammen.

135

8.4 Textilien bieten eine Fülle an Informationen

Wer sich textile Waren anschaut, wird merken, daß sie viele Hinweise geben, die etwas über ihren Gebrauchswert aussagen. Aber eine Angabe allein genügt nicht.
Der Rohstoffgehalt z. B. kann auf Komfort, Haltbarkeit, Pflegeeigenschaften und Aussehen hinweisen, muß es aber nicht. So erwarten wir zwar von einer Hose aus Wolle, daß sie vielleicht kratzt, kaum knittert und auch nicht in der Waschmaschine gewaschen werden kann. Aber ein feiner, dichter Stoff wird sich im Gebrauch ganz anders verhalten als ein lockerer, weicher.
Auch ein Hemd aus Baumwolle kann nicht allein nach dem Rohstoff beurteilt werden. Ist die Baumwolle pflegeleicht ausgerüstet, so haben sich Gebrauchseigenschaften verändert. Wird das Hemd noch enganliegend gekauft, so bleibt kaum Komfort. *Daher ist es wichtig, alle Informationen einer Ware im Zusammenhang zu sehen.* Hinweise z. B. auf Komfort und Pflegeeigenschaften können die wichtigsten Kennzeichen und Merkmale der Ware bieten. Nur die Rohstoffgehaltsangabe ist gesetzlich geregelt. Alle anderen Kennzeichen sind freiwillig. Die Übersicht macht deutlich, über welche Gebrauchseigenschaften wichtige Kennzeichen und Merkmale in der Regel informieren. So gibt die Größenangabe z. B. Aufschluß über Komfort und Aussehen.

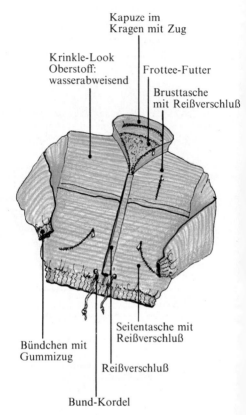

Kapuze im Kragen mit Zug
Krinkle-Look Oberstoff: wasserabweisend
Frottee-Futter
Brusttasche mit Reißverschluß
Seitentasche mit Reißverschluß
Bündchen mit Gummizug
Reißverschluß
Bund-Kordel

Kennzeichen der Ware	Komfort	Haltbarkeit	Pflegeeigen-schaften	Aussehen
Gebrauchseigenschaften ▶				
Rohstoffgehaltsangabe	☐	☐	☐	☐
Pflegekennzeichen	☐	☐	☐	☐
Ausrüstungshinweise	☐	☐	☐	☐
Größenangabe	☐	☐	☐	☐
Gütezeichen	☐	☐	☐	☐
Merkmale der Ware				
Wirkung (Farbe, Muster u. a.)	☐	☐	☐	☐
Griff	☐	☐	☐	☐
Konstruktion (Stoffart, Kombination der Materialien, Schnittform u. a.)	☐	☐	☐	☐

Aufgaben:
1. Welche Gebrauchseigenschaften kannst du aufgrund der Angaben von dem Blouson erwarten?
2. Versuche alle Informationen bei einem vergleichbaren Artikel auszuwerten.

Die Rohstoffgehaltsangabe

Seit 1972 ist die Angabe des Rohstoffgehalts durch das Textilkennzeichnungsgesetz (TKG) geregelt. Auf dieser Grundlage wurden EG-Richtlinien erarbeitet, die 1986 in deutsches Recht umgesetzt wurden.

Grundsätzlich müssen die Rohstoffe aller textilen Waren in Prozenten ihres Gewichtsanteils angegeben werden. Ausnahmen sind Produkte wie Kaffeewärmer und Topflappen, aber auch Spielzeug.

Auszüge aus dem Textilkennzeichnungsgesetz

§ 2

(1) Textilerzeugnisse sind
1. zu mindestens achtzig vom Hundert ihres Gewichts aus textilen Rohstoffen hergestellte
   a) Waren;
   b) Bezugstoffe auf Möbeln, Möbelteilen und Schirmen;
   c) Teile von Matratzen und Campingartikeln;
   d) der Wärmehaltung dienende Futterstoffe von Schuhen und Handschuhen;
2. mehrschichtige Fußbodenbeläge, deren dem gewöhnlichen Gebrauch ausgesetzte Oberschicht (Nutzschicht) die Voraussetzungen nach Nummer 1 erfüllt;
3. in andere Waren eingearbeitete, aus textilen Rohstoffen bestehende Teile, die mit Angaben über die Art der verwendeten textilen Rohstoffe versehen sind.

(2) Textile Rohstoffe sind Fasern einschließlich Haare, die sich verspinnen oder zu textilen Flächengebilden verarbeiten lassen...

Rohstoffgehaltsangabe
Nutzschicht:

100% Polyamid

§ 5

(6) Die Bezeichnungen „diverse Faserarten" oder „Erzeugnisse unbestimmter Zusammensetzung" dürfen für Textilerzeugnisse verwendet werden, deren Rohstoffgehalt zum Zeitpunkt der Herstellung nur mit Schwierigkeiten bestimmt werden kann.

§ 4

(1) Für ein Wollerzeugnis darf die Bezeichnung „Schurwolle" verwendet werden, wenn es ausschließlich aus einer Faser besteht, die niemals in einem Fertigerzeugnis enthalten war und die weder einem anderen als dem zur Herstellung des Erzeugnisses erforderlichen Spinn- oder Filzprozeß unterlegen hat noch einer faserschädigenden Behandlung oder Benutzung ausgesetzt wurde.

§ 5

(5) Erzeugnisse mit einer Kette aus reiner Baumwolle und einem Schuß aus reinem Leinen, bei denen der Anteil des Leinens nicht weniger als vierzig vom Hundert des Gesamtgewichts des entschlichteten Gewebes ausmacht, können als „Halbleinen" bezeichnet werden, wobei die Angabe „Kette reine Baumwolle – Schuß reines Leinen" hinzugefügt werden muß.

§ 14

(1) Ordnungswidrig handelt, wer vorsätzlich oder fahrlässig
1. entgegen § 1 Abs. 1 Textilerzeugnisse,
   a) die nicht mit einer Rohstoffgehaltsangabe versehen sind, oder
   b) die mit einer unrichtigen oder unvollständigen Rohstoffgehaltsangabe versehen sind,

in den Verkehr bringt, zur Abgabe an letzte Verbraucher feilhält, einführt oder sonst in den Geltungsbereich dieses Gesetzes verbringt.

§ 5

(1) Die Gewichtsanteile der verwendeten textilen Rohstoffe sind in Vomhundertsätzen des Nettotextilgewichts anzugeben, und zwar bei Textilerzeugnissen aus mehreren Fasern in absteigender Reihenfolge ihres Gewichtsanteils.

(2) Statt der Angabe aller Gewichtsanteile in Vomhundertsätzen genügt bei einem Textilerzeugnis, das aus mehreren Faserarten besteht, von denen

1. eine fünfundachtzig vom Hundert des Gewichts erreicht, die Bezeichnung dieser Faserart unter der Angabe ihres Gewichtsanteils in vom Hundert oder unter der Angabe „85% Mindestgehalt";

85% Mindestgehalt Baumwolle

2. keine fünfundachtzig vom Hundert des Gewichts erreicht, die Bezeichnung von mindestens zwei Faserarten mit den höchsten Vomhundertsätzen unter der Angabe ihres jeweiligen Gewichtsanteils sowie die Aufzählung der weiteren Faserarten in absteigender Reihenfolge ihres Gewichtsanteils mit oder ohne Angabe der Vomhundertsätze.

60% Viskose
20% Modal
Polyester
Polyacryl

(3) Als „sonstige Fasern" dürfen textile Rohstoffe bezeichnet werden, deren jeweilige Gewichtsanteile unter zehn vom Hundert liegen; der Gesamtgewichtsanteil der als „sonstige Fasern" bezeichneten Rohstoffe ist anzugeben.

85% Baumwolle
15% sonstige Fasern

§ 10

(2) Wird ein Textilerzeugnis gewerbsmäßig als Meterware feilgeboten, so genügt die deutlich sichtbare Angabe des Rohstoffgehalts an der Aufmachungseinheit. Der Verkäufer ist zusätzlich verpflichtet, dem Käufer auf Verlangen eine schriftliche Rohstoffgehaltsangabe auszuhändigen.

Gütezeichen informieren objektiv

Gütezeichen kennzeichnen Waren oder Leistungen, die firmenunabhängige und öffentlich zugängliche Gütemerkmale erfüllen.

Gütezeichen werden von Gütegemeinschaften geschaffen, verliehen und in ihrer Anwendung überwacht. Sie müssen vom RAL, einem zentralen Selbstverwaltungsorgan der Wirtschaft, anerkannt sein und werden vom Bundesminister für Wirtschaft im Bundesanzeiger bekannt gegeben. Derzeit gültige Gütezeichen für den textilen Bereich sind:

Das Wollsiegel garantiert, daß Schurwolle auf folgende Gebrauchseigenschaften geprüft wurde:
– Mindestwerte für Lichtechtheit bei Oberbekleidung,
– Wasserechtheit der Farben bei Oberbekleidung,
– Mindestwerte für Reißfestigkeit,
– Mindestpolgewicht bei Teppichen,
– maximaler Restfettgehalt bei Teppichen.

Über die Einhaltung dieser Richtlinien wacht in der Bundesrepublik Deutschland der Wollsiegel-Verband e.V., Hohenzollernstr. 11, Düsseldorf

RAL-Testate

Ursprünglich war RAL der Kurzname für Reichs-Ausschuß für Lieferbedingungen, der 1925 in Berlin gegründet wurde. Heute verbirgt sich hinter diesem Namen das Deutsche Institut für Gütesicherung und Kennzeichnung in Bonn.

RAL-Testate sind Ausweise für geprüfte Wareneigenschaften. Sie enthalten informative Angaben zur Beurteilung der Gebrauchstauglichkeit. Prüfungsrichtlinien und Qualitätskontrollen werden vom RAL veranlaßt.

RAL-Testate sind im textilen Bereich selten zu finden. Es gibt sie z. B. für Spannbetttücher.

Warenzeichen und Markenzeichen

Firmen wollen ihre Artikel unverwechselbar kennzeichnen. Zu diesem Zweck geben sie ihnen Markenzeichen oder Warenzeichen. Diese beinhalten keine Qualitätsaussagen! Warenzeichen bekannter Hersteller lassen in der Regel jedoch Qualitätserwartungen zu. Diese Firmen haben kein Interesse, ihr Ansehen durch schlechte Produkte zu verspielen, sondern möchten vielmehr das Vertrauen der Kunden in ihre Produkte stärken. Warenzeichen und Markenzeichen gibt es für fertige Artikel genauso wie für Fasern, Garne, Ausrüstungen und Firmen. Das ® ist das international geltende Kennzeichen für registrierte Warenzeichen.

Aufgaben:
1. Suche Beispiele für Kennzeichnungen in deiner Bekleidung und erläutere ihren Informationsgehalt.
2. Mal ehrlich: Auf welche Kennzeichen achtest du besonders beim Einkauf deiner Bekleidung? Suche nach Gründen für dein Verhalten.
3. Worauf solltest du unbedingt beim Einkauf von Stoff und Zubehör für eine Näharbeit achten?
4. Um welche Kennzeichen handelt es sich bei der unten abgebildeten Auszeichnung eines Winterpullovers?

Pflegekennzeichen

Die Etikettierung mit Anleitung zur Pflege von Textilerzeugnissen ist durch internationale Vereinbarungen geregelt. Die Pflegesymbole geben Auskunft über die maximal zulässige Behandlungsart. Die Kennzeichnung ist freiwillig. Um sich vor Reklamationen zu schützen, wird sehr häufig viel niedriger ausgezeichnet als es für den Verbraucher sinnvoll wäre, z.B. weißes Oberhemd mit einer Waschtemperatur von 30°C. Übersicht über die Pflegesymbole, siehe Seite 154.

9. Gestaltung eines textilen Gegenstandes

Obwohl wir alles kaufen können, gibt es viele Leute, die gerne handarbeiten. Auch wenn stricken, sticken oder knüpfen nicht zu deinen Hobbies gehören sollte, so kennst du sicher jemanden, dem das viel bedeutet.

Das Gelingen und die Freude an der Arbeit hängen aber nicht nur von Fleiß und Ausdauer ab, sondern auch von vielen gründlichen Vorüberlegungen.

Wer hat nicht schon erlebt, daß eine Arbeit mit Begeisterung angefangen wurde und schließlich aus irgendwelchen Gründen unfertig herumliegt. Wer will das schon!

Daher hier ein Wegweiser für alle, die ihre Textilarbeit vollenden und dabei selbständig nach eigenen Ideen vorgehen wollen – Schritt für Schritt.

Abb. links: Patchworkkissen; das Muster entsteht durch Zusammennähen kleiner Stoffteile.
Mitte: Gewebtes Kissen aus vielen unterschiedlichen Garnresten.
Rechts: Kissen mit gefärbtem Bezug; die Musterung entsteht durch Abbinden vor dem Färben.

sich orientieren

- Schau dich gründlich um! Die erste Idee ist nicht immer die beste und oft nicht zu verwirklichen. Auch wenn du etwas Fertiges kaufen willst, was dir wirklich gefällt, gehst du in viele Läden und suchst danach. Es gibt viele Arbeitsbeispiele in Zeitschriften und Büchern. Auch fertige Gegenstände – gute und schlechte – können als Anregung dienen.

- Sammle Ideen! Willst du z. B. eine Tasche machen, so schau dir verschiedene Taschen an. Es gibt praktische und unpraktische, aus geeignetem und ungeeignetem Material, formschöne und weniger ansehnliche. Du hast selbst bereits Erfahrungen mit Taschen gesammelt.

Wenn du einen Wandschmuck herstellen willst, überlege, wo er hängen wird und wie seine Umgebung aussieht. Denke daran, daß dir die Gestaltung lange Freude machen soll. Nicht jede Bildvorstellung läßt sich in textilem Material so verwirklichen, daß sie gelungen aussieht. Unterschiedliche Farbabstufungen und reiche Musterungen lassen eine Gestaltung oft besser gelingen als ein kompliziertes Motiv.

● Orientiere dich über die Technik. Stelle zusammen, was du an Geräten, Werkzeugen und Materialien unbedingt brauchen wirst und überschlage die Kosten. Preiswerte Lösungen können oft erstaunliche Ergebnisse bringen. So kann man z. B. auch auf einem alten Bilderrahmen weben, wenn man kleine Nägel auf der Rückseite einschlägt. Ist die Arbeit fertig, hat man ein bereits gerahmtes Bild.

● Erprobe die Technik! Noch ist es nicht wichtig, daß du weißt, welchen Gegenstand du letztlich machen möchtest. Viel wichtiger ist es, daß du die Technik mit ihren unterschiedlichen Möglichkeiten kennenlernst. Dann erst kannst du Erfahrungen sammeln und eigene Ideen entwickeln; z. B. verschiedene Druckstempel kombinieren, Stickstiche in Größe und Form verändern, mit Effektgarnen und unterschiedlichen Bindungen weben. Schon eine Arbeitsprobe kann dir viele Einsichten bieten, welche Arbeitszeit wohl erforderlich sein wird und mit welchen Schwierigkeiten du rechnen mußt. Löse diese Schwierigkeiten möglichst sofort und schiebe sie nicht vor dir her, sonst holen sie dich bei der Arbeit ein.

*Mit Strickproben lernt man Wirkung
und Eigenschaften von Materialien
und Mustern kennen.*

---

sich entscheiden

Nach der Orientierung mußt du eine Entscheidung treffen, auch wenn du manchmal noch unsicher bist.

Für die weitere Planung ist es wichtig, genau zu wissen, welche Anforderungen der Gegenstand erfüllen soll. Soll es z. B. ein Pullunder werden, so sind die wichtigsten Gebrauchseigenschaften zu berücksichtigen; zusätzlich muß bedacht werden, mit welchen anderen Kleidungsstücken er kombiniert werden soll. Bei einem Wandschmuck müssen Größe, Motiv und beabsichtigte Wirkung überlegt werden. Ein Wandschmuck, der mit fröhlichen Farben ein Zimmer aufhellen soll, muß anders gestaltet werden als einer, der ruhig und besinnlich wirkt.

Schreibe die Anforderungen auf. Es wird dir helfen, deine Arbeit besser zu planen und besser zu beurteilen.

Nun solltest du einen Entwurf anfertigen. Das ist meistens möglich und notwendig. Ein Entwurf hilft dir, deine Vorstellungen zu klären und zu überprüfen. Noch läßt sich alles verändern und verbessern, während manche Fehler später nur mit Mühe oder gar nicht mehr zu beheben sind. Beim Anfertigen von Entwürfen überdenke folgende Hinweise:

– Ein Entwurf soll nur das Wesentliche klären, z.B. die Größe, die Verteilung der Formen und Farben.
– Mache den Entwurf in Originalgröße. Nur so kannst du die Anordnung von Formen und Farben annähernd beurteilen. Oft erleichtert farbiges Papier die Entwurfsarbeit.
– Mache mindestens zwei Entwürfe und vergleiche sorgfältig ihre Wirkung. Es gibt immer schwächere und bessere Lösungen. Versuche möglichst nicht etwas nachzumachen, sondern suche deinen eigenen Weg. Du mußt dich auch nicht mit der erstbesten Lösung zufrieden geben. Vielleicht kannst du mehr!

Stelle Materialien und Farben zusammen. Das ist kein leichter, aber ein sehr entscheidender Schritt. Suche sorgfältig verschiedenes Material und Farbabstufungen aus. Bedenke dabei, daß starke Kontraste und kräftige Farben wie Paukenschläge wirken; sie müssen besonders gut überlegt sein.

Nun mußt du deinen Arbeitsplan anfertigen. Dann kannst du einkaufen gehen.

Ob ein Arbeitsplan knapp oder umfangreich ausfällt, hängt ganz von der bevorstehenden Arbeit ab. Überlege alle Arbeitsschritte, die notwendig sind, dann wirst du nichts Wichtiges vergessen.

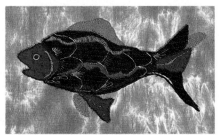

Durch Stickerei mit Applikation lassen sich originelle Ideen in der Bildgestaltung verwirklichen.

Fertige Gebrauchsgegenstände, z.B. ein T-Shirt, verwandeln sich durch Stickerei in Glanzstücke.

ausarbeiten

Kontrolliere von Zeit zu Zeit deine Arbeit. Wenn es möglich ist, kann es recht hilfreich sein, die Arbeit mit Abstand zu betrachten.

beurteilen

Vergleiche das Ergebnis mit den anfangs formulierten Anforderungen. Nun kannst du überprüfen, inwieweit es dir gelungen ist, die Anforderungen, die du festgelegt hattest, tatsächlich in einem Gegenstand zu verwirklichen.

Denke zurück und überlege: ● was hat dir besonders Freude gemacht?
● wann sind Schwierigkeiten aufgetaucht?
● was hast du Neues entdeckt und gelernt?
● was verstehst du jetzt besser?

Drucken mit Gummistempeln; die Motive werden aus Schlauchgummi ausgeschnitten, auf ein Klötzchen geklebt und mehrfach abgedruckt.

Werkverfahren und Gestaltungsmöglichkeiten

	Sticken mit Applikation Fadengebundenes Sticken Freies Sticken	Kleine gestickte Motive oder Monogramme geben sogar fertig gekauften Gebrauchsgegenständen wie Kissen, Taschen, Westen oder Hosen eine persönliche Note. Die Grundformen der Motive werden aus schönen Stoffresten geschnitten und aufgestickt. Eine sorgfältige Ausgestaltung mit verschiedenen Stickstichen in ausgewählten Farbabstufungen steigert die Wirkung.
	Drucken Materialdruck Drucken mit selbstgefertigten Gummistempeln Schablonendruck Kordeldruck	Ohne große Mühe entstehen wirkungsvolle Muster durch eine vielfältige Kombination einfacher Materialstempel wie Schrauben, Hülsen oder Klötzchen. Als Einzelmotiv, Borte oder Phantasieornament schmücken sie T-shirts, Taschen oder Schürzen. Sogar Flecken verschwinden unter einem Muster und der Gegenstand wirkt wieder neu und schön.
	Maschenbilden Stricken Häkeln	Durch Stricken oder Häkeln entsteht ohne viel Aufwand eigene Kleidung wie Pullover, Mützen, Schals, Strümpfe und Handschuhe. Viele Arbeitsanleitungen werden angeboten. Selbst Formen und Muster zu entwerfen macht jedoch mehr Spaß als bloßes Nachmachen. Verschiedenartige und unterschiedlich farbige Garne lassen sich zu einer Fülle von Mustern kombinieren.
	Färben Reservierungen zur Mustergestaltung vor dem Färben durch – Abbinden (Plangi) – Abnähen (Tritik) – Wachs (Batik)	Die Abbindetechnik gelingt immer. Dabei werden Stoffe in verschiedene Farbbäder getaucht; vor jedem Farbbad bindet man Stoffpartien ab. So entstehen wirkungsvolle Muster und Überfärbungen und eine harmonisch wirkende Grundfarbe. Diese Technik eignet sich gut z.B. für T-shirts und Stoffe für Kissen, Blusen und Tücher. Reste lassen sich sehr gut für Applikationen weiterverwenden.
	Gestalten mit der Nähmaschine Absteppen von Mustern auf unterlegten Stoffen Freies Sticken mit und ohne Applikation Sticken von Borten mit Stickautomatik	Mit Vliesstoff unterlegte Stoffe für Kissen, Westen und Topfhandschuhe lassen sich durch abwechslungsreiche Absteppungen gestalten. Dabei können alle Nutz- und Zierstiche der Maschine in ein Spiel mit Linien eingesetzt werden, um Flächen und Randverzierungen zu entwickeln. Auch Applikationen können mit verarbeitet werden. Bevor man größere Flächen herstellt, sollte man Versuche mit kleinen Gegenständen machen wie Mäppchen, Täschchen, Kissen und Stofftieren, die leicht gelingen.
	Patchwork Flächenbildung durch Zusammennähen von Geweberesten	Verschiedene schöne Stoffreste, einfarbig oder gemustert, werden zu einfachen, geometrischen Mustern zusammengelegt und zusammengenäht. Kleingemusterte Reste gewebter Stoffe eignen sich besonders gut. In Patchwork werden Kissen, Westen, Taschen und große Stücke wie Tagesdecken gefertigt.

Textilien einst in deiner Heimat

Wenn du dich im nächsten Heimatmuseum umsiehst, kannst du viel entdecken, z. B. alte Trachten, schöne Handarbeiten oder alte Werkzeuge und Geräte, mit denen Textilien hergestellt und gepflegt wurden.

Badische Volkstrachten; um 1870

Braut aus dem Nordschwarzwald; um 1860

Heimarbeiter; um 1890

Volkstümliche Stickerei; 1832

Kleidung zeigte jedem, woher einer kam und wer er war. Weißt du welche Trachten einmal in deiner näheren Umgebung getragen wurden?
Textilarbeit bedeutete einst schwere Heimarbeit. Vielleicht können dir deine Großeltern davon noch etwas erzählen. Die aufwendigen und komplizierten Handarbeiten, die früher hergestellt wurden, lassen uns heute staunen.

Im Land soll der Flachs bald wieder blühen

Forschungsprogramm der Landesregierung

…Beträchtliche Probleme sieht das Landwirtschaftsministerium allerdings darin, die Bauern mit dem vor 30 Jahren fast vollständig aufgegebenen Flachsanbau wieder vertraut zu machen. Nach Möglichkeit soll dabei die Erfahrung älterer Landwirte hinsichtlich der Ernte, der Röste (bei der Röste werden mit Hilfe von Bakterien in einer Art Fäulnisprozeß die Faserbündel aus den Stengeln herausgelöst) und des Aufbereitens genutzt werden – es gibt freilich nicht mehr viele Bauern im Land, die noch mit diesen Techniken vertraut sind. So sollen zumindest im ersten Versuchsjahr während der Ernte- und Röstzeit Experten aus den großen Flachsgebieten in Frankreich und Belgien geholt werden.

Badische Zeitung, 1987

Aufgaben:
1. Schüler, deren Eltern aus dem Ausland stammen, können vielleicht von anderen Trachten und Handarbeiten erzählen.
2. Wenn sich an deinem Ort ein Textilbetrieb befindet, versuche etwas über seine Entstehung zu erfahren.

10. Einzelarbeiten mit der Nähmaschine

Beim Nähen von Gegenständen kommen immer wieder die gleichen Grundtechniken vor: Von diesen Techniken findest du hier einige einfache Beispiele.

Nähte

● Einfache Naht

Stoffe Kante an Kante, rechts auf rechts legen, stecken, evtl. heften. Je nach Verwendungszweck mit ca. 1 1/2 cm Nahtzugabe steppen.
Die Naht ausbügeln und jede Nahtzugabe mit Zick-Zack-Stich versäubern.

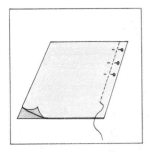 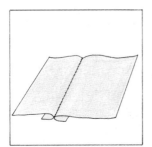 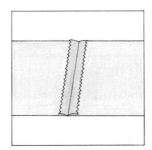

● Doppelnaht (Französische Naht)

Stoffe Kante an Kante, links auf links legen.
Je nach Dicke des Stoffes mit 1/2–1 cm Nahtzugabe steppen.
Die Naht ausstreichen. Nun den Stoff rechts auf rechts legen (die Naht liegt genau im Bruch) und heften. Die zweite Naht so breit steppen, daß die erste Nahtzugabe eingeschlossen ist (ca. 1–1 1/2 cm).

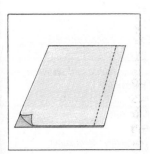  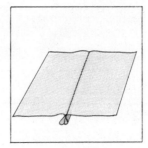

Aufgaben:
Schau dir einige deiner Kleidungsstücke genauer an und beschreibe die jeweilige Grundtechnik, die hier angewandt wurde, z. B. Verschluß durch Druckknöpfe.

Grundtechniken
Nähte Verbinden von Stoffstücken
Kantenverarbeitung Befestigung Verzierung von Kanten
Verschlüsse Öffnungsmöglichkeiten Verzierung
Formgebung Anpassung an den Körper Form eines Gegenstands

● Flachnaht

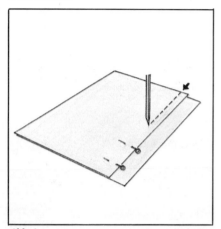

Abb. 1

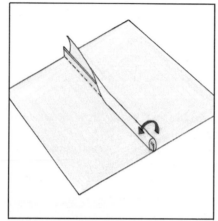

Abb. 2

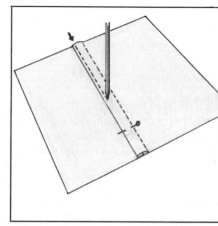

Abb. 3

Stoffe links auf links legen, so, daß der untere Stoffrand gut 1 cm übersteht (Abb. 1). Nun steppt man etwa füßchenbreit von der oberen Kante entfernt.
Die Naht ausstreichen. Die breitere Nahtzugabe um die schmalere herumschlagen und flach auf den Stoff legen, heften (Abb. 2). Zum Schluß knappkantig absteppen (Abb. 3).

● Elastische Naht

Verarbeitet man dehnbares Material, z.B. für ein Sweatshirt, eignen sich die bisher aufgeführten Nähte nur schlecht, da sie die Dehnung nicht mitmachen und schnell reißen.

Als einfachste Möglichkeit bietet sich ein kleiner Zick-Zack-Stich an, der sich mit der Maschenware dehnt.

Ist eine Maschine mit Stretchstichen vorhanden, sollte man diesen Vorteil auch nützen. Mit der elastischen Overlocknaht kann man gleichzeitig zusammennähen und versäubern.

Aufgaben:
1. Suche Beispiele, wo die verschiedenen Nähte Verwendung finden.
2. Nähe die einzelnen Nähte und überlege jeweils Vor- und Nachteile.
3. Wo könnte
a) die Doppelnaht
b) die Flachnaht
nicht angewendet werden? Begründe!

Kantenverarbeitung

● Saum

Gesteppter Saum mit Einschlag
Den Saumrand ca. 1/2 cm nach links
einschlagen und nochmals ca. 2 1/2 cm
umschlagen, heften und knappkantig
steppen.

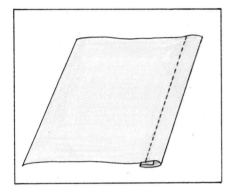

Offenkantiger Saum
Die Saumkante mit Zick-Zack-Stichen
versäubern, die Kante gleichmäßig umschlagen (ca. 3 cm), heften und mit
Saumstichen, die von außen nicht sichtbar sein sollen, annähen.

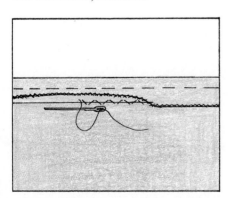

● Einfassung mit Schrägstreifen

Schrägstreifen lassen sich dehnen und
passen sich somit Rundungen und
Schnittformen aller Art an. Man kann
sie in verschiedenen Breiten und Farben
kaufen oder selbst aus Stoff zuschneiden.

Der einfache Schrägstreifen wird rechts
auf rechts, Kante an Kante angesteckt
und geheftet. Bei 4 cm breitem Streifen
ca. 1 cm breit steppen.
Beide Nahtzugaben in Richtung
Schrägstreifen legen, Naht ausstreichen. Den Streifen gleichmäßig bis zur
Stoffkante (ca. 1 cm) einschlagen und
bis zur 1. Stepplinie umschlagen, ste-
ken und heften. Mit Saumstichen annähen.

Den vorgefalteten Schrägstreifen auf
beiden Seiten gleich weit über die einzu-
fassende Kante legen, stecken, heften.
Auf der rechten Seite des Stoffes knappkantig aufsteppen. Hat man exakt gearbeitet, ist die Stepplinie auf der linken
Seite gleich weit vom Rand entfernt.

Aufgaben:
*1. Welche weiteren Möglichkeiten zu säumen
gibt es? Erkundige dich und schaue auch in verschiedenen textilen Gegenständen nach.*
*2. Vergleiche verschiedene Säume nach Halt-
barkeit, Aussehen und Arbeitsaufwand.*
*3. Nenne günstige Anwendungsmöglichkeiten
der verschiedenen Säume.*

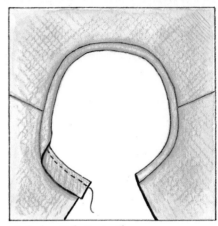

einfacher Schrägstreifen

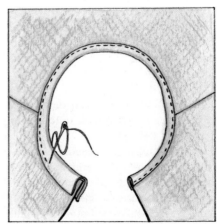

vorgefalteter Schrägstreifen

● Formbesatz

Der Besatz wird 4–5 cm breit genau in der Form zugeschnitten, die der jeweilige Ausschnitt hat (z. B. runder oder eckiger Halsausschnitt, V-Ausschnitt oder nach einem Armausschnitt; s. Abb. 1).

Formbesätze können nach links verarbeitet werden, so daß sie auf der Vorderseite nicht zu sehen sind. Sie können aber auch als Verzierung dienen, wenn sie auf die rechte Seite gelegt werden.

Den zugeschnittenen Besatz evtl. mit aufbügelbarer Einlage verstärken.

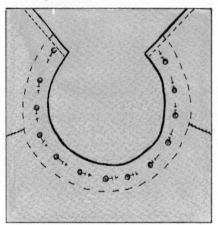

Abb. 1

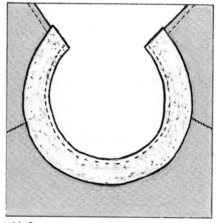

Abb. 2

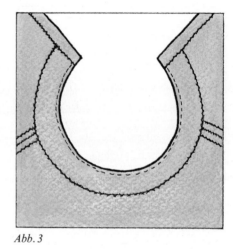

Abb. 3

Formbesatz nach innen:

Den Formbesatz rechts auf rechts auf den Ausschnitt stecken, heften und steppfußbreit steppen (Abb. 2). Die Nahtzugaben einschneiden, die Naht ausstreichen und den Besatz nach innen wenden, die Nahtkante etwas nach innen verschieben, heften. Nach Belieben als Ziernaht absteppen.

Der Rand des Besatzes wird mit Zick-Zack-Stich versäubert und der Besatz wird nur z. B. an den Schulternähten festgenäht (Abb. 3).

Den nach außen gearbeiteten Formbesatz legt man mit der rechten Seite auf die linke Stoffseite. Nach dem Wenden nach rechts wird er gleichmäßig ca. 1/2 cm eingeschlagen, festgeheftet und knappkantig abgesteppt (Abb. rechts).

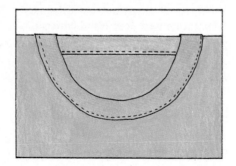

Formgebung (kräuseln, einreihen)

An den Stellen, wo Stoffweite eingehalten werden soll, wird füßchenbreit mit großem Steppstich (Einstellung 4) genäht. Füßchenbreit entfernt von dieser Stepplinie näht man eine zweite. An den beiden Unterfäden zieht man auf die gewünschte Weite zusammen, die Unterfäden werden von einer Stecknadel festgehalten, indem man sie in Form einer Acht um die Nadel schlingt. Die Falten werden gleichmäßig verteilt. Nun wird dieses Teil Kante an Kante, rechts auf rechts auf den glatten Stoff gesteckt, geheftet und zwischen den beiden Linien angesteppt. Beide Nahtzugaben werden gemeinsam mit Zickzack-Stich versäubert.

Verschlüsse

Reißverschluß (beidseitig verdeckter): Die Nahtzugaben am Schlitz umbügeln, evtl. umheften.
Den offenen Reißverschluß so einstecken und heften, daß die Zähnchen von den Stoffkanten genau bedeckt werden. Mit dem Reißverschluß-Füßchen nach Betriebsanleitung einnähen.

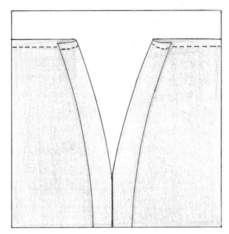

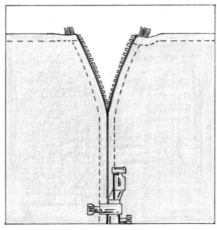

Gestaltung einer textilen Fläche durch Applikation

Das Motiv auf die unbeschichtete Seite des Haftvlieses spiegelverkehrt aufzeichnen, ausschneiden.
Mit der beschichteten Seite auf die linke Seite des Stoffs, der appliziert werden soll, aufbügeln. Stoff ausschneiden.
Das Trägerpapier vom Haftvlies abziehen. Motiv auf den Grundstoff bügeln (Klebeseite auf den Stoff).
Mit dicht eingestelltem Zickzack-Stich am Rand aufnähen, Motiv mit verschiedenen Stichen ausgestalten, z. B. Blattadern.

Aufgabe:
Nenne Möglichkeiten, an welchen textilen Gegenständen Applikationen geeignet sind. Mache jeweils Vorschläge für ein Motiv!

11. Arbeitsverfahren zur Pflege und Instandhaltung von Textilien

Wenn du das Wäschewaschen heute mit den mühseligen Methoden von früher vergleichst, dann ist Wäschepflege sehr einfach geworden: Wäsche sortieren, Waschmaschine füllen, Waschmittel zugeben, Waschprogramm wählen, Wäsche aufhängen – bügeln kann man später. Ist überhaupt nicht schwierig!

Wenn wir allerdings nicht sparsam mit Energie, Wasser und Waschmitteln umgehen, wird Wäschepflege immer mehr zum Umweltproblem:

- Bei der Erzeugung von Strom entstehen Schwefel- und Stickoxide oder radioaktive Abfälle.
- Hochwertiges und in manchen Gebieten knappes Trinkwasser wird verbraucht.
- Über 700 000 Tonnen Waschmittel belasten jährlich Abwässer und Gewässer in der Bundesrepublik Deutschland.

Die Pflege von Textilien beginnt nicht erst bei der Wäsche, sondern schon beim Einkauf. Wer überlegt einkauft, achtet auf alle Pflegehinweise, die Rohstoffgehaltsangabe, Farbe und Musterung und Art der Ware.

> Wer Textilien überlegt einkauft, spart Arbeit und Geld und schont die Umwelt.

100 % Baumwolle

65 % Polyester
35 % Baumwolle

100 % Baumwolle

100 % Baumwolle

Oberstoff: Futter

Textilien verschmutzen

Staub, Hautfett und Schweiß lagern sich zwischen den Fasern der Kleidung an und müssen wieder entfernt werden. Dazu kommen noch Flecken von Obst, Getränken u. a. Jeder kennt auch die Unglücksfälle, wenn gerade auf ein frisch gewaschenes Kleidungsstück Ketchup tropft oder das Marmeladebrot auf den Teppich fällt.

Es muß nicht immer gleich gewaschen werden, aber der Fleck muß wieder verschwinden.

Aufgabe:

Zeige an den abgebildeten Beispielen, welche Konsequenzen sich für die Pflege (Arbeitsaufwand, Geld, Aussehen, Umweltschutz) ergeben.

11.1 Der Fleck muß weg!

Grundregeln zur Fleckentfernung

– Frische Flecken lassen sich leichter entfernen als alte. Deshalb Flecken möglichst sofort behandeln.
– Für die Entfernung von Flecken gibt es keine einheitlichen Rezepte, da Stoffart, Färbung und Ausrüstung selbst bei ähnlichen Stoffen sehr unterschiedlich sein können. Deshalb beim ersten Versuch immer an verdeckter Stelle (Saum, Naht) prüfen, wie das empfohlene Mittel wirkt.
– Bei nicht waschbarer Oberbekleidung kommt eine Behandlung in wässriger Lösung nicht in Frage. Evtl. kann man den Fleck mit einem angefeuchteten Wattebausch behandeln.
– Fleckstellen, z. B. bei Teppichen, vorher entstauben. Dicke Auflagerungen, z. B. Eigelb oder Kerzenwachs, mit einem Messer vorsichtig abheben.
– Örtliche Behandlungen auf sauberer, saugfähiger Unterlage möglichst von der Rückseite her durchführen; nicht reiben.
– Fleckentfernungsmittel gut kennzeichnen und vor Kindern sicher aufbewahren.
– Vorsicht bei feuergefährlichen Mitteln wie Benzin, Spiritus und Alkohol! Bei offenen Flammen können die Dämpfe explodieren.
– Das Einatmen von Lösungsmitteln ist gesundheitsschädlich. Daher bei offenem Fenster arbeiten und die Flasche immer sofort verschließen.
– Im Zweifelsfall, wenn möglich, Textilien zur Chemischen Reinigung bringen.

■ Der beste Umweltschutz ist in jedem Fall ein möglichst geringer Waschmittelverbrauch. Waschen Sie deshalb nicht häufiger als unbedingt nötig! Haben Sie am Vortag wirklich so fürchterlich geschwitzt, daß Sie Oberhemd, Bluse oder Socken keinen Tag länger anziehen mögen? Machen Sie auch Ihrem Kind klar, daß Kleidungsstücke besser nachts über der Stuhllehne lüften, statt als Knäuel auf dem Fußboden zu liegen. Und testen Sie die wundersame Wirkung eines in warmes Wasser getauchten Handtuchzipfels – eventuell mit einer Spur Spül- oder Feinwaschmittel drauf – bei der Entfernung frischer Flecken. Dann muß nicht gleich die ganze Hose in die Waschmaschine.

test 4, 1986

Für jeden Fleck das richtige Mittel

Wenn man Flecken nicht eintrocknen läßt, sondern die Textilien angemessen vorbehandelt, werden die meisten Flecken bei normalen Waschprogrammen entfernt.
Bei allen Versuchen sollte man sich bei der Wahl des Entfernungsmittels nach der Art der Verschmutzung richten:
● wasserlösliche, fett- und eiweißarme Verschmutzungen: z. B. Wein, Kaffee, Tee, Fruchtsaft
  sofort aufnehmen (Saugpapier, Küchenkrepp), mit lauwarmer Waschmittellösung abtupfen, bzw. auswaschen;
● eiweißhaltige Verschmutzungen: z. B. Blut, Milch, Kakao
  kalt auswaschen und wie oben behandeln, ggfs. mit Waschmittel längere Zeit einweichen;
● fetthaltige Verschmutzungen: z. B. Hautcreme, Lippenstift
  mit Alkohol oder Spiritus, ggfs. mit Fleckenwasser behandeln, danach auswaschen.

In Streitfällen bei Textilreinigungsschäden wendet man sich an die:
Verbraucherzentrale Baden-Württemberg e. V., Augustenstr. 6, 7000 Stuttgart 1

Aufgabe:
Erkundige dich nach den Angeboten der Chemischen Reinigung. Laß dir die unterschiedlichen Reinigungsarten erläutern. Frage nach den Preisen für die Reinigung bestimmter Artikel, z. B. Hose oder Mantel.

11.2 Waschen: sauber und umweltbewußt

Verschmutzte Wäsche wird gesammelt und luftig und trocken gelagert, sonst kann sie schimmeln.

Wäsche sortieren

Moderne Waschmaschinen bieten eine Fülle von Waschprogrammen an. Bei der Zusammenstellung der Wäsche für ein Programm sollte dreierlei beachtet werden:

- Der Verschmutzungsgrad:
  Wenig verschmutzte Kochwäsche kann z. B. auch mit 60° gewaschen werden.
- Die Kontrolle der Textilien:
  Um Schäden zu vermeiden, sollte man Reißverschlüsse schließen, Taschen ausleeren, rostende Knöpfe und Schnallen abtrennen und empfindliche Oberseiten nach innen kehren. Neue, farbige Textilien wäscht man das erste Mal separat, da noch Farbe auslaufen kann.
- Die Pflegekennzeichen

Programmwahl

Jede Waschmaschine hat ein Begleitheft, in dem die einzelnen Waschprogramme ausführlich erläutert werden. Durch die Programmwahl werden die Faktoren, die den Wascherfolg bestimmen, festgelegt. Der Wascherfolg hängt von fünf Faktoren ab. Dies sind Wasser, Waschmittel, Temperatur, Zeit und Bewegung.

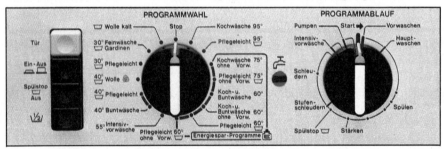

Waschmittel + Wasser + Wärme + Zeit + Bewegung

Handwäsche muß manchmal sein

Empfindliche Materialien, z. B. Seide und unbehandelte Wolle, müssen auch heute noch mit der Hand gewaschen werden. Beachte dabei:

- reichlich handwarmes Wasser verwenden
- Spezialwaschmittel anwenden
- nicht reiben noch wringen nur vorsichtig bewegen
- gründlich ausspülen
- vorsichtig ausdrücken
- in ein Frottierhandtuch glatt einrollen und restliches Wasser ausdrücken
- auf einem trockenen Handtuch glatt auslegen, in Form ziehen und trocknen lassen

Aufgaben:

1. Orientiere dich über die angebotenen Programme einer Waschmaschine. Stelle fest, wodurch sie sich unterscheiden.
Was heißt Sparprogramm?
2. Versuche an zwei unterschiedlichen Waschprogrammen deutlich zu machen, welche Faktoren jeweils verändert wurden und was damit bezweckt wird.
3. Stelle Beispiele zusammen, wieviele Wäschestücke, z. B. Hemden, Handtücher, Bettwäsche u. a., einer angegebenen Füllmenge, z. B. 4–5 kg Kochwäsche, tatsächlich entsprechen.
4. Nenne Beispiele, wann man auf eine Vorwäsche verzichten sollte.

Symbole für die Pflegebehandlung von Textilien

Der Verbraucher sollte nur Textilien kaufen, deren Pflege gekennzeichnet ist.

WASCHEN (Waschbottich)								
95	95	60	60	40	40	30	Handwäsche-Symbol	durchgestrichen
Normal-waschgang	Schon-waschgang	Normal-waschgang	Schon-waschgang	Normal-waschgang	Schon-waschgang	Schon-waschgang	Hand-wäsche	nicht waschen

Die **Zahlen** im Waschbottich entsprechen den **maximalen Waschtemperaturen**, die nicht überschritten werden dürfen. – Der **Balken** unterhalb des Waschbottichs verlangt nach einer (mechanisch) **milderen Behandlung** (zum Beispiel Schongang). Er kennzeichnet Waschzyklen, die sich zum Beispiel für pflegeleichte und mechanisch empfindliche Artikel eignen.

CHLOREN (Dreieck)		
Cl-Dreieck	Chlorbleiche möglich	durchgestrichenes Dreieck — Chrorbleiche nicht möglich

BÜGELN (Bügeleisen)			
heiß bügeln	mäßig heiß bügeln	nicht heiß bügeln	nicht bügeln

Die Punkte kennzeichnen die Temperaturbereiche der Reglerbügeleisen.

CHEMISCH-REINIGUNG (Reinigungstrommel)					
(A)	(P)	(P)	(F)	(F)	durchgestrichener Kreis
auch Kiloreinigung		Kiloreinigung nicht möglich			keine Chemischreinigung möglich
möglich	mit Vorbehalt möglich				

Die **Buchstaben** sind für den Chemischreiniger bestimmt. Sie geben einen Hinweis auf die in Frage kommenden **Lösemittel**.
Der **Strich** unterhalb des Kreises verlangt bei der Reinigung nach einer **Beschränkung** der mechanischen Beanspruchung, der Feuchtigkeitszugabe und der Temperatur.

TUMLER-* TROCKNUNG (Trockentrommel)		
Trocknen mit normaler thermischer Belastung	Trocknen mit reduzierter thermischer Belastung	Trocknen im Tumbler nicht möglich

Die Punkte kennzeichnen die Trocknungsstufe der Tumbler (Wäschetrockner).

* Anwendung vorerst fakultativ

Stand 1985

Ohne Waschmittel geht es nicht

Die Waschmittelwerbung lockt uns mit Versprechungen und einem schwer zu überschauenden Angebot.

Es gilt zu unterscheiden zwischen
- Waschmitteln, z. B. Vollwaschmittel, Feinwaschmittel;
- Waschhilfsmitteln, z. B. Mittel zur Wasserenthärtung;
- Wäsche-Nachbehandlungsmitteln, z. B. Weichspüler.

Auf die optimale Waschmitteldosierung kommt es an

Die Dosierung von Waschmitteln ist eine besonders verantwortungsvolle Aufgabe. Zuviel schädigt die Umwelt, zuwenig schadet der Wäsche und der Waschmaschine.

Die Dosierung hängt ab von
- den Angaben des Waschmittelherstellers,
- dem Härtegrad des Wassers,
- dem Verschmutzungsgrad der Wäsche,
- der Füllung der Waschmaschine.

Bei zu geringer Dosierung setzt sich auf der Wäsche der Schmutz wieder ab, dunkle Punkte, sogenannte Fettläuse werden sichtbar. Für unser Auge nicht erkennbar bilden sich auf den Textilien Ablagerungen, die die Haltbarkeit und Feuchtigkeitsaufnahme herabsetzen.

Die Heizstäbe können verkalken und durchbrennen. Ob die Waschmethode zu Ablagerungen führt, erkennt man am Edelstahl der Waschtrommel. Der Stahl sollte noch nach Jahren blank aussehen und keinen milchigen Überzug zeigen.

Das Waschmittelgesetz von 1986

Die gesetzlichen Bestimmungen zum Schutze der Umwelt verlangen auf den Verpackungen folgende Angaben:
1. Wirkstoffgruppen und Inhaltsstoffe
2. Handelsname des Erzeugnisses und die Anmeldenummer beim Umweltbundesamt
3. Name oder Firma und Ort der gewerblichen Hauptniederlassung des Herstellers oder Vertreibers
4. Dosierungsempfehlungen unter Berücksichtigung gewässerschonender Verwendung
5. abgestufte Dosierungsempfehlungen für die Härtebereiche 1 bis 4
6. Angabe, wieviel Kilogramm Trockenwäsche mit einem Kilogramm des Erzeugnisses bei Beachtung der jeweiligen Dosierungsempfehlungen für jeden der Härtebereiche im Einbadverfahren gewaschen werden können

Außerdem werden die Wasserversorgungsunternehmen verpflichtet, den Verbrauchern mindestens einmal jährlich den Härtebereich des Trinkwassers mitzuteilen.

Die wichtigen Grundstoffe

SASIL® (Zeolith A):	Für Wasserenthärtung und Reinigungswirkung
Natriumcarbonat:	Für Schmutzentfernung
Perborat:	Gegen Obst-, Tee- und Saftflecken
TAED:	Für Fleckentfernung bei niedrigen Temperaturen
Tenside (anionische und nichtionische):	Gegen hartnäckige Flecken wie Öl, Fett etc.
Enzyme:	Gegen Flecken wie Eiweiß, Blut, Soßen, Gras

Ferner enthält ▮▮▮ Wirkstoffe zur Weißkraftverstärkung (opt. Aufheller), zum Vergrauungsschutz (Polymere und Cellulosederivate), zur Wäscheschonung, zum Schutz der Waschmaschine gegen Überschäumen und Korrosion (Schaumregulatoren und Silikate) sowie Duftstoffe (Parfümöle) und Stabilisierungsstoffe.

Aufgaben:

1. Erkundige dich nach der Wasserhärte in deinem Wohnort.

2. Verschaffe dir einen Überblick über Mittel, die zur Wäschepflege angeboten werden. Überlege, ob und wann diese Mittel notwendig sind.

3. Stelle zusammen, welche Substanzen in Waschmitteln vorkommen können und welche Aufgaben sie zu erfüllen haben.

4. Nenne Umweltprobleme, die durch Waschmittel hervorgerufen werden.

Was ist im Karton?

Waschmittel sind ein Gemisch verschiedener chemischer Substanzen, die erst in ihrer Summe den Wasch-Erfolg bringen:

Waschaktive Substanzen (Tenside/Seifen) sind das wesentlichste Element eines Waschmittels. Sie setzen die Oberflächenspannung des Wassers herab, sorgen für die gute Benetzung von Textilien und Schmutz und lösen die meisten Schmutzpartikel (insbesondere Fettiges) von den Fasern. Tenside können in den Gewässern auf Fische und andere Wasserlebewesen giftig wirken, ihre mangelhafte Abbaufähigkeit war früher die Ursache für gewaltige Schaumberge auf den Gewässern. Deshalb verlangt der Gesetzgeber heute eine gewisse Mindestabbaubarkeit. Bei den „alternativen" Waschmitteln wird ganz oder teilweise auf die synthetisch hergestellten Tenside verzichtet. Statt dessen setzen die Produzenten Seifen (hergestellt durch Kochen von Fetten und Ölen mit Natronlauge) ein. Seifen sind altbekannte waschaktive Substanzen, die jedoch neben schlechterer Löslichkeit in kaltem Wasser vor allem einen Nachteil haben: Der im Wasser enthaltene Kalk verbindet sich mit der Seife zu winzigen wasserunlöslichen Flocken (Kalkseifen), und ein Teil der Waschkraft geht dabei verloren. Trotz Enthärter muß man die Seife in solchen Fällen höher dosieren als moderne Tenside. Bei den getesteten Seifenwaschmitteln wurden verstärkte Inkrustierungen an den Heizstäben festgestellt. Und die auf den Wäschestücken zurückbleibenden Kalkseifen sorgten teilweise für einen ranzigen Geruch. Bei weichem Wasser gab es diese Probleme nicht. In biologischen Kläranlagen lassen sich die Seifen unter anderem deshalb gut entfernen, weil sie am Klärschlamm haften bleiben.

Gerüststoffe (sogenannte „Builder") machen mit 30–40 Prozent den größten Anteil eines konventionellen Vollwaschmittels aus. Sie „enthärten" das Wasser und verstärken die schmutzablösende Fähigkeit der Tenside. Der bekannteste Gerüststoff ist das Phosphat; es bildet Verbindungen mit dem härtebildenden Kalzium und bekämpft so Kalkablagerungen auf der Wäsche und in der Maschine.

Da das Phosphat in vielen Binnenseen die Überdüngung (Eutrophierung) begünstigt, wurde sein Gehalt in Waschmitteln in den letzten Jahren durch die Phosphathöchstmengenverordnung reduziert. Um Phosphate ganz oder teilweise zu ersetzen, werden nun verschiedene andere Enthärter-Substanzen verwendet. Die Hersteller der getesteten „Alternativprodukte" setzen oft pulverförmiges Natriumaluminiumsilikat (Zeolith) ein, das in Kläranlagen relativ gut entfernbar ist. Häufig zu finden ist Soda, das einen Teil des Kalziums ausfällt. In einigen Produkten werden zur Enthärtung auch Citrate eingesetzt, deren Umwelteigenschaften positiver als die von Phosphaten beurteilt werden. Von den ebenfalls teilweise verwendeten Polycarbonsäuren/Polyacrylaten ist bekannt, daß sie in Kläranlagen nur schwer biologisch abgebaut werden können.

Bleichmittel sollen den fest auf der Wäsche sitzenden, besonders hartnäckigen Schmutz durch chemische Oxydation zerstören oder zumindest so stark angreifen, daß er sich von den Fasern lösen läßt. Bleichmittel bekämpfen beispielsweise auch Rotwein- oder Obstflecken. Herkömmliche Vollwaschmittel enthalten erhebliche Mengen (10 bis 30 Prozent) Natriumperborat sowie Stabilisatoren. Bedruckte bunte und pastellfarbene Textilien können dadurch im Farbton verändert werden. Feinwaschmittel enthalten deshalb keine Bleichmittel, bei einigen Baukastensystemen lassen sie sich separat dosieren. Das dabei oft verwendete Percarbonat ist aus ökologischer Sicht unbedenklicher als Perborat, durch das der Borat-Gehalt der Gewässer erhöht wird (Gefahr der Wasserpflanzenschädigung).

Optische Aufheller machen die Wäsche nicht sauberer, sondern „weißer als weiß". Es sind synthetische organische Verbindungen mit der Fähigkeit, den für menschliche Augen unsichtbaren UV-Anteil des Sonnenlichts durch Fluoreszenz in sichtbares Licht umzuwandeln. Die Wäschestücke, an denen solche Substanzen beim Waschvorgang haften bleiben, erscheinen dadurch besonders weiß. Die optischen Aufheller sind in herkömmlichen Vollwaschmitteln zu 0,1 bis 0,3 Prozent enthalten. Sie werden in Kläranlagen nicht biologisch abgebaut; mehrere „Alternativprodukte" verzichten darauf.

Enzyme sollen vor allem hartnäckige eiweiß-haltige Flecken (z. B. Blut oder Kakao) bekämpfen. Ihr optimaler Arbeitsbereich liegt bei 60 °C, bei höheren Temperaturen werden sie zerstört. Ein konventionelles Vollwaschmittel enthält in der Regel bis zu ein Prozent Enzyme. Es handelt sich hierbei um Eiweißverbindungen (meist Proteasen), die aus abwassertechnischer Sicht als relativ unproblematisch angesehen werden. Bei den Herstellern von „Alternativprodukten" ist die Hautverträglichkeit der auf den Wäschestücken zurückbleibenden Enzymreste umstritten; die meisten verzichten darauf. Bei unserem Test war allerdings auch die Hautverträglichkeit der enzymhaltigen Produkte gut.

Silikate (Salze der Kieselsäure) sollen u. a. auch die Waschmaschine vor Korrosion schützen. Aus ökologischer Sicht gelten sie als unbedenklich.

Molke (aus der Milchverarbeitung) wird nur von wenigen Herstellern den Flüssig-Waschmitteln zugesetzt – u. a. wegen angeblicher hautpflegender Wirkungsweise. Die Schmutzentfernung war bei diesen Produkten mangelhaft, außerdem belastet die Molke trotz guter Abbaubarkeit das Abwasser.

Füllstoffe sind meist irgendwelche Salze (z. B. Sulfat), bei Flüssigwaschmitteln das Wasser. Insbesondere bei sehr großen Füllstoffanteilen ist ein Nutzen nicht erkennbar. Diese Salze können in den Kläranlagen nicht entfernt werden und erhöhen die Salzbelastung der Gewässer.

Außerdem enthalten Waschmittel diverse Zusätze gegen Vergrauung, Schmutzwiederablagerung auf der Wäsche, gegen zu starke Schaumentwicklung oder beispielsweise auch Emulgatoren. Zumindest die herkömmlichen Produkte sind auch parfümiert und teilweise gefärbt.

test 4/86 lfd S. 380

Das Umweltbundesamt rät:

Aufgabe:
Formuliere Regeln für umweltfreundliches Waschen. Hänge diese Regeln neben die Waschmaschine in der Schulküche.

Umweltprofis waschen mit Verstand

Die Bundesrepublik Deutschland hat mit den höchsten Verbrauch an Wasch- und Reinigungsmitteln pro Kopf in Europa. Dies sollte uns nachdenklich stimmen. Durch überlegteres Waschen können wir unseren Geldbeutel und unsere Umwelt schonen:

Nutzen Sie das Fassungsvermögen Ihrer Waschmaschine immer voll aus. Jede nicht ausgenutzte Waschtrommel bedeutet Wasserverschwendung, Energieverschwendung und Waschmittelverschwendung. Das gilt auch dann, wenn Sie im „Sparprogramm" waschen.

Beachten Sie die auf der Packung aufgedruckten Dosierungsempfehlungen. Um dann die richtige Waschmittelmenge zu bestimmen, müssen Sie zwei Dinge wissen: den Härtegrad Ihres Wassers und den Verschmutzungsgrad Ihrer Wäsche. Den Härtegrad erfahren Sie bei Ihrem Wasserwerk. Bei geringer Verschmutzung der Wäsche können Sie auch weniger Waschmittel einsetzen.

Verzichten Sie auf die Vorwäsche. Bei normalverschmutzter Wäsche kann man auf die Vorwäsche immer verzichten. Für den Hauptwaschgang sind dann nur rund 75–80 % der für beide Waschgänge erforderlichen Waschmittelmenge notwendig.

Benutzen Sie Vollwaschmittel nur für die Kochwäsche. Für den Normalfall reicht ein Feinwaschmittel. Feinwaschmittel werden gering dosiert und enthalten weniger Phosphate, da erst bei Temperaturen ab 60 °C Kalkablagerungen an den Maschinenstäben entstehen, die mit den Phosphaten verhindert werden sollen.

Waschen Sie auch Ihre Kochwäsche im 60 °C-Waschprogramm. Im Vergleich zum 95 °C-Waschprogramm sparen Sie auf diese Weise 40 % Energie. Dabei ist trotzdem ein hygienisch sauberes Waschen gewährleistet. Lediglich in Sonderfällen, z. B. bei Kranken- oder Säuglingswäsche, ist ein 95 °C-Waschprogramm sinnvoll.

Superweich und duftig?

Die in den Wäscheweichspülern enthaltenen kationischen Tenside ziehen auf die Wäschefaser auf und bewirken eine Glättung. Wenn synthetische Textilien sich elektrostatisch aufladen, so kann die Verwendung von Weichspülern das verhindern.

Die kationischen Tenside gelangen in den Klärschlamm. Rund 40 % der anfallenden Klärschlamm-Menge werden in der Landwirtschaft als Dünger verwendet. Welche Folgen das für die Bodenstruktur und die Pflanzen hat, ist noch weitgehend ungeklärt.

Beachten Sie die Dosiermarke Ihres Meßbechers. Ein voller Meßbecher ist fast immer ein Fehler, da die Dosiermarke meist deutlich unterhalb der Oberkante des Bechers liegt. Auf diese Weise kann erheblich mehr Waschmittel als notwendig in die Umwelt gebracht werden.

11.3 Überlegt getrocknet und zusammengelegt ist fast gebügelt!

Wind und Sonne trocknen die Wäsche kostenlos. Wer sie nicht auf die Leine hängen kann, muß einen Wäschetrockner benutzen. Wie bei jedem Gerät sollte man die Bedienungsanleitung sehr genau lesen.

Bewährte Regeln für das Trocknen auf der Leine:
– Wäscheleine und Klammern müssen sauber sein.
– Wäschestücke werden ausgeschlagen und fadengerade etwa 20 cm über die Leine gelegt, angeklammert und in Form gezogen.
– Nähte und Kanten werden ausgestrichen.
– Gleichartige Teile werden zusammengehängt.
– Pflegeleichte Oberbekleidung kann auf Kunststoffbügeln getrocknet werden.
– Bügelwäsche möglichst bügelfeucht abnehmen, glatt zusammenlegen und im Wäschekorb stapeln.
– Kleidung und Wäsche, die nicht gebügelt werden braucht, trocken abnehmen und sofort zusammenlegen oder weghängen.

Wer sich Bügelarbeit sparen möchte, muß schon beim Einkauf überlegen und auf Materialien achten, die wenig oder kein Bügeln erfordern, z. B. synthetische Chemiefasern, Frottier- und Maschenware, Krinkel- und Kräusellook.

Bügeln ist eigentlich nicht notwendig. Warum bügelt man überhaupt?
● weil man glatte Textilien schön findet.
● weil manche Wäsche ungebügelt nicht gut zu stapeln ist.
● weil Wäsche durch Bügeln hygienischer wird; z. B. kann man bei Krankenwäsche dadurch Krankheitserreger abtöten.

Im privaten Haushalt wird mit Bügeleisen (Dampf- und Trockenbügeleisen) und Bügelmaschine gebügelt. Ob sich die Anschaffung einer Bügelmaschine lohnt, hängt von der Haushaltssituation ab.
Beim Bügeln wirken die Faktoren zusammen, die du auf der Grafik siehst. Hitze und Feuchtigkeit haben auf das Bügelergebnis besonderen Einfluß.

Beim Bügelvorgang wirken zusammen:

Bügeltemperaturen

	Nennwerte:	Abweichungen:
⌁ =	95°	70°–120°
⌁ =	130°	100°–160°
⌁ =	175°	140°–210°

Aufgaben:

1. Begründe die einzelnen Regeln für das Trocknen der Wäsche auf der Leine.
2. Peter hat einen Pullover aus handgesponnener Wolle, der dringend in die Wäsche muß. Seine Eltern meinen, er könnte mal anfangen, seine Sachen selbst zu pflegen. Wer hilft Peter? Wer weiß die richtigen Tips?

Aufgaben:

1. Begründe die allgemeinen Regeln für das Bügeln.
2. Versuche beim Bügeln einer Bluse die günstigste Reihenfolge der Arbeitsschritte zu finden und zu begründen.
Versuche die einfachste, schnellste und sparsamste Weise zu finden, wie Geschirrhandtücher gebügelt werden können.
3. Bei welchen Wäschestücken würdest du dir das Bügeln ersparen: Frottierhandtuch, Tischtuch, Jeans, Unterwäsche, Pullover, Herrenhemd, T-Shirt.
Suche weitere Beispiele.

Allgemeine Regeln für das Bügeln:
- Nur bügeln, was unbedingt notwendig ist.
- Textilien nach der Bügeltemperatur sortieren und mit niedrigen Bügeltemperaturen beginnen.
- Wäsche je nach Art bügelfeucht bearbeiten.
- An einem Wäschestück jeweils mit den kleinen Teilen (z.B. Kragen, Manschetten) beginnen.
- Gebügelte Wäsche erst ausgekühlt im Schrank verstauen.
- Bügeleisen nie unbeaufsichtigt lassen.

Aufgabe:
Frau Maier möchte sich möglichst Bügelarbeit ersparen. Sie will neue Bettwäsche kaufen und hat die Wahl zwischen:
- *Jersey-Bettwäsche, Garnitur   145,– DM*
- *Frottierbettwäsche, Garnitur   105,– DM*
- *Satin-Bettwäsche, Garnitur   129,– DM*
- *Biber-Bettwäsche, Garnitur   75,– DM*
- *Baumwoll-Bettwäsche, pflegeleicht,*
Garnitur 69,– DM
- *Weiße Bettwäsche in „Aussteuer-Qualität",*
Garnitur 110,– DM
Was sollte Frau Maier alles bedenken?

11.4 Textilien verlieren ihren Gebrauchswert

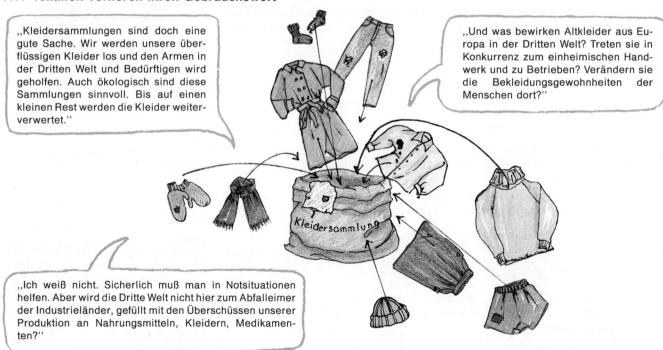

„Kleidersammlungen sind doch eine gute Sache. Wir werden unsere überflüssigen Kleider los und den Armen in der Dritten Welt und Bedürftigen wird geholfen. Auch ökologisch sind diese Sammlungen sinnvoll. Bis auf einen kleinen Rest werden die Kleider weiterverwertet."

„Und was bewirken Altkleider aus Europa in der Dritten Welt? Treten sie in Konkurrenz zum einheimischen Handwerk und zu Betrieben? Verändern sie die Bekleidungsgewohnheiten der Menschen dort?"

„Ich weiß nicht. Sicherlich muß man in Notsituationen helfen. Aber wird die Dritte Welt nicht hier zum Abfalleimer der Industrieländer, gefüllt mit den Überschüssen unserer Produktion an Nahrungsmitteln, Kleidern, Medikamenten?"

Was nun tun mit Textilien, die man nicht mehr brauchen kann oder nicht mehr brauchen will? Je nach Art und Zustand der Textilien gibt es eine ganze Reihe von Möglichkeiten:

ausbessern Hier gilt: „Wehret den Anfängen!" Einen kleinen Schaden gleich erkennen und beheben ist meist leicht und die Reparatur kaum zu sehen. Um das Ausbessern zu erleichtern, bieten Kurzwarenabteilungen allerlei Artikel an. Wer noch dazu etwas Erfahrung mit Nadel und Faden und im Umgang mit der Nähmaschine hat, der steht nicht mehr hilflos vor einem Loch in der Hose oder im Strumpf. Auch Änderungsschneidereien bieten ihre Dienste an. Da erkennt man, wieviel auch kleine Reparaturen kosten können.

verändern Wie man Kleidung durch geschickte Veränderungen der Mode anpassen kann, hängt ganz vom jeweiligen Trend ab. Modezeitschriften geben oft praktische Tips. Mit Köpfchen und Pfiff kann man eigene Ideen verwirklichen.

verbrauchen In jedem Haushalt werden hin und wieder Stoffreste benötigt. Was läßt sich nicht alles aus Stoffresten basteln und nähen: Puppenkleider, Spieltiere, Sofakissen, Stoffbilder und vieles mehr. So kann man sich z.B. aus alten Jeans Western-Hüte und Taschen nähen. Frottier- und Maschenware aus Baumwolle eignet sich als Putzlappen, und man braucht keine zu kaufen.

Aufgaben:

1. Suche zu den nebenstehenden Möglichkeiten konkrete Beispiele.

2. Was kann man alles aus einem Frottierhandtuch machen?

3. Überlege, für welche Ausbesserungsarbeiten du die Nähmaschine einsetzen kannst.

4. a) Überschlage kurz, was die Kleidung, die du gerade trägst, gekostet hat, und wie lange du als Auszubildender dafür arbeiten müßtest.

b) Lies folgendes Fallbeispiel und nimm dazu Stellung.

Elisabeth hat sich im letzten Sommer eine hochmodische Bluse gekauft. Als sie diese jetzt aus dem Kleiderschrank nimmt, weiß sie, die mag sie nicht mehr. Am liebsten würde sie diese Bluse verschwinden lassen. Sie erinnert sich:

„Die Bluse muß etwa 120 bis 130 Mark gekostet haben, 150 Mark waren es noch nicht. Ich hab sie aber nicht viel angehabt, ein paarmal in die Disco. Vielleicht sieben Mal? Ja, dann hat das Ding einmal anziehen einen Haufen Geld gekostet!"

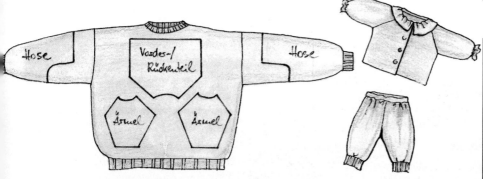

weggeben Kleidersammlungen und Secondhand-Shops sind eine Möglichkeit, Textilien wegzugeben. Gute Sachen kann man z.B. auch mit Freunden tauschen.

wegwerfen Nur wenn etwas ganz verschlissen ist, sollte es in den Müll wandern.

Ausbessern und Verändern von Textilien

Ein Kleidungsstück wegzugeben, das beschädigt ist oder das nicht mehr paßt, ist eine bequeme Methode. Es gibt aber auch heute gute Gründe, Textilien auszubessern oder abzuändern:
- ein Lieblingskleidungsstück kann weiter getragen werden
- man spart Geld
- ein Beitrag zum Umweltschutz wird geleistet, da man auf Rohstoffe für ein neues Kleidungsstück verzichten kann
- die Haltbarkeit kann erhöht werden z. B. durch Besetzen mit Lederflicken

Aufgaben:

1. Nenne weitere Gründe für das Ausbessern von Kleidung.

2. Gib Beispiele an, bei denen die genannten Ausbesserungsmöglichkeiten sinnvoll wären.

3. Suche weitere Ausbesserungsmöglichkeiten und beurteile sie nach:
- *Haltbarkeit*   *– Aussehen*
- *Zeitaufwand*   *– Abnützung der Textilie*
- *Kosten*   *– Zweckmäßigkeit*
- *Größe der Beschädigung*

Stopfen mit der Hand

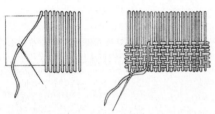

Stopfen mit der Maschine

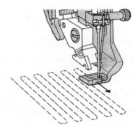

Die beschädigte Stelle wird über ein Stopfei gelegt. Mit Stopfgarn werden Fäden in geringem Abstand gespannt (den Rand ca. 1 cm übernähen). Danach wird über die Spannfäden gewebt, d. h. ein Faden auf, einer unter der Nadel. Die nächste Reihe versetzt arbeiten.

Das Loch in einen Stopfrahmen spannen. Die Nähmaschine nach Betriebsanleitung zum Stopfen vorbereiten. Bei versenktem Transporteur dicht nebeneinander Fäden spannen, indem der Rahmen hin und her bewegt wird.
Die Arbeit um 90° drehen und überstopfen.

Aus Alt mach Neu

Häufig werden völlig unbeschädigte Textilien weggeworfen, da sie nicht mehr modern sind. Mit geringen Veränderungen lassen sich manche Kleidungsstücke ohne größere Kosten abändern und so der jeweiligen Mode anpassen.

Ein Pullover kann durch Anstricken neuer Bündchen, Verändern der Ärmellänge und Aufnähen von Applikationen ein neues Gesicht bekommen.

Aufgesetzter Flicken

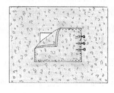 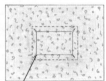

Einschnitt 1/2 cm

rechte Seite   linke Seite

Einen rechteckigen Flicken fadengerade, evtl. unter Beachtung des Musters, zuschneiden (an jeder Stelle ca. 4 cm größer als die beschädigte Stelle). Den Flicken an allen 4 Seiten 1/2 cm einschlagen. Rechts auf die beschädigte Stelle stecken, knappkantig steppen, Kleidungsstück umdrehen. Die Schadstelle der Textilie ca. 1 1/2 cm vor der Naht ausschneiden, die Ecken 1/2 cm schräg einschneiden. Diese Schnittkanten 1/2 cm einschlagen und knappkantig aufsteppen.

Aufgabe:

Überlege dir Abänderungsmöglichkeiten für ein eigenes Kleidungsstück!

Berufsorientierung: Berufe aus dem Bereich der Stoffherstellung

Hast du schon einmal darüber nachgedacht, wieviele Arbeitsgänge notwendig sind, und wieviele Personen mit welchen beruflichen Qualifikationen beschäftigt sind, bis ein Stoff hergestellt ist?

Dabei ist noch zu unterscheiden zwischen einem maschinell oder handwerklich hergestellten Stoff:

● **die gestalterische Idee**

– wie soll der Stoff aussehen? einfarbig, bunt, gestrickt, gewebt?
– welche Struktur, welches Muster soll er haben?
– welche Techniken sollen angewendet werden?

● **die Beschaffenheit des Materials**

– aus welchem Material soll der Stoff hergestellt werden, z.B. Baumwolle, Seide, Wolle oder Chemiefaser?
– in welcher Zusammensetzung sollen die Rohstoffe verwendet werden?
– wie sollen die Gebrauchseigenschaften des Stoffs sein?

● **das Produktionsverfahren**

An der Herstellung von Stoffen sind in den verschiedenen Produktionsstufen viele Mitarbeiter beteiligt:

Aufgaben:

1. Welcher der nachstehend genannten Berufe würde dich interessieren? Begründe deine Wahl.

2. Informiere dich über die Tätigkeiten des Berufs deiner Wahl. Welche Anforderungen stellt dieser Beruf?

Gestalten	Untersuchen, Messen, Prüfen	Produzieren
Textilmustergestalter(in) Textil-Designer(in) 	Textillaborant(in) – physikalisch-technisch – chemisch-technisch Textiltechnische(r) Assistent(in) (Prüfwesen) 	Textilmaschinenführer(in) – Maschenindustrie – Spinnerei – Veredelung – Weberei Textilmechaniker(in) – Bandweberei – Ketten- und Raschelwirkerei – Spinnerei – Strickerei und Wirkerei – Weberei Textiltechnische(r) Assistent(in) (Spinnerei, Weberei, Maschentechnik) Textilveredler(in) – Appretur – Beschichtung – Druckerei – Färberei Stricker(in) (Handwerk) Weber(in) (Handwerk)

In jedem der genannten Berufe werden unterschiedliche Tätigkeiten ausgeführt. Jeder dieser Berufe stellt aber auch ganz spezielle Anforderungen. Das folgende Beispiel macht dies deutlich:

Der Textilmechaniker/die Textilmechanikerin (Weberei)

Welche Tätigkeiten werden ausgeübt?	Welche Anforderungen stellt dieser Beruf?
Es gibt Webmaschinen verschiedenster Art, auf denen die Gewebe hergestellt werden. Dabei werden vielfältige textile Rohstoffe verwendet. Der Textilmechaniker (Weberei) richtet selbständig die verschiedenen Textilmaschinen vor. Dabei beachtet er die Vorschriften des Maschinenherstellers und die Vorschriften für die Fertigung des herzustellenden Gewebes. Die Maschinen werden von ihm so eingestellt, daß die Textilmaschinenführer mit der Produktion unmittelbar beginnen können. Der Textilmechaniker macht die regelmäßigen Wartungsarbeiten an den hochwertigen, modernen Textilmaschinen in der Webereiindustrie, damit größere Maschinenstörungen verhütet werden. Er wechselt Verschleißteile in der Maschine aus und führt kleinere Reparaturen an den Maschinenteilen durch, die nicht austauschbar sind. Er hat Kenntnisse von der Funktion, dem Einsatz und der Wirkungsweise von Maschinenelementen und Maschinenaggregaten. Auch hat er Grundfertigkeiten im Bearbeiten von Werkstoffen erworben. Er kann technische Zeichnungen lesen, auswerten und einfache Bewegungsabläufe skizzieren.	Interesse für technische Vorgänge und Funktionsweisen Freude am Umgang mit Textilien Technische Begabung Technisches Kombinationsvermögen bei Fehlersuche: Beobachtungsgabe, schlußfolgerndes Denken handwerkliches Geschick Sorgfalt und Genauigkeit; Maschinen produzieren sehr schnell. Viele Stoffmeter sind bei fehlerhaftem Vorgehen Ausschußware. gesunde Beine und Wirbelsäule; der Beruf wird weitgehend im Stehen, Gehen, oft in knieender und in nach vorn gebeugter Haltung ausgeübt.

Merke:
Du kannst jetzt schon beginnen, alles Wissenswerte über die angesprochenen Berufe zu erfahren, wenn du im Berufsinformationszentrum beim Arbeitsamt
– die entsprechenden Filme oder Dias anschaust;
– viel und intensiv über die Aufgaben, die zu verrichtenden Tätigkeiten und über die Anforderungen in diesen Berufen liest.

Frage dich dabei immer:
– würde *ich* alle diese Tätigkeiten gerne ausüben?
– welche der beschriebenen Tätigkeiten könnte oder wollte ich nicht ausüben?
– was stört *mich* daran?
– wie müßte diese Tätigkeit aussehen, damit sie *mir* Spaß macht?

Notiere dir deine Antworten auf diese Fragen bei den verschiedenen Berufen. Sie sind sehr wichtig für deine Berufsfindung.

Und noch etwas:
Wenn du an den Tätigkeiten der hier genannten Berufe keinen Gefallen findest, sei nicht verzagt! Im Lauf der nächsten Zeit wirst du noch viele Berufe kennenlernen. Auch im Buch für die 9. Klasse werden dir noch etliche Berufe vorgestellt. Du mußt dich aber immer sehr genau prüfen, denn es geht um deinen Beruf.

Schreibweise der Rezepte

In einem Kochbuch von 1881 haben wir folgendes Rezept gefunden: Wir würden dieses Rezept so schreiben:

Nr. 116. Birnenkompot.

Die Birnen werden geschält, in vier Theile geschnitten, wenn sie dick sind, und das Kerngehäuse entfernt; kleine Birnen bleiben ganz.
Man läßt sie, halb mit Wasser bedeckt, mit Zimmt, Citronenschale und nur wenig Zucker langsam weich kochen. Die Brühe kann man mit etwas feinem Mehl (Kartoffel- oder Stärkemehl) sämig machen, wenn die Birnen herausgenommen sind.

Birnenkompott	
1/4 l Wasser	
Stangenzimt	zum Kochen bringen
1 Stück Zitronenschale	
750 g Birnen	waschen, schälen, halbieren
	Kernhaus entfernen
	ins kochende Wasser geben
	15 Minuten garen
1–2 Eßl. Zucker	nach Geschmack süßen

In Kochbüchern werden häufig alle Zutaten zuerst aufgelistet und anschließend die Zubereitungsarbeiten erläutert. Bei den folgenden Rezepten haben wir die Zutaten und die Zubereitung in Tabellenform nebeneinander gestellt und in der Reihenfolge der Arbeitsschritte angeordnet.

Wenn wir uns angewöhnen, zuerst die Zutaten und Geräte bereitzustellen, können die einzelnen Arbeitsschritte dem Rezept entsprechend ohne unnötige Unterbrechung ausgeführt werden. Noch einige Erklärungen zu den Rezepten:

Mengen

Die Rezepte sind für vier Personen berechnet. Für manche Lebensmittel sind sogenannte Grundmengen angegeben; das sind Durchschnittsmengen, die nach den jeweiligen Erfordernissen abgeändert werden können. Bei manchen Lebensmitteln richtet sich die benötigte Menge stark nach den Ernährungsgewohnheiten und kann nicht allgemein angegeben werden.

Grundrezepte

Rezepte, die häufig gebraucht und immer wieder zu neuen Gerichten abgewandelt werden, nennt man Grundrezepte. Wenn du einige Übung im Kochen hast, wirst du manche Grundrezepte und Grundmengen auswendig wissen.

Im Inhaltsverzeichnis zum Rezeptteil am Schluß des Buches findest du die Grundrezepte kursiv gedruckt.

Zur Fettwahl

In den Rezepten wird nur die Art des Fetts angegeben. Dabei bedeutet:
● wasserhaltiges Fett: Butter oder Margarine
● wasserfreies Fett: Öl, Schmalz oder Plattenfett
Näheres zur Fettwahl s. S. 49.

Abmessen mit dem Löffel

Bei sehr kleinen Mengen lohnt sich das Abwiegen von Lebensmitteln nicht.
In diesem Fall messen wir mit Löffeln. Dabei wird ein normaler Eß- bzw. Teelöffel – gestrichen voll – verwendet. Es entspricht:

1 Eßl. Mehl	10 g
1 Eßl. Stärke	10 g
1 Eßl. Grieß	12 g
1 Eßl. Haferflocken	5 g
1 Eßl. Reis	15 g
1 Eßl. Zucker	15 g
1 Eßl. Salz	15 g
1 Eßl. Fett	15 g
4 Eßl. Wasser	1/16 l
1 Teel. Zucker	5 g
1 Teel. Salz	5 g
1 Teel. Backpulver	5 g

Suppen

Grundrezept für klare Suppen

1 l Brühe (Fleischbrühe oder Gemüsebrühe)	zum Kochen bringen
60–80 g Einlage wie Nudeln oder Reis	in der Brühe weichkochen
1 Eßl. Schnittlauch	beim Anrichten darüberstreuen

Nudelsuppe

1 l Brühe	zum Kochen bringen
2 Eßl. Tiefkühl-Suppengemüse	zugeben
60 g Suppennudeln	einstreuen 8 Minuten kochen
1 Eßl. Schnittlauch	darüberstreuen

Grießklößchensuppe

30 g wasserhaltiges Fett	schaumig rühren
1 Ei *50 g grober Grieß (Nockerlgrieß) Salz, Muskat*	darunterrühren
	15 Min. stehen lassen; ist der Teig zu weich, noch 1 Eßl. Grieß zugeben
1 1/2 l Brühe	zum Kochen bringen; mit 2 Teelöffeln Klößchen einlegen 20 Minuten ziehen lassen
1 Eßl. Schnittlauch	darüberstreuen

Einlaufsuppe

1 l Brühe	zum Kochen bringen
1 Ei *2 Eßl. Mehl*	verrühren in die Brühe unter Rühren
2 Eßl. Wasser *Salz, Muskat*	einlaufen lassen kurz aufkochen
1 Eßl. Schnittlauch	darüberstreuen

Grundrezept für gebundene Suppen

30 g Fett *30 g Mehl* *oder* *60 g Grieß, Haferflocken* *oder* *Grünkernschrot*	erhitzen
	dünsten bis die gewünschte Farbe erreicht ist
1 l Wasser oder Brühe	langsam ablöschen
Zusätze: *Kräuter, Gemüse*	

Lauchsuppe

30 g wasserhaltiges Fett	erhitzen
1/2 Zwiebel, geschnitten *1 Lauchstange, geputzt, in Ringe geschnitten*	zugeben andünsten
3 Eßl. Mehl	darüberstäuben, mitdünsten
1 l Wasser	aufgießen
Salz, Muskat *Suppenwürze*	abschmecken 15 Minuten kochen

Kartoffelsuppe

1 l Wasser	im Drucktopf zum Kochen bringen
500 g Kartoffeln	schälen, würfeln, zugeben
2 Eßl. Tiefkühl-Suppengemüse	zugeben Drucktopf schließen 5 Minuten garen
Salz, Suppenwürze Majoran	würzen
1 Eßl. wasserhaltiges Fett	zugeben
1 Eßl. Petersilie gehackt	darüberstreuen

Linsensuppe

1 l Wasser	im Drucktopf zum
150 g Linsen	Kochen bringen
1 Kartoffel	waschen, schälen
2 gelbe Rüben	würfeln, zugeben
	Drucktopf schließen
	12 Min. garen
50 g Speck,	in Würfel schneiden
durchwachsen	glasig dünsten, zur
1/2 Zwiebel	Suppe geben
Salz, Suppen-	
würze, Essig	abschmecken
1 Eßl. Petersilie	darüberstreuen

Tomatensuppe

30 g wasserhaltiges	
Fett	erhitzen
1/2 Zwiebel,	
geschnitten	glasig dünsten
3 Eßl. Mehl	hellgelb dünsten
1/2 l pürierte	
Tomaten	langsam zugeben
1/2 l Wasser	angießen
Salz, Zucker	
Zitronensaft	würzen, 10 Minu-
	ten kochen
2 Eßl. Sahne	zugeben

Eintöpfe

Minestrone (aus Italien)

2 Eßl. wasserfreies	
Fett	
125 g durchwachsener	erhitzen
geräucherter	
Speck, gewürfelt	
1 Zwiebel	
2 Möhren	putzen
1 Stange Lauch	feinschneiden
200 g grüne	dünsten
Bohnen	
3 Tomaten, geschält	
200 g grüne Erbsen	
1 Knoblauchzehe	zugeben
1 l Wasser	ablöschen
Salz, Paprika	würzen
Thymian	
	20 Minuten kochen
125 g Spaghetti	zerbrechen, zuge-
	ben, noch 10 Min.
	kochen
1 Eßl. Petersilie	darüberstreuen
30 g geriebenen	gesondert
Käse	anrichten

Pichelsteiner

2 Eßl. wasser-	
haltiges Fett	
250 g Rind- und	im Drucktopf
Schweinefleisch	andünsten
(Würfel)	
1 Zwiebel, gehackt	
1/2 l Wasser	aufgießen
	Drucktopf schlie-
	ßen
	10 Min. garen
500 g Kartoffeln	waschen, schälen
	würfeln, zugeben
500 g Gemüse der	waschen, putzen
Jahreszeit	zerkleinern
(z. B. gelbe	zugeben, Druck-
Rüben, Lauch,	topf wieder
Weißkraut)	schließen
	5 Min. garen
Salz, Majoran	abschmecken
1 Eßl. frische	
Kräuter	darüberstreuen

Bohnen – Mais – Eintopf (aus Texas)

2 Eßl. wasserfreies	im Drucktopf
Fett	erhitzen
200 g Rindfleisch	anbraten
(Würfel)	
1 Zwiebel, in	
Scheiben	
geschnitten	mitbraten
1 grüne Paprika,	
in Streifen	
geschnitten	kurz mitbraten
2 geschälte	
Tomaten	zugeben
1 Knoblauchzehe,	
zerdrückt	
1/4 l Wasser	ablöschen, Druck-
	topf schließen,
	10 Minuten garen
	(2. Ring)
1 Dose rote	
Kidneybohnen	zugeben
1 Dose Mais	
Salz, Paprika	würzen
Chilipulver	nochmals kurz
	aufkochen

Milchspeisen

Grundmengen für Milchspeisen mit stärkehaltigen Bindemitteln

Art des Bindemittels	Menge des Bindemittels		Milch	Eier	Zubereitung
mehlfein: Stärke	für Pudding für süße Soßen	40 g 20 g	1/2 l 1/2 l	– –	Stärke mit wenig kalter Milch anrühren, in kochende Milch einlaufen lassen, kurz aufkochen
	für Creme mit Ei für süße Soßen mit Ei	20 g 10 g	1/2 l 1/2 l	2 1	alle Zutaten im Kochtopf kalt anrühren, schlagen bis zum Kochen (**„abgeschlagene Creme"**)
feinkörnig: Grieß Haferflocken Schrot	für Brei 50 g 60 g 100 g		1/2 l 1/2 l 1/2 l	– – –	in die kochende Milch einstreuen 5–10 Minuten unter ständigem Rühren kochen
grobkörnig: Reis Hirse	für Brei 80 g 125 g		1/2 l 1/2 l	– –	in die kochende Milch streuen, bei schwacher Hitze 30 Minuten quellen lassen

Bei der Weiterverarbeitung des Breis zu Aufläufen, Schnitten oder Küchlein erhöht sich die Menge des Bindemittels.

Reisauflauf mit Quark

3/4 l Milch	zum Kochen bringen
175 g Rundkornreis	einstreuen, 30 Minuten ausquellen
100 g Zucker	
1 Teel. Zitronenschale	
50 g Haselnüsse, gehackt	zugeben
50 g Sultaninen	
2 Eigelb	
250 g Quark	
2 Eiklar	steif schlagen, unterheben in gefettete Auflaufform füllen
20 g wasserhaltiges Fett	als Flöckchen daraufsetzen 40 Minuten bei 200 °C backen

---

Tutti-Frutti
(Vanillecreme über Früchten)

100 g Löffelbiskuits	zerbröckeln, in Glasschale geben
5 Eßl. Fruchtsaft	darübergeben
400 g Obst gemischt, zerkleinert	daraufschichten
1/2 l Milch	kalt im Kochtopf anrühren
2 Eier	unter Schlagen zum Kochen
20 g Stärkemehl	bringen
1/2 Vanillestange	etwas abkühlen, über die
50 g Zucker	Früchte geben

Birne Hélène

Grießschnitten
aus Weizen- Mais- oder Grünkerngrieß

1/2 l Milch	zum Kochen bringen
Salz	
150 g Grieß	einstreuen, zu dickem Brei kochen auf nasses Brett schütten, zu Viereck ausstreichen, abkühlen lassen Schnitten schneiden
1 Ei	verrühren, Oberflächen bestreichen
2 Eßl. wasserfreies Fett	erhitzen, Schnitten auf der bestrichenen Seite einlegen zweite Seite auch bestreichen, wenden, hellbraun backen
Zucker und Zimt	darüberstreuen

Birne Hélène (aus Frankreich)

Schokoladensoße:

1/4 l Milch	aufkochen, bis Schokolade zergangen ist
60 g Schokolade, zerbröckelt	
30 g Zucker	
10 g Stärkemehl	kalt anrühren
3 Eßl. Milch	in die kochende Milch einlaufen lassen, kurz aufkochen, abkühlen
1/2 Becher Sahne	schlagen, unterheben

anrichten:

500 g Vanilleeis	auf Glasschälchen verteilen
4 Birnenhälften	auf das Eis legen
(aus der Dose)	Schokoladensoße darübergießen, so daß Birnen und Eis bedeckt sind

Sauermilchspeise mit Früchten

1/2 l Sauermilch	verrühren
60–80 g Zucker	
4 Eßl. Zitronensaft	
5 Blatt weiße Gelatine	10 Minuten in kaltem Wasser einweichen, ausdrücken
2 Eßl. Wasser	erhitzen, Gelatine zugeben auflösen aber nicht kochen, unter Rühren in die Sauermilchmasse geben, in Schälchen verteilen, kalt stellen
100 g rote Früchte (Erdbeeren, Kirschen)	zum Verzieren

Milchmixgetränke

Grundmenge:

250 g Früchte	pürieren
1/2 l Sauermilch oder Joghurt oder Frischmilch	zugeben, vermischen
Zucker nach Geschmack	

Sauerkirschen – Mix

4 Eiswürfel	in Gläser geben
250 g Sauerkirschen, entsteint	pürieren
2 Teel. Zitronensaft	zugeben
3 Eßl. Zucker	vermischen
2 Becher Joghurt	in die Gläser verteilen

● Das Rezept kann durch Zugabe von 1 Teel. Kirschgeist verfeinert werden.

Statt Sahne ein Joghurt (handschriftlich)

Quarkspeisen mit Früchten

Grundmenge:

250 g Quark	verrühren
1/8 l Milch	(Bei Verwendung von Fruchtmus erhöht sich die Quarkmenge)
Zucker nach Geschmack	
500 g Obst	zerkleinern und zugeben

Schwedenquark

500 g Quark	verrühren
1/4 l Milch	in Gläser verteilen
200 g Preiselbeeren	
Zucker nach Geschmack	
	mit Preiselbeeren
1 P. Vanillezucker	verzieren

Pikante Quarkspeisen
als Brotaufstrich oder zu Pellkartoffeln

Grundmenge:

250 g Quark	
4 Eßl. Joghurt oder Sauermilch	verrühren
Salz	
1/2 Teel. Zucker	

Kräuterquark

2 Eßl. feingeschnittene Kräuter, z.B. Schnittlauch, Petersilie Dill, Borretsch	mit dem angerührten Quark vermischen etwas Schnittlauch darüberstreuen

Bunter Quark

1 Gewürzgurke	fein schneiden
1/2 Zwiebel	
1 Stück rote Paprika	mit dem angerührten Quark vermischen

Gurkenquark

2 Eßl. Zitronensaft	mit dem angerührten Quark vermischen
1 Prise Pfeffer	
1/2 Salatgurke	schälen, in den Quark raspeln
1 Eßl. Dill feingeschnitten (frisch oder tiefgefroren)	zugeben
1 Scheibe Pumpernickel	darüberbröseln

Eierspeisen

Gekochte Eier

1/2 l Wasser	zum Kochen bringen
4 Eier	anstechen, hineinlegen
	zu weichen Eiern 3–5 Minuten,
	zu harten Eiern 8–10 Minuten kochen
	kalt abschrecken

Rührei

4 Eier	
4 Eßl. Milch	verrühren
Salz	
1 Eßl. wasser-	
haltiges Fett	erhitzen, Eimasse zugeben und stocken lassen, dabei die Masse vorsichtig hin- und herschieben, nicht zu fest werden lassen
Zutaten nach	
Wahl:	
2 Eßl. Schnittlauch	
oder	feingeschnitten in die
50 g Wurst oder	Eimasse geben
Schinken	

Eierpfannkuchen

250 g Mehl	
1/2 l Milch	verrühren
Salz	
3 Eigelb	zugeben
3 Eiklar	zu Schnee schlagen
	unterheben
1 Eßl. wasserfreies	
Fett	erhitzen, 1 Schöpflöffel Teig zugeben, auf beiden Seiten hellbraun backen
	weitere Pfannkuchen ebenso backen
● Abwandlung zu	
Eierhaber:	die Eierkuchen nach dem Wenden in kleine Stückchen schneiden

Eiersalat

4 Eier hartgekocht	schälen, in Scheiben schneiden
2 Gewürzgurken	
100 g gekochten	in kleine Würfel schneiden
Schinken	
1 Apfel	schälen, Kernhaus entfernen, schneiden
1 Eßl. Kapern	zugeben, alles vorsichtig mischen
2 Eßl. Mayonnaise	verrühren
2 Eßl. Joghurt	abschmecken
Salz, Zucker, Senf	darüberschütten
Zitronensaft	

Gefüllte Eier

4 Eier, hartgekocht	schälen, halbieren
	Eigelb herausnehmen
	mit einer Gabel zerdrücken
2 Eßl. Mayonnaise	mit dem Eigelb
1 Teel. Senf	verrühren
2 Sardellen oder	
50 g Schinken oder	fein schneiden
1 Gewürzgurke	daruntermischen
Salz, Pfeffer	würzen, in die Eihälften füllen, verzieren, auf Salat anrichten

Omelettes (Menge für 1 Omelette)

2 Eier	
2 Eßl. Milch	verrühren
Salz	
1 Eßl. wasserfreies	
Fett	erhitzen; Eimasse zugeben, nur auf der Unterseite hellbraun backen
Fülle nach Wahl:	
1 Eßl. Käse,	
gerieben oder	auf die Oberseite geben
1 Eßl. Kräuter,	
gehackt oder	zusammenklappen
4 Eßl. Erbsen,	
erhitzt	

Fleischspeisen

Grundrezept Fleischteig

375 g Hackfleisch
   gemischt
2 Eßl. Semmelbrösel
1 Ei
1 Zwiebel,
   feingeschnitten
Salz, Pfeffer
Muskat
Paprika
	mit Knethaken oder Gabel
	gut vermengen
	
	sofort weiterverarbeiten

Fleischküchlein

1 Grundrezept Fleischteig	in 8 Portionen teilen mit nassen Händen Küchlein formen
2 Eßl. wasserfreies Fett	erhitzen Küchlein auf jeder Seite 5–7 Minuten braten

Königsberger Klopse

1 Grundrezept Fleischteig	8 Klöße formen
1 l Wasser Salz	zum Kochen bringen Probekloß einlegen, dann alle Klöße einlegen, 15 Minuten garziehen lassen, herausnehmen, warmstellen
30 g wasserhaltiges Fett	erhitzen
30 g Mehl	darin dünsten
1/2 l Kochbrühe	ablöschen
1 Eßl. Zitronensaft 1 Eßl. Weißwein 1 Teel. Kapern Salz Zucker	Soße würzen Klopse in heißer Soße anrichten

Rinderschmorbraten

3 Eßl. wasserfreies Fett	im Dampfdrucktopf erhitzen
500 g Rindfleisch (Keule)	auf allen Seiten anbraten
1 gelbe Rübe 1 Stück Sellerie 1 Zwiebel	putzen in grobe Stücke schneiden mitbraten

2 Tomaten,
   zerkleinert oder
   Tomatenmark
	zugeben

Salz, Pfeffer	Fleisch würzen
1/2 l Wasser 1/2 Lorbeerblatt	zugeben Dampfdrucktopf schließen 20 Minuten garen (2. Ring) (Garzeit im Schmortopf: 90 Minuten) Fleisch quer zur Faser in Scheiben schneiden, mit dem Gemüse auf einer Platte anrichten
2 Eßl. Sahne	zur Soße geben, abschmecken

Gulasch

2 Eßl. wasserfreies Fett	im Dampfdrucktopf erhitzen
400 g Rindfleisch (Würfel)	anbraten
2–3 Zwiebeln (Scheiben)	mitbraten
Salz Pfeffer Paprika	zugeben
1 Eßl. Tomatenmark 1/4 l Wasser	Drucktopf schließen 15 Minuten garen (2. Ring; Garzeit im Schmortopf: 90 Minuten)
1 Eßl. Mehl 3 Eßl. Rotwein oder Wasser	verrühren, zugeben kurz aufkochen

Schweinehals in Bratfolie

	Backofen auf 200 °C vorheizen Grillrost herausnehmen
500 g Schweinehals	
Salz Paprika Rosmarin	vermischen Fleisch würzen
1 Zwiebel 1 gelbe Rübe	putzen in Stücke schneiden
	Fleisch und Gemüse in Bratfolie geben, nach Vorschrift verschließen auf kaltem Gitterrost in den Backofen schieben (untere Schiene) 60 Minuten braten Fleisch entnehmen und schneiden Fleischsaft in eine Pfanne gießen
1 Eßl. Mehl 2 Eßl. Rahm	verrühren, zugeben, aufkochen
Salz Pfeffer	Soße würzen

Hähnchen im Römertopf

	Römertopf 15 Minuten ins Wasser stellen
1–2 Hähnchen	gründlich waschen
3 Eßl. Zitronensaft	außen und innen beträufeln
Salz, Pfeffer	würzen
1 gelbe Rübe 1 Zwiebel	grob geschnitten mit dem Hähnchen in den Topf legen
1 Eßl. wasserhaltiges Fett	darübergeben
1 Eßl. Weißwein	in den kalten Backofen schieben 60 Minuten bei 220 °C braten dann 10 Minuten ohne Deckel knusprig bräunen lassen

Würstchen gegrillt

	Grill 10 Minuten vorheizen
4 rote Würste	der Länge nach einschneiden
2 Scheiben Schnittkäse	in Streifen schneiden längs in die Würstchen stecken
2 Scheiben Räucherspeck	in Streifen schneiden, um die Würstchen wickeln auf jeder Seite 3 Minuten grillen

Käse-Wurst-Salat

2 Eßl. Essig Salz Zucker 1 Eßl. Öl	Salatmarinade zubereiten
200 g Emmentaler Käse 200 g Lyoner Wurst 50 g Cervelatwurst	in kleine Würfel schneiden in die Marinade geben
1/2 Zwiebel	mischen
1 Apfel 1 Gewürzgurke	etwas durchziehen lassen

Fischgerichte

Fischfilet überbacken

500 g Fischfilet	säubern
3 Eßl. Zitronensaft	säuern, 10 Minuten stehen lassen
Salz	salzen
	in gefettete Auflaufform legen
1 Zwiebel,	
geschnitten	
1 Zehe Knoblauch,	
gehackt	
1 Eßl. Dill	
1 Eßl. Mehl	verrühren, über den
1 Becher	
Sauerrahm	Fisch geben
2 Eßl. Emmentaler	
Käse, gerieben	
2 Eßl. Semmelbrösel	darüberstreuen
	10 Minuten mit Deckel,
	20 Minuten ohne Deckel
	bei 200°C backen
	(Oberfläche nicht braun werden lassen)

Forelle blau

1 1/2 l Wasser	
1 Eßl. Salz	
1/2 Tasse Essig	in einem großen, flachen Topf zum
1/2 Zwiebel	Kochen bringen
3 Pfefferkörner	
1 Nelke	
1/2 Lorbeerblatt	
4 Forellen	vorsichtig waschen, Haut nicht verletzen,
	ins kochende Wasser legen,
	Herd zurückschalten, nicht kochen, nur
	garziehen
	Garzeit:
	Frische Forelle: 8 Minuten
	gefrorene Forelle: 15 Minuten
	der Fisch ist gar, wenn sich die Rücken-
	flosse leicht herausziehen läßt

Fischfilet paniert

500 g Fischfilet	säubern
3 Eßl. Zitronensaft	säuern; 10 Minuten stehen lassen
Salz	salzen
2 Eßl. Mehl	
1 Ei verquirlt	Fischstücke nacheinander darin wenden
3 Eßl. Semmelbrösel	
3 Eßl. wasserfreies	
Fett	erhitzen
	Fisch auf beiden Seiten ca. 6 Minuten
	braten

Fischfilet „ungarisch"

500 g Fischfilet	säubern, in Stücke teilen
3 Eßl. Zitronensaft	säuern, 10 Minuten stehen lassen
Salz	salzen
2 Eßl. wasserhaltiges Fett	erhitzen
1 Zwiebel	in Scheiben schneiden, glasig dünsten
1 grüne Paprikaschote	waschen, putzen, zerkleinern
1 rote Paprikaschote	zugeben, mitdünsten
2 Tomaten	
1 Knoblauchzehe, gehackt	würzen
Salz, Pfeffer, Paprika	Fischstücke auf das Gemüse legen
	bei mittlerer Hitze zugedeckt
	10 Minuten garen lassen

Herings-Salat

3 Bismarckheringe	
250 g gekochte	
Kartoffeln	kleine Stücke schneiden
2–3 Gewürzgurken	vermischen
1 Zwiebel	
1 Apfel	
1 Teel. Kapern	
1/2 Becher	
Sauerrahm	
1 Teel. Senf	
Salz	darübergeben
Zucker	etwa 30 Minuten durchziehen lassen

Reisgerichte

Grundmenge: 2 Tassen Reis, 4 Tassen Wasser

Gedünsteter Reis

30 g wasserhaltiges Fett	erhitzen
1/2 Zwiebel, feingeschnitten	andünsten
2 Tassen Langkornreis	mitdünsten (glasig)
4 Tassen Wasser	ablöschen
Salz	
1/2 Brühwürfel	abschmecken zum Kochen bringen, zudecken bei schwacher Hitze 25 Minuten ausquellen lassen ohne zu rühren

Risi bisi (aus Italien)

30 g wasserhaltiges Fett	erhitzen
1/2 Zwiebel	andünsten
1 Tasse Reis	mitdünsten
4 Tassen Wasser	ablöschen
Salz	
1/2 Brühwürfel	abschmecken
1 Tasse grüne Erbsen	zugeben, zum Kochen bringen
(Erbsen aus der Dose erst zugeben, wenn der Reis weich ist)	25 Minuten ausquellen lassen
1 Eßl. Petersilie	darüberstreuen

Jugoslawisches Reisfleisch

20 g wasserfreies Fett	erhitzen
50 g Räucherspeck (Würfel)	anbraten
250 g Schweinefleisch (Würfel)	
1 Zwiebel (Ringe)	zugeben, mitbraten
2 Tassen Reis	
3 Tomaten (Scheiben)	zugeben
2 grüne Paprika (Würfel)	kurz mitbraten
5 Tassen Wasser	ablöschen
Salz	
Brühwürfel	
Paprika	pikant abschmecken
Cayennepfeffer	30 Minuten kochen

Reissalat

2 Tassen Wasser	zum Kochen bringen
Salz	
1 Tasse Reis	zugeben, aufkochen lassen zugedeckt 25 Minuten ausquellen lassen
125 g Schinkenwurst	würfeln
2 Gewürzgurken	mit dem Reis vermischen
2 Äpfel	
1 Tasse gekochtes Gemüse (Erbsen, gelbe Rüben)	
100 g Mayonnaise	zugeben, gut durchziehen lassen

● **Abwandlung:**
anstatt Reis 125 g weichgekochte Makkaroni oder Hörnchen verwenden. Der Salat heißt dann „Dänischer Salat" oder „Nudelsalat".

Gerichte aus Teigwaren

Grundrezept

2 l Wasser	in weitem Topf zum
1 Teel. Salz	Kochen bringen
250 g Teigwaren	locker hineingeben, umrühren
1 Teel. Öl	zugeben (verhindert Zusammenkleben, Abschwenken erübrigt sich)
	Kochzeit nach Vorschrift auf der Packung
als Hauptgericht:	
350 g Teigwaren	

Spätzle

250 g Mehl	
2–3 Eier	zu einem glatten Teig
Salz	schlagen
1/8 l Wasser	
2 l Wasser	zum Kochen bringen
Salz	Teig in Portionen vom Brett schaben oder durch Spatzendrücker pressen in heißem Wasser schwenken

Pasta asciutta – Italienisches Nudelgericht

2 Eßl. wasserfreies Fett	erhitzen
1 Zwiebel, gewürfelt	
200 g Hackfleisch, gemischt	zusammen anbraten
1 grüne Paprikaschote	putzen, schneiden, mitbraten
1 kl. Dose geschälte Tomaten	zugeben
1 Knoblauchzehe, gehackt	20 Minuten kochen lassen
2 Eßl. Rotwein	
1/2 Teel. Paprika	würzen
Salz, Pfeffer	
350 g Spaghetti	nach Grundrezept garen auf die Teller verteilen etwas Soße und ein Stückchen frische Butter daraufgeben
40 g Emmentaler gerieben oder Parmesan	zum darüberstreuen

Lasagne – einfache Art

[handschriftlich:] rote + helle Soße, Käse, Blätt...

2 Eßl. wasserhaltiges Fett	erhitzen
1 Zwiebel, gewürfelt	
1 Knoblauchzehe, gehackt	andünsten
200 g Hackfleisch	mitdünsten
400 g geschälte Tomaten	
200 g Champignons, geschnitten	zugeben
Salz	
Oregano	würzen
	viereckige Auflaufform fetten
12 Scheiben Nudelteig (250 g)	abwechselnd mit der Fleischsoße einschichten
~~*200 g Joghurt*~~	*[handschriftlich:] S. 177 helle Soße*
1 Ei	
1 Eßl. Mehl	vermischen
3 Eßl. Emmentaler gerieben	auf der Oberfläche verteilen
Salz	45 Minuten bei 200 °C backen

Kartoffelgerichte

Grundmenge: 500–750 g

Pellkartoffeln

500 g Kartoffeln	gründlich waschen
1/4 l Wasser	im Dampfdrucktopf erhitzen
	Kartoffeln im gelochten Einsatz zusetzen
	Garzeit 10 Minuten (2. Ring)
	(im Kochtopf 25 Minuten)
	Kartoffeln heiß schälen, in vorgewärmter Schüssel anrichten

Salzkartoffeln

500 g Kartoffeln	waschen, schälen, in gleichgroße Stücke schneiden
1/4 l Wasser	im Dampfdrucktopf erhitzen
	Kartoffeln im gelochten Einsatz zusetzen
Salz	darüberstreuen
	6–8 Minuten (2. Ring) garen

Kartoffelbrei

750 g Kartoffeln	als Pellkartoffeln oder Salzkartoffeln garen, heiß durchdrücken
1/4 l Milch	erhitzen, nach Bedarf zugeben
	schaumig schlagen
Salz, Muskat	würzen
1 Eßl. wasserhaltiges Fett	unterrühren

Bratkartoffeln

500 g Kartoffeln	als Pellkartoffeln garen, abkühlen, schälen, in Scheiben schneiden
1 Eßl. wasserfreies Fett	erhitzen
1 Zwiebel, gewürfelt	zusammen mit den Kartoffeln hellbraun anbraten
Salz	würzen

Kartoffelsalat

750 g Kartoffeln	als Pellkartoffeln garen schälen, etwas abkühlen lassen in Scheiben schneiden
1 kl. Zwiebel	feingeschnitten zugeben
Salz, Pfeffer	
3 Eßl. Essig	darübergeben
1 Teel. Instant-Brühe	
ca. 1/4 l kochendes Wasser	vorsichtig mischen
	durchziehen lassen
2 Eßl. Öl	vor dem Anrichten zugeben

Grundrezept Kartoffelteig

750 g Kartoffeln	als Pellkartoffeln garen, schälen heiß durchdrücken, auskühlen
1 Ei	
2 Eßl. Mehl	zugeben
2 Eßl. Grieß	mit Knethaken (Handrührgerät)
Salz	mischen
Majoran	rasch weiterverarbeiten

Kartoffelklöße

1 Grundrezept Kartoffelteig	
1/2 Zwiebel, gewürfelt	zugeben
1 Eßl. Petersilie	
1 Brötchen	in Würfel schneiden
1 Eßl. wasserhaltiges Fett	goldgelb rösten
2 l Wasser	
Salz	zum Kochen bringen
	aus dem Teig 8 Klöße formen
	jeweils Brotwürfel in die Mitte geben,
	zuerst Probekloß einlegen,
	dann alle Klöße 10 Minuten ziehen lassen

● Aus Kartoffelteig können auch Kartoffelküchlein oder Kartoffelwürstchen in der Pfanne gebraten werden.

Soßen

Grundrezept Helle Soße

30 g wasserhaltiges Fett	erhitzen
1/2 Zwiebel feingeschnitten	glasig dünsten
30 g Mehl	zugeben, goldgelb dünsten
1/2 l Wasser	langsam ablöschen

Kräutersoße

1 Grundrezept helle Soße	zubereiten
1/2 Brühwürfel	
Salz, Pfeffer	abschmecken
2 Eßl. frische Kräuter feingeschnitten	zugeben

Currysoße

1 Grundrezept helle Soße	zubereiten
1 Teel. Curry	
Salz, Zucker	zugeben,
2 Eßl. Sahne	abschmecken

Grundrezept Mayonnaise

1 Eigelb	
Salz, Zucker	mit dem Handrühr-
1/2 Teel. Senf	gerät schaumig
1 Eßl. Essig oder Zitronensaft	schlagen
1/8 l Öl	tropfenweise zugeben schlagen, bis die Masse dick wird
nach Bedarf	
2–3 Eßl. Joghurt	unterrühren

Remouladensoße

1 Grundrezept Mayonnaise	zubereiten
2 Eßl. Sauerrahm	unterrühren
1/2 Zwiebel	
1 Ei hartgekocht	
1 Scheibe Schinken	feingeschnitten
1 Gewürzgurke	zugeben
2 Eßl. frische Kräuter	
Salz, Zucker	
Senf, Zitronensaft	würzen

Tomatensoße

30 g wasserhaltiges Fett	erhitzen
1/2 Zwiebel	glasig dünsten
30 g Mehl	gelb dünsten
2–3 Eßl. Tomatenmark oder	
1/4 l pürierte Tomaten	zugeben
1/4 l Wasser	aufkochen lassen
1/2 Brühwürfel	
1 Eßl. Zitronensaft	
Salz, Zucker	abschmecken
2 Eßl. Sahne	

Gemüse

Grundrezept gedünstetes Gemüse

30 g wasserhaltiges Fett	erhitzen
750 g Gemüse	dünsten, aber
1/2 Zwiebel	nicht bräunen lassen
1/4 l Wasser	ablöschen
Salz	abschmecken
	im geschlossenen Topf garen Gemüse mit langer Garzeit werden im Dampfdrucktopf angedünstet und nach dem Ablöschen unter Druck gegart
nach Belieben:	
1 Eßl. Mehl	verrühren, zugeben
2 Eßl. Wasser	kurz mitkochen

Ratatouille (aus Südfrankreich)

30 g wasser- haltiges Fett	erhitzen
1/2 Zwiebel	
1 grüne Paprika	putzen, schneiden
1 Zucchino	dünsten
1 Aubergine	
2 Tomaten	
1/8 l Wasser	ablöschen
Salz, Pfeffer	
Thymian	würzen
	15 Minuten zugedeckt garen
1 Eßl. Petersilie, gehackt	darüberstreuen

Gelbe-Rüben-Gemüse

30 g wasserhaltiges Fett	erhitzen
750 g gelbe Rüben	waschen, schälen, würfeln
	dünsten
1/4 l Wasser	ablöschen
Salz, Zucker	abschmecken
	im Drucktopf 8 Minuten garen (2. Ring)
1 Eßl. Petersilie, gehackt	darüberstreuen

Bohnengemüse

30 g wasserhaltiges Fett	zerlassen
750 g grüne Bohnen	waschen, Spitzen abschneiden, Fäden abziehen
	in Stücke brechen, dünsten
1/4 l Wasser	ablöschen
1 Stengel Bohnenkraut	zugeben
	etwa 20 Min. kochen
Salz, Muskat	abschmecken
1 Eßl. Petersilie	darüberstreuen

Grundrezept für gedämpftes Gemüse

1/2 l Wasser	im Kochtopf erhitzen
750 g Gemüse	im gelochten Dämpfeinsatz hineingeben, zudecken, Hitze regulieren, so daß im Dampf gegart wird
30 g wasserhaltiges Fett	zerlassen darübergeben

Gedämpft werden Gemüse, die ganz bleiben sollen (Blumenkohl) und Gemüse, die weiß bleiben sollen (Spargel).

Blumenkohl

1 Blumenkohl	putzen, im ganzen lassen
	10 Minuten in Salzwasser legen
1/2 l Wasser	zum Kochen bringen, Blumenkohl 20 Minuten dämpfen
30 g wasserhaltiges Fett	erhitzen
3 Eßl. Mehl	goldgelb dünsten
	mit Kochwasser ablöschen
1 Teel. Zitronensaft	
Salz, Muskat	abschmecken
	über den Blumenkohl geben

Broccoli überbacken

750 g Broccoli	in 20 Minuten knapp weich dämpfen
	in gefettete Auflaufform geben
100 g Schinken	in Streifen darüberlegen
200 g Joghurt	
2 Eier	verrühren
1 Eßl. Mehl	über das Gemüse verteilen
3 Eßl. Emmentaler gerieben	bei 200° 20 Minuten
Salz	überbacken

Salate

Grundrezepte für Salatmarinaden:

Grundmarinade I	**Grundmarinade II**	**Grundmarinade III**
2 Eßl. Essig oder	*2 Eßl. Essig oder*	*2 Eßl. Essig oder*
Zitronensaft	*Zitronensaft*	*Zitronensaft*
Salz	*Salz*	*Salz*
Zucker	*Zucker*	*Zucker*
2 Eßl. Öl	*2 Eßl. saure Sahne*	*2 Eßl. Mayonnaise*
	oder süße Sahne	
	oder Joghurt	

● Die Grundmarinaden können vielfältig abgewandelt werden, z. B. durch zusätzliche Zutaten wie frische, tiefgefrorene oder getrocknete Kräuter, Zwiebeln und Senf.

Kopfsalat

1 Kopfsalat	ungenießbare Teile entfernen
	Blätter zerteilen
	waschen, abtropfen lassen
Grundmarinade I	Salat kurz vor dem Anrichten
oder II	in die Marinade geben, vermischen

● Eissalat und Radicchio werden ebenso zubereitet

Endiviensalat

1 Endiviensalat	ungenießbare Teile entfernen
	Blätter vom Strunk lösen und unzer-
	schnitten waschen, abtropfen lassen
	jeweils mehrere Blätter aufeinanderlegen
	und in schmale Streifen schneiden
Grundmarinade I	kurz vor dem Anrichten vermischen
oder II	

● Chinakohlsalat wird ebenso zubereitet

Gelbe-Rüben-Salat

Grundmarinade II	zubereiten
500 g gelbe Rüben	waschen, schälen
1 Apfel	in die Marinade raspeln
	vermengen, durchziehen lassen

Gurkensalat

Grundmarinade II	vermengen
1 Eßl. Dill,	
gehackt	
1 Salatgurke	waschen, schälen,
	in die Marinade hobeln, vermischen
	erst kurz vor dem Anrichten zubereiten

Tomatensalat

Grundmarinade I	vermengen
oder II	
1/2 Zwiebel,	
gewürfelt	
750 g Tomaten	waschen, Stielansatz entfernen, in Schei-
	ben schneiden, in die Marinade geben,
	vorsichtig vermischen

Bohnensalat

500 g Bohnen	waschen, brechen
Bohnenkraut	im Dampfdrucktopf 5 Minuten garen
	(2. Ring)
Grundmarinade I	zu den heißen Bohnen geben
1 Zwiebel,	
gewürfelt	etwas Gemüsewasser untermischen
	1 Stunde ziehen lassen

Erfrischendes aus Obst

Grundmenge für Kompott:

500–750 g Obst
1/8–1/4 l Wasser
Zucker je nach Obstart

Apfelkompott

1/4 l Wasser	zum Kochen bringen
1 Stück ganzen Zimt	
2 Eßl. Zucker	
500 g Äpfel	waschen, schälen, vierteln
	Kernhaus herausschneiden
	ins kochende Wasser geben
	bei schwacher Hitze 10 Minuten garen
	nicht zerfallen lassen

Obstsalat

1 Orange	schälen
1 Banane	zerkleinern
1 Apfel	
2 Eßl. Zitronensaft	darübergießen
2 Scheiben Ananas	zerschneiden
3 getrocknete Feigen	
50 g Nüsse oder Mandeln	raspeln
50 g Sultaninen	mit den anderen Zutaten vermischen
Zucker oder Honig	zugedeckt kaltstellen

Erdbeer-Eis

500 g Erdbeeren	waschen, entstielen, pürieren
200 g süße Sahne	zugeben
160 g Zucker	verrühren
	durchfrieren lassen
3 Eßl. süße Sahne	zum Eis geben und cremig schlagen
	(siehe Zitronen-Eis)

Zitronen-Eis

4 Eßl. Zitronensaft	
2 Teel. Zitronenschale (ungespritzt)	verrühren, in 2 flachen Schalen im Gefriergerät
1/2 l Sauermilch	durchfrieren lassen
160 g Zucker	
3 Eßl. süße Sahne	in Rührbecher geben, Eis löffelweise zugeben und mit dem Handrührgerät cremig schlagen
	nochmals durchfrieren lassen

Melonensalat auf Eis

2 Pfirsiche	waschen, schälen, schneiden
250 g Honigmelone	entkernen, von der Schale lösen
250 g Wassermelone	in Würfel schneiden
2 Bananen	in Scheiben schneiden, zugeben
2 Eßl. Zitronensaft oder Weißwein	darübergeben
	mischen, kaltstellen
2 Eßl. Zucker	in Portionsschälchen über Zitroneneis anrichten

Müsli

8 Eßl. Haferflocken oder Weizenflocken oder Hirseflocken	verrühren
	zum Quellen etwa 10 Minuten
	stehen lassen
1/4 l Milch	
500 g frisches Obst	vorbereiten, zerkleinern
50 g Haselnüsse	grob raspeln
1 Zitrone (Saft)	zugeben
Zucker oder Honig	alles vermischen
	sofort anrichten

Gebäck

Kuchen aus Rührteig (Grundrezept S. 91)

Marmorkuchen

250 g wasser- haltiges Fett	
250 g Zucker	zusammen cremig rühren
1 P. Vanillezucker	
1 Prise Salz	
6 Eier	
500 g Mehl	mischen
1 P. Backpulver	nach und nach unterrühren
2–3 Eßl. Milch	nach Bedarf zugeben
	2/3 des Teigs in die gut gefettete Back- form füllen
2 Eßl. Kakao	in letztes Drittel des Teigs
2 Eßl. Zucker	einrühren
2 Eßl. Milch	dunklen Teig auf hellem Teig verteilen, mit einer Gabel die Teige etwas vermi- schen backen: 60 Minuten bei 180 °C, untere Schiene

Versunkener Obstkuchen

125 g wasser- haltiges Fett	
125 g Zucker	
3 Eier	Rührteig zubereiten
2 Eßl. Zitronensaft	in gut gefettete Springform
250 g Mehl	füllen
1/2 P. Backpulver	
1 Eßl. Milch	
750 g Apfelschnitze oder	
Pfirsiche oder	daraufsetzen
Ananasringe (Dose)	
30 g Mandelsplitter	darüberstreuen
2 Eßl. Zucker	backen: 45 Minuten bei 180 °C, mittlere Schiene

Kuchen aus Biskuitteig (Grundrezept S. 91)

Biskuitrolle

	viereckiges Blech mit Backtrennpapier belegen
4 Eier	Schaummasse schlagen, bis
4 Eßl. Wasser	zur doppelten Menge
125 g Zucker	nach und nach dazugeben
1 P. Vanillezucker	
125 g Mehl	darübersieben
1/2 Teel. Backpulver	unterheben auf das Blech streichen backen: 10 Minuten bei 220 °C, mittlere Schiene
1/2 Glas Aprikosen- marmelade	streichfähig rühren
3 Eßl. Wasser	
	den hell gebackenen Biskuit sofort auf ein gezuckertes Tuch stürzen, Backpapier ab- ziehen. Marmelade aufstreichen, aufrollen
2 Eßl. Puderzucker	darübersieben

Einfacher Erdbeerkuchen

5 Eier	
15 Eßl. Wasser	
80 g Zucker	Biskuitteig zubereiten
1 P. Vanillezucker	in eine mit Backtrennpapier
100 g Mehl	belegte, runde Tortenform geben
50 g Stärke	backen: 20 Minuten bei 200 °C
2 Teel. Backpulver	mittlere Schiene
250 g süße Sahne	steif schlagen
1 P. Vanillezucker	
1 P. Sahnefestiger	zugeben
1–2 Eßl. Zucker	
750 g Erdbeeren	waschen, entstielen, Stücke schneiden, unter die Sahne mischen, auf dem Kuchenboden verteilen

Gebäck aus Mürbteig (Grundrezept S. 91)

Zwetschgenkuchen

250 g Mehl	in der Rührschüssel mit den
125 g wasser-	Knethaken des Handrührgeräts
haltiges Fett	zu einem geschmeidigen Teig
65 g Zucker	zusammenkneten
1 P. Vanillezucker	1/2 Stunde kalt stellen
1 Prise Salz	ausrollen und in gefettete
1 Ei	Springform legen
2 Eßl. Semmel-	
brösel	auf den Teigboden streuen
1 kg Zwetschgen	waschen, entsteinen, dicht
	auf den Teigboden setzen
50 g Mandelsplitter	darüberstreuen
60 g Zucker	mischen, darübergeben
1/2 Teel. Zimt	backen: 50 Minuten bei 200°C, untere
	Schiene

Mürbteig-Kleingebäck

250 g Mehl	
125 g wasser-	
haltiges Fett	zu Mürbteig zusammenkneten
100 g Zucker	1/2 Stunde kalt stellen
1 P. Vanillezucker	
1 Prise Salz	
1 Ei	
	in zwei Portionen teilen, ausrollen
	beliebige Formen ausstechen
	auf das gefettete Blech setzen
1 Ei	verrühren, Gebäck bestreichen
2 Eßl. Hagelzucker	daraufstreuen
	backen: 10 Minuten bei 190°C, mittlere
	Schiene

Gebäck aus Blätterteig (tiefgefroren gekauft)

Schinkenhörnchen

1 Paket Blätterteig	antauen
	jede Scheibe mit dem Nudelholz etwas
	breitdrücken, zu zwei Quadraten zer-
	schneiden
150 g Schinken,	
kleingewürfelt	mischen, jeweils in die Mitte
2 Eßl. Emmentaler,	der Quadrate setzen, von einer
gerieben	Ecke her zu Hörnchen aufrollen
2 Eßl. Sauerrahm	auf nasses Backblech setzen
1 Ei	verrühren, Hörnchen bestreichen
	backen: 20 Minuten bei 220°C, mittlere
	Schiene

Apfeltaschen

1 Paket Blätterteig	antauen, leicht breitdrücken, Quadrate
	schneiden
2 Äpfel, geraspelt	
1 Eßl. Zucker	mischen
2 Eßl. Haselnüsse	
gemahlen	in die Mitte der Quadrate
1 Teel.	setzen
Zitronensaft	
1 Ei	Ränder bestreichen
	Quadrat zu Dreieck zusammenklappen,
	auf nasses Backblech setzen
	Oberfläche bestreichen
	backen: 20 Minuten bei 220°C, mittlere
	Schiene

Gebäck aus Hefeteig (Grundrezept S. 91)

Dampfnudeln

	Backofen auf 50 °C vorheizen
1 Würfel Hefe	in Rührschüssel mit Knethaken
1/4 l Milch (knapp)	verrühren
500 g Mehl	
80 g Zucker	zugeben
80 g wasserhaltiges Fett	kneten, bis ein glatter Teig entsteht
1 Ei	
1 Prise Salz	12 gleichgroße Laibchen formen, auf gefettetes Blech setzen, im abgeschalteten
1 Teel. Zitronenschale	Backofen ca. 30 Minuten gehen lassen
1 Ei	Oberfläche bestreichen
50 g Mandelsplitter oder Hagelzucker	daraufstreuen, backen: 20 Minuten bei 200 °C, mittlere Schiene

Schneckennudeln

1 Rezept Hefeteig (s. Dampfnudeln)	
	Hefeteig zubereiten
	45 Minuten in einer Schüssel – mit Tuch bedeckt – gehen lassen
	Rechteck auswellen
2 Eßl. Öl	Teigplatte bestreichen
3 Eßl. Zucker	
1/2 Teel. Zimt	mischen, daraufstreuen
50 g Sultaninen	darauf verteilen
	Teig aufrollen, in ca. 2 cm dicke Stücke schneiden,
	runde Schnecken formen, auf das gefettete Blech setzen,
	nochmals 10 Minuten gehen lassen
	backen: 20 Minuten bei 200°, Mitte
100 g Puderzucker	verrühren, das heiße Gebäck
3 Eßl. Zitronensaft	damit bestreichen

Salzkuchen

1/2 Würfel Hefe	verrühren
1/8 l Milch	
250 g Mehl	zugeben
50 g wasserhaltiges Fett	Teig kneten
Salz	zu runder Platte ausrollen
	in gefettete Springform geben
	20 Minuten gehen lassen
3 Eßl. Emmentaler, gerieben	auf dem Kuchenboden verteilen
1 Zwiebel, feingeschnitten	
1 Becher Sauerrahm	verrühren
2 Eier	daraufgießen
Salz	backen: 25 Minuten bei 210°C, untere Schiene

Pizza

1/2 Würfel Hefe	Hefeteig zubereiten
1/8 l Wasser	ausrollen
250 g Mehl	20 Minuten in der
50 g wasserhaltiges Fett	Springform gehen
Salz	lassen
3 Eßl. Parmesan	auf den Teigboden streuen
150 g Salami	darauf verteilen
500 g geschälte Tomaten	darauflegen
Salz, Paprika	Tomaten würzen
200 g Mozzarellakäse	darauf verteilen
1 Teel. Oregano	darübergeben
	backen: 30 Minuten bei 200°C, untere Schiene

Gebäck aus Brotteig (Grundrezept S. 92)

Weizenbrötchen

1 Würfel Hefe	
1/4 l Buttermilch	verrühren
300 g Weizen-	
vollkornmehl	
(fein gemahlen)	zugeben
200 g Weizenmehl	
Type 405	kneten
1 Teel. Salz	30 Minuten gehen lassen
4 Eßl. Öl	nochmals durchkneten
	12 Brötchen formen
	auf dem Blech 15 Minuten gehen lassen
2 Eßl. Milch	Brötchen bestreichen
Sesam, Kümmel,	
Mohn oder	
Sonnenblumen-	
kerne	zum Bestreuen
	backen: 30 Minuten bei 200 °C, mittlere Schiene

Sojaschrot-Brot

1 Würfel Hefe	
150 g Sauerteig	verrühren
1/2 l warmes	
Wasser	
600 g Weizen-	
vollkornmehl	
(fein gemahlen)	zugeben
200 g Sojaschrot	kneten
2 Teel. Salz	20 Minuten gehen lassen
	nochmals durchkneten
	Laib formen, in Kastenform geben,
	40 Minuten gehen lassen
	(zur doppelten Höhe)
	backen: 60 Minuten bei 200 °C, untere Schiene

Gebäck aus Brandteig (Grundrezept S. 92)

Kaffeeküchlein

1/4 l Wasser	
Salz	aufkochen
40 g wasserhaltiges	
Fett	
125–150 g Mehl	auf einmal zugeben
	rühren, bis sich fester Kloß bildet, Topf von der Platte nehmen
4 Eier	nach und nach hineinrühren
	mit 2 Teelöffeln Küchlein auf ein gefettetes Blech setzen
	backen: 35 Minuten bei 220 °C, mittlere Schiene
	sofort nach dem Backen von den Küchlein einen Deckel abschneiden
200 g Sahne	steif schlagen
1 Eßl. Zucker	
1 P. Vanillezucker	nach Geschmack süßen
3 Scheiben Ananas	klein schneiden, zugeben, in die Küchlein füllen, Deckel wieder darauflegen
Puderzucker	bestäuben

Gebäck aus Makronenteig (Grundrezept S. 92)

Kokosmakronen

6 Eiklar	zu steifem Schnee schlagen
500 g Zucker	zugeben, sehr schaumig rühren
3 Eßl. Zitronensaft	
1 Teel. Zitronenschale	zugeben
500 g Kokosflocken	untermischen
	Blech mit Backtrennpapier belegen
	Makronen mit 2 Teelöffeln aufsetzen
	backen: 12 Minuten bei 170°C, untere Schiene

Schokoladenmakronen

4 Eiklar	zu steifem Schnee schlagen
250 g Zucker	zugeben, schaumig rühren
250 g Mandeln, gerieben	
150 g Schokolade, gerieben	zugeben, mischen
1 Eßl. dunkler Kakao	
1 P. Vanillezucker	Makronen aufsetzen
	backen: 15 Minuten bei 180°C, untere Schiene

Gebäck aus Lebkuchenteig (Grundrezept S. 92)

Herzlebkuchen

250 g Honig	in Kochtopf erwärmen, bis sich
200 g Zucker	der Zucker gelöst hat,
6 Eßl. Wasser	abkühlen
100 g Mandeln, gehackt	
50 g Zitronat	
1 Teel. Zimt	zugeben
1 Msp. Nelken	vermischen
1 Msp. Muskat	
1 Eßl. Kirschgeist	
8 g Hirschhornsalz	auflösen
2 Eßl. kaltes Wasser	zugeben
500 g Mehl	in den Teig kneten
	1 cm dick auswellen
	Herzen ausstechen
1 Eigelb	bestreichen
50 g Mandeln, geschält	zum Verzieren
	backen: 20 Minuten bei 180°C
1 Eiklar	dicke Glasur anrühren
125 g Puderzucker	Linien und Punkte auf die Herzen spritzen

Obst- und Gemüsekalender

Obst- und Gemüsesorten	Jan.	Febr.	März	April	Mai	Juni	Juli	Aug.	Sept.	Okt.	Nov.	Dez.
Spinat			●	●	●					●	●	
Rhabarber				●	●	●	●					
Spargel				●	●	●						
Erdbeeren					●	●	●					
Süßkirschen					●	●	●					
Frische Kräuter					●	●	●	●	●			
Rettich					●	●	●	●	●			
Zucchini					●	●	●					
Aprikosen						●	●	●				
Himbeeren						●	●	●				
Sauerkirschen						●	●	●				
Pfirsiche						●	●	●	●			
Johannisbeeren						●	●	●	●			
Erbsen						●	●	●				
Gurken						●	●	●	●	●		
Kohlrabi						●	●					
Porree						●	●	●	●	●		
Birnen	●	●				●	●	●	●	●	●	●
Pflaumen						●	●	●				
Apfel						●	●	●	●	●	●	
Blumenkohl						●	●	●	●	●		
Grüne Bohnen						●	●	●				
Karotten / Gelbe Rüben						●	●	●	●	●	●	
Wirsingkohl						●	●	●	●	●		
Tomaten							●	●	●	●		
Zwiebeln							●	●	●	●		
Zwetschgen							●	●	●	●		
Rotkohl							●	●	●	●	●	
Staudensellerie							●	●	●	●	●	
Paprikaschoten								●	●	●		
Weintrauben								●	●	●		
Chinakohl								●	●	●		
Weißkraut	●	●							●	●	●	●
Grapefruit	●	●	●							●	●	●
Zitronen	●	●	●							●	●	●
Rote Beete	●	●								●	●	●
Sellerieknollen	●	●	●							●	●	●
Apfelsinen / Orangen	●	●	●								●	●
Rosenkohl	●	●									●	●
Feldsalat	●	●	●									●

Nährwerttabelle

Lebensmittel 100 g eßbarer Anteil	Eiweiß g	Fett g	Kohlen-hydrate g	Ballast-stoffe g	Energie kJ	Energie kcal	Mineralstoffe		Vitamine			
							Eisen mg	Calcium mg	A µg	B$_1$ mg	B$_2$ mg	C mg
Getreideerzeugnisse												
Weizenmehl, Type 1600	12	2	69	1,4	1449	345	3,3	38	60	0,45	0,17	0
Weizenmehl, Type 405	11	1	74	0,1	1460	347	0,7	15	+	0,06	0,03	0
Weizengrieß	11	1	72	–	1480	352	1,0	17	–	0,12	0,04	0
Weizenkleie	16	4	51	10,3	1140	271	3,5	43	–	0,65	0,52	0
Weizenkeime	27	9	46	2,3	1570	373	8,1	69	160	2,01	0,72	0
Weizenstärke	+	+	87	0,1	1470	350	0	0	0	0	0	0
Roggenmehl, Type 1800	11	2	70	1,6	1415	336	4,0	23	45	0,30	0,14	0
Reis, ganzes Korn, unpol.	7	2	75	0,7	1470	350	2,6	23	0	0,41	0,09	0
Reis, ganzes Korn, poliert	7	1	79	0,2	1480	352	0,6	6	0	0,06	0,03	0
Haferflocken	14	7	66	1,4	1680	400	4,6	54	0	0,59	0,15	0
Brötchen	7	+	58	0,3	1160	276	0,6	24	+	0,10	0,05	0
Weißbrot	8	1	50	0,4	1080	257	0,9	60	–	0,09	0,06	0
Weizenvollkornbrot	8	1	47	1,1	1010	240	2,0	95	–	0,30	0,15	0
Roggenbrot	6	1	51	0,5	1020	242	1,9	20	0	0,16	0,12	0
Roggenvollkornbrot	7	1	46	1,6	960	228	3,3	56	80	0,18	0,15	0
Knäckebrot	10	1	77	2,0	1590	378	4,7	55	0	0,20	0,18	0
Pumpernickel	5	1	41	1,5	875	208	2,4	84	–	0,05	0,08	0
Eierteigwaren, Nudeln	13	3	72	0,4	1580	376	2,1	20	60	0,20	0,10	–
Corn-flakes	8	1	83	0,6	1600	380	2,0	13	0	–	0,05	–
Hefegebäck, einfach	5	7	33	0,2	930	221	–	–	–	–	–	–
Rührkuchen	7	17	48	0,3	1600	380	–	–	–	–	–	–
Sahnetorte	5	25	23	–	1460	347	–	–	–	–	–	–
Salzstangen	10	1	75	0,3	1500	357	0,7	147	–	+	+	0
Zwieback, eifrei	10	4	76	0,6	1635	389	1,5	42	0	–	–	0
Zucker, Süßwaren, -speisen												
Honig	+	0	80	0	1380	328	1,3	5	0	+	+	2
Bonbons, Hartkaramellen	–	–	97	–	1630	388	–	–	–	–	–	–
Marmelade i.D.	+	0	66	1,0	1135	270	+	10	0	+	+	8
Milchspeiseeis	5	3	20	–	545	130	–	–	–	–	–	–
Pudding (mit Milch)	3	3	16	–	454	108	–	–	–	–	–	–
Schokolade, Vollmilch	9	32	55	0,4	2340	557	3,1	214	18	0,10	0,35	+
Zucker	0	0	100	0	1720	409	0,5	1	0	0	0	0
Kartoffeln, -erzeugnisse												
Kartoffeln, roh, m. Schale	2	+	16	0,5	300	71	1,0	15	2	0,10	+	22
Kartoffeln, roh, o. Schale	2	+	19	–	350	83	1,0	13	3	0,08	+	15
Kartoffeln, gek. m. Schale	2	+	16	0,5	300	71	0,8	12	2	0,08	+	20
Pommes frites	4	12	34	1,5	1120	266	1,8	9	+	0,15	+	21
Kartoffelpüree, trocken	8	1	79	2,4	1530	364	2,2	30	+	0,25	0,15	26
Kartoffelchips	6	39	47	2,8	2420	576	3,3	52	10	0,02	0,01	8
Fett/Öle												
Butter	1	83	1	0	3240	771	0,1	13	590	+	+	+
Butterschmalz	+	100	0	0	3850	916	–	–	850	0	–	0
Schweineschmalz	0	100	0	0	3850	916	0,1	1	–	0	0	0
Margarine	1	80	1	0	3180	757	0,1	10	590	+	+	+
Halbfettmargarine	6	40	+	0	1620	385	–	–	–	–	–	–
Olivenöl	–	100	–	–	3767	897	0	1	–	0	0	0
Sonnenblumenöl	0	100	0	0	3880	923	0	0	4	0	0	0
Mayonnaise, 80% Fett	2	80	3	0	3060	728	1,0	23	3	+	+	6
Mayonnaise, 50% Fett	1	52	5	0	2130	507	–	–	–	–	–	–

| Lebensmittel | Eiweiß | Fett | Kohlen-hydrate | Ballast-stoffe | Energie | Energie | Mineralstoffe | | Vitamine | | | |
| | | | | | | | Eisen | Calcium | A | B₁ | B₂ | C |
100 g eßbarer Anteil	g	g	g	g	kJ	kcal	mg	mg	µg	mg	mg	mg
Milch/Milchprodukte												
Vollmilch, 3,5% Fett	3,5	3,5	5	0	275	65	0,1	118	22	+	0,2	2
Milch, teilentrahmt	4	1,5	5	0	190	45	0,1	120	13	+	0,2	2
Milch, entrahmt	4	+	5	0	145	34	0,1	125	+	+	0,2	2
Buttermilch	4	+	4	0	145	34	0,1	109	8	+	0,2	+
Joghurt, Vollmilch	5	4	5	0	310	73	0,2	150	28	+	0,3	2
Joghurt, aus entr. Milch	5	+	5	0	165	39	–	–	–	–	–	–
Schlagsahne	2	30	3	0	1260	300	+	75	240	+	0,2	1
Saure Sahne	3	10	4	0	480	114	–	–	–	–	–	–
Kondensmilch (7,5% Fett)	7	8	10	0	570	135	0,1	240	65	+	0,4	2
Speisequark (40% i. Tr.)	12	11	4	0	695	165	0,3	70	110	+	0,2	–
Speisequark, mager (10% i.Tr.)	17	1	2	0	370	88	0,5	70	13	+	0,3	1
Doppelrahmfrischkäse	15	28	2	0	1480	352	–	34	320	+	0,3	0
Emmentalerkäse	27	31	3	0	1745	415	0,9	1180	370	+	0,3	+
Edamerkäse (40% i. Tr.)	24	22	4	0	1390	330	0,7	765	180	+	0,4	+
Edamerkäse (30% i. Tr.)	26	16	4	0	955	227	0,6	800	150	+	0,4	+
Camembert (50% i. Tr.)	18	26	2	0	1370	326	0,5	382	480	+	0,4	+
Camembert (30% i. Tr.)	22	13	2	0	940	223	0,5	382	240	+	0,5	+
Schmelzkäse (45% i. Tr.)	14	24	6	0	1275	303	1,0	567	300	+	0,4	–
Hühnerei												
Hühnerei (Gesamtinhalt)	13	11	1	0	670	159	1,8	50	265	0,1	0,3	+
Hühnereidotter	16	32	+	0	1580	376	7,2	140	1490	0,3	0,4	+
Hühnereiklar	11	+	1	0	230	54	0,2	11	+	+	0,3	+
Fleisch und Geflügel												
Rindfleisch												
Rinderfilet	19	4	+	0	490	116	2,1	3	–	0,1	0,1	1
Keule (Schlegel)	21	7	+	0	630	150	2,6	13	10	0,1	0,2	1
Hochrippe	19	17	+	0	970	230	2,1	12	15	0,1	0,2	1
Brust	16	21	+	0	1100	261	2,5	2	–	–	–	–
Rinderleber	20	3	6	0	560	133	7,1	7	8340	0,3	2,9	30
Hackfleisch	23	13	+	0	880	209	2,2	12	0	+	0,2	1
Schabefleisch (Tatar)	21	4	+	0	520	123	–	–	–	+	–	+
Kalbfleisch												
Brust	19	6	–	–	550	131	3,0	11	–	0,14	0,24	1
Schnitzel	21	2	–	–	416	99	3,0	15	–	0,18	0,30	1
Schweinefleisch												
Schweinelende	19	10	+	0	710	169	–	2	–	–	–	0
Schweineschnitzel	21	8	+	0	680	161	2,3	2	–	0,7	0,2	0
Schweinekotelett	16	25	+	0	1250	297	1,8	11	–	0,8	0,2	0
Kasseler	19	26	+	0	1340	319	2,5	6	+	–	–	0
Eisbein/Schweinshaxe	12	16	+	0	830	197	1,8	9	–	0,3	0,2	0
Schweineschinken	17	23	+	0	1190	283	2,0	9	–	0,8	0,2	0
Schweinebauch	12	42	+	0	1840	438	–	1	–	0,4	0,1	0
Schweineleber	20	6	1	0	580	138	22,1	10	3540	0,3	3,2	23
Geflügel												
Brathuhn	15	4	0	0	448	106	1,8	12	10	0,1	0,2	3
Suppenhuhn	19	20	0	0	1110	264	1,4	11	260	0,2	0,2	–
Ente	18	17	0	0	960	228	2,1	11	–	0,3	0,2	–
Truthahn	15	11	+	0	703	167	4,2	27	+	0,1	0,1	0
Fleisch- und Wurstwaren												
Bierschinken	16	19	+	0	990	235	1,5	15	0	0,3	0,2	0
Geflügelwurst	16	5	0	0	460	109	–	–	–	–	–	–

Lebensmittel 100 g eßbarer Anteil	Eiweiß g	Fett g	Kohlen- hydrate g	Ballast- stoffe g	Energie kJ	Energie kcal	Mineralstoffe Eisen mg	Calcium mg	Vitamine A µg	B₁ mg	B₂ mg	C mg
Gelbwurst	12	33	+	0	1500	357	–	–	–	–	0,1	–
Leberwurst	12	41	0	0	1840	438	5,3	41	1460	–	0,9	0
Mettwurst	12	52	0	0	2225	529	1,6	13	0	+	–	0
Salami	18	50	0	0	2180	519	2,4	13	–	0,1	0,1	0
Bratwurst (Schwein)	13	32	0	0	1470	350	1,0	5	–	0,3	0,2	0
Fleischkäse (Leberkäse)	13	23	0	0	1120	266	–	4	–	+	0,2	0
Wiener Würstchen	15	21	0	0	1080	257	2,4	18	–	0,1	0,1	0
Schinken, gekocht	19	20	0	0	1150	273	2,4	10	+	0,5	0,3	0
Hackfleisch, gemischt	20	20	–	–	1092	260	–	–	–	–	–	–
Fleischbrühe	1	1	0	0	70	16	–	–	–	–	–	0
Gelatine	84	+	+	0	1430	340	+	10	+	+	+	0
Seefische												
Kabeljau (Dorsch)	17	+	0	0	300	71	0,5	11	+	+	+	2
Rotbarsch (Goldbarsch)	18	4	0	0	470	111	0,7	22	12	0,1	0,1	+
Schellfisch	18	+	0	0	310	73	0,6	18	17	+	0,2	+
Scholle	17	1	0	0	340	80	0,9	61	0	0,2	0,2	+
Süßwasserfische												
Forelle	20	3	0	0	450	107	1,0	18	45	+	+	+
Karpfen	18	5	0	0	500	119	1,1	29	56	+	+	1
Fischdauerwaren												
Bismarckhering	17	16	0	0	920	219	–	38	36	+	0,2	0
Heringsfilet	15	15	2	0	880	209	1,9	49	10	+	0,2	0
Thunfisch in Öl	24	21	0	0	1230	292	1,2	7	370	+	+	0
Fischstäbchen, tiefgefroren, roh	16	7	20	–	850	202	–	–	–	–	–	0
Hülsenfrüchte												
Bohnen, weiß	21	2	57	4,0	1400	333	6,0	105	65	0,5	0,2	3
Erbsen, geschält	22	1	59	3,1	1450	345	5,0	44	20	0,7	0,2	1
Linsen	24	1	56	3,9	1420	338	6,9	74	20	0,5	0,3	+
Obst												
Ananas, roh	+	+	14	0,4	240	57	0,4	16	10	0,1	+	20
Ananas in Dosen	+	+	23	0,3	400	95	0,3	13	7	0,1	+	7
Äpfel	+	+	14	1,0	245	58	0,4	7	9	+	+	11
Apfelmus	+	+	19	0,5	330	78	0,3	4	7	+	+	1
Apfelsine	1	+	11	0,6	210	50	0,4	30	15	0,1	+	50
Aprikose, roh	1	+	13	0,7	240	57	0,6	15	298	+	+	10
Aprikose, getrocknet	5	+	67	3,1	1240	295	5,0	75	770	+	0,1	12
Banane	1	+	23	0,6	415	98	0,4	7	38	+	+	8
Birne	+	+	13	1,6	230	54	0,3	16	6	+	+	5
Erdbeere, roh	1	+	7	1,3	140	33	0,9	25	13	+	+	62
Erdbeere, tiefgefroren	+	+	7	1,2	140	33	0,9	25	10	+	+	53
Himbeere	1	+	8	4,2	160	38	1,0	40	7	+	0,1	25
Johannisbeere, rot	1	+	10	3,7	190	45	0,9	29	7	+	+	36
Johannisbeere, schwarz	1	+	12	3,2	225	53	1,2	53	23	0,1	0,1	180
Kirsche, süß	1	+	16	0,4	290	69	0,4	14	13	0,1	0,1	15
Pfirsich	1	+	10	0,6	180	42	1,2	5	73	+	+	10
Pampelmuse/Grapefruit	1	+	10	0,3	180	42	0,3	20	3	+	+	41
Pflaume	1	+	16	0,5	285	67	0,5	16	35	0,1	+	5
Rosinen	2	+	64	2,4	1135	270	2,7	31	30	0,1	+	1
Stachelbeere	1	+	9	2,2	170	40	0,6	29	35	+	+	35
Weintraube	1	+	16	0,6	300	71	0,5	21	5	+	+	4
Zitrone, Saft	+	+	8	0	140	33	0,1	14	2	+	+	55

Lebensmittel 100 g eßbarer Anteil	Eiweiß g	Fett g	Kohlen- hydrate g	Ballast- stoffe g	Energie kJ	Energie kcal	Mineralstoffe Eisen mg	Calcium mg	Vitamine A µg	B₁ mg	B₂ mg	C mg
Nüsse												
Erdnüsse, geröstet	26	49	18	2,7	2660	633	2,3	65	110	0,3	0,1	0
Haselnüsse	14	61	14	3,5	2855	679	3,8	226	4	0,4	0,2	3
Mandeln	18	54	16	2,6	2690	640	4,1	252	23	0,2	0,6	+
Walnüsse	14	62	14	2,1	2950	702	2,5	87	10	0,3	0,1	3
Gemüse												
Blumenkohl	2	+	4	0,9	105	25	0,6	20	21	0,1	0,1	70
Bohnen, grün	2	+	6	1,0	140	33	0,8	56	60	0,1	0,1	19
Chicoree	1	+	2	0,9	67	15	0,7	26	216	+	+	10
Chinakohl	1	+	2	0,5	67	15	0,6	40	13	+	+	36
Endivien	2	+	2	0,9	70	16	1,6	54	333	0,1	0,1	10
Erbsen, grün, gekocht	5	+	10	5,0	260	61	1,8	23	53	0,3	0,1	9
Gurke	+	+	2	0,6	35	8	0,4	11	28	+	+	1
Knollensellerie	2	–	–	7,0	167	40	0,5	55	3	0,06	0,06	10
Kohlrabi	2	+	5	1,0	120	28	0,9	75	2	0,1	0,1	66
Kopfsalat	1	+	2	0,8	60	14	0,7	23	150	0,1	–	10
Mais, Dose	3	2	21	0,5	500	119	–	–	–	–	–	–
Möhren, Karotten	1	+	6	1,0	120	28	0,6	29	1120	0,1	+	7
Paprikaschoten	1	+	4	1,8	90	21	0,6	9	230	0,1	0,1	107
Porree/Lauch	2	+	6	1,3	140	33	1,0	87	333	0,1	0,1	30
Radieschen	1	+	4	0,7	85	20	1,5	34	4	+	+	27
Rettich	1	+	4	0,7	85	20	0,8	33	+	+	+	29
Rhabarber	1	+	3	0,8	70	16	0,5	52	12	+	+	10
Rosenkohl	4	+	6	1,6	180	42	0,9	24	65	0,1	0,2	84
Rotkohl/Blaukraut	2	+	5	1,1	120	28	0,5	35	5	0,1	+	50
Sauerkraut	2	+	4	2,2	100	23	0,6	48	20	+	+	20
Spargel	2	+	3	0,9	90	21	1,0	21	50	0,1	0,1	21
Spinat, roh	2	+	2	0,6	75	17	5,2	83	816	0,1	0,2	51
Spinat, tiefgefroren	2	+	2	0,5	75	17	5,2	83	500	0,1	0,2	29
Tomate	1	+	3	0,7	70	16	0,5	14	133	0,1	+	24
Weißkohl/Weißkraut	1	+	4	0,8	105	25	0,5	46	10	+	+	46
Zucchini	–	–	5,1	–	117	28	0,5	30	58	0,05	0,09	16
Zwiebeln	1	+	9	0,6	176	41	0,5	29	33	+	+	8
Pilze												
Champignons, frisch	3	+	3	0,9	105	25	1,1	10	+	0,1	0,5	4
Champignons, Dose	2	+	3	0,7	100	23	0,7	9	+	+	0,4	2
Kräuter, Soßen												
Kresse	2	+	3	0,6	90	21	0,7	26	216	+	+	10
Petersilie	3	+	6	1,5	150	35	4,8	147	730	0,1	0,2	166
Schnittlauch	4	+	8	2,3	220	52	13,0	167	50	0,1	0,2	47
Tomatenketchup	2	+	24	0,5	450	107	0,8	12	–	+	+	11
Getränke/Säfte												
Karottensaft	+	+	6	–	110	26	–	27	–	–	–	4
Tomatensaft	2	+	4	0,3	100	23	0,8	12	117	+	+	15
Apfelsaft	+	0	12	0,1	190	45	0,3	7	15	0,1	+	1
Apfelsinensaft, ungesüßt	1	0	11	0,1	200	47	0,3	15	12	0,1	+	42
Pampelmusensaft/ Grapefruitsaft	+	0	14	0,1	240	57	0,3	8	+	+	+	35
Traubensaft	+	0	18	0	300	71	0,4	13	–	+	+	2
Cola-Getränk	0	0	11	0	185	44	–	4	0	0	0	0

Zeichenerklärung: + = in Spuren
– = kann nicht bestimmt werden, da keine genaue Analyse vorliegt.
i.D. = im Durchschnitt
i.Tr. = in der Trockenmasse

Stichwortverzeichnis

Rezeptverzeichnis